QUEM DESLOCA TEM PREFERÊNCIA

ensaios sobre futebol, jornalismo e literatura

MARCELINO RODRIGUES DA SILVA

© Relicário Edições
© Marcelino Rodrigues da Silva

CIP –Brasil Catalogação-na-Fonte | Sindicato Nacional dos Editores de Livro, RJ

S586q

    Silva, Marcelino Rodrigues da.
    Quem desloca tem preferência: ensaios sobre futebol, jornalismo e literatura / Marcelino Rodrigues da Silva. – Belo Horizonte: Relicário, 2014

    292 p. : 14 x 21 cm
    Inclui bibliografia.
    ISBN 978-85-66786-08-8

    1. Ensaios brasileiros. 2. Futebol - Brasil. 3. Jornalismo e literatura.
    I. Título.

                                                                             CDD-B869.93

COORDENAÇÃO EDITORIAL Maíra Nassif Passos
SELEÇÃO E ORGANIZAÇÃO Pedro Henrique Trindade Kalil Auad
PROJETO GRÁFICO & DIAGRAMAÇÃO Ana C. Bahia
REVISÃO Lucas Morais

CONSELHO EDITORIAL
Eduardo Horta Nassif (UFMG)
Ernani Chaves (UFPA)
Guilherme Paoliello (UFOP)
Gustavo Silveira Ribeiro (UFBA)
Luiz Rohden (UNISINOS)
Marco Aurélio Werle (USP)
Markus Schäffauer (Universität Hamburg)
Patrícia Lavelle (EHESS/Paris)
Pedro Sussekind (UFF)
Ricardo Barbosa (UERJ)
Romero Freitas (UFOP)
Virgínia Figueiredo (UFMG)

RELICÁRIO EDIÇÕES
www.relicarioedicoes.com
contato@relicarioedicoes.com

7 apresentação
11 nota do autor

PARTE 1: um jogo é um jogo é um jogo

15 cidade esportiva / cidade das letras

33 futebol brasileiro, invenção modernista

49 toda a memória do futebol brasileiro

61 1932, o ano que deu samba, carnaval e futebol

73 Fausto na Espanha: futebol, identidade e exílio

81 o corpo arquivado do craque de ébano

PARTE 2: jogando em casa

101 picadinho de Raposa com sopa de Galo

127 Macarrão Preto: futebol e identidade no Brasil

139 a Massa faz 100 anos: futebol e sociedade em Belo Horizonte

149 notícias do futebol: a imaginação a serviço do esporte

157   a cidade dividida nas charges de Mangabeira

PARTE 3: mesa redonda

173   ao vivo e em cores: a experiência midiática do esporte

185   a crônica de futebol e a imaginação do torcedor

191   virada de jogo na imprensa esportiva

205   o país do futebol nas páginas da imprensa esportiva

217   o futebol como drama em Nelson Rodrigues

PARTE 4: outros campos

231   futebol, metonímia da vida

237   nas margens do futebol, a literatura (e vice-versa)

255   batendo bola, tecendo a vida

263   desafinando a metáfora da nação

273   a radicalidade do esporte

285   **pós-escrito:** o que foi feito do país do futebol?

286   **sobre o autor**

apresentação

A importância do futebol para o Brasil é inversamente proporcional à quantidade de estudos dedicados a esse esporte, considerado, tanto por nós quanto pelos estrangeiros, um dos pilares da identidade brasileira. Desde que Charles Miller importou o futebol da Inglaterra para o Brasil, no final do século XIX, o jogo tomou uma proporção na sociedade que não condiz com o espaço que pesquisadores, artistas e escritores dedicaram ao esporte. O mesmo pode ser dito a respeito de diversas manifestações populares e da cultura de massa que não encontram no meio acadêmico-artístico-cultural sua tradução.

Esse cenário, entretanto, começou a mudar nos últimos anos, quando diversas publicações e estudos, além de manifestações artístico-culturais, passaram a dar atenção para essas áreas tantas vezes negligenciadas. As razões para essa omissão são várias e, talvez, a mais difundida seja a máxima "o futebol é o ópio do povo", que exprime a opinião daqueles que percebem no esporte bretão não mais do que uma "fuga da realidade" e dos "problemas de verdade".

O combate a esse posicionamento pode ser visto como a preleção deste belo livro de Marcelino. *Quem desloca tem preferência* faz um drible no senso comum sobre a história e a importância do futebol na sociedade brasileira. O que temos aqui não é uma simples narrativa histórica do futebol ou mesmo uma análise que vai de encontro a opiniões tão difundidas no imaginário intelectual, mas a complexificação do fenômeno futebolístico em nosso país — e isso é uma primeira importância deste livro.

As contradições e os paradoxos dos objetos, que muitas vezes tentam ser escamoteados nos trabalhos teóricos, são aqui ressaltados para que se examine a fundo várias facetas dos discursos futebolísticos. É como se Marcelino perseguisse a máxima de Mikhail Bakhtin[1], quando esse teórico russo afirma que "em todo signo ideológico confrontam-se índices de valor contraditórios". Marcelino não é um goleiro com medo diante do pênalti – recorrendo ao nome do filme de Wim Wenders –, mas aquele que sabe que, quando se aventura a analisar um jogo que ocorre entre quatro linhas, tudo pode acontecer. Nesse sentido, o livro irradia a própria magia do futebol por abordar algumas das possibilidades infinitas que esse esporte oferece.

O esquema tático do livro foi montado em quatro blocos que, obviamente, são intercambiáveis e dialogam intensamente entre si. Enfim, é uma tentativa de fazer com que o time jogue sem buracos em campo, um esquema em que o goleiro liga o jogo até o ataque, passando pela defesa e pelo meio de campo. A primeira parte, "Um jogo é um jogo é um jogo", trata de questões do futebol brasileiro de maneira geral, perpassando por ligações entre o futebol, as letras e as artes, o futebol e o Modernismo, futebol e identidade, futebol e sua memória. Marcelino descontrói, nesse conjunto de textos, velhos preconceitos e ideias mofadas para ventilar uma nova abordagem sobre esse jogo, que se mostra, especialmente no nosso país, mais do que uma simples disputa entre duas equipes.

Na segunda parte, "Jogando em casa", a atenção se volta para a cidade de Belo Horizonte, onde a rivalidade entre o Atlético Mineiro e o Cruzeiro se torna o eixo para se discutir as diversas ideias modernizantes do Brasil, a construção identitária da capital mineira e a elaboração da memória inventada das duas torcidas. Esse último ponto pode ser apreendido através do trabalho de Mangabeira, que criou as mascotes

---

1. BAKHTIN, Mikhail. *Marxismo e Filosofia da Linguagem*. São Paulo: HUCITEC Ed., 2012, p. 47.

não só dos times de Belo Horizonte, mas também de Minas Gerais. A publicação deles, principalmente no jornal *Estado de Minas*, ao passo que se baseou nos ideais de cada clube e sua torcida, construiu também sua própria caracterização.

Essa importância dos jornais para a construção da ideia de futebol no Brasil, pois, é o foco da terceira parte, "Mesa redonda". Nela, Marcelino exibe um panorama de como os jornais cariocas, em especial a figura ímpar de Mário Filho, ajudaram a construir a ideia de futebol no Brasil. Aqui, discute-se também a relação entre o torcedor, o jornal, a televisão, o rádio e a literatura, dinamizando os discursos que permeiam esse esporte. A última parte, "Outros campos", deixa transparecer, ainda mais, os diversos fios que ligam o esporte a outros campos da nossa vida. O cinema, a literatura e até outros esportes, como o *surf*, aparecem para que se fomente a ideia de que o futebol é, também, uma construção discursiva.

A fluidez da escrita do autor é outro ponto para conquistar a torcida, até mesmo a adversária. É raro ver um trabalho acadêmico no qual é empregada uma linguagem tão acessível e envolvente, sem prejudicar em nada o conteúdo, como é o caso deste. A trama articulada por meio das palavras desenvolve aquela atração presente em todos os grandes clássicos.

A partir dessa escrita, a coerência entre os diversos textos aqui apresentados também merece destaque. Poucas vezes é possível ver um time jogando com a consistência que encontramos aqui. Quer se fale da história de Pieruccetti, quer se fale dos arquivos construídos a partir das imagens dos negros nos jornais, Marcelino parte para o ataque com a convicção de muitos dos nossos maiores goleadores. É um gol atrás do outro, fazendo com que este livro já tenha o espírito vencedor daqueles que ousam ver além do que já é reconhecido.

Pedro Henrique Trindade Kalil Auad
Belo Horizonte, abril de 2014

nota do autor

Este é livro é uma reunião de ensaios que produzi ao longo dos anos em que me dediquei à pesquisa sobre o futebol e a cultura esportiva brasileira e que foram publicados originalmente em revistas, livros, sites, jornais e anais de eventos acadêmicos. A maior parte deles é mais recente, mas alguns são mais antigos, mostrando diferentes momentos de meu percurso como pesquisador. Em alguns, retomo os temas de minha dissertação de Mestrado (*O mundo do futebol nas crônicas de Nelson Rodrigues*, 1997) e de minha tese de Doutorado (*Mil e uma noites de futebol: o Brasil moderno de Mário Filho*, defendida em 2003 e publicada pela Editora UFMG em 2006); em outros, trabalho com temas que desenvolvi posteriormente, especialmente o futebol em Belo Horizonte, ou que explorei brevemente, por ocasião de alguma demanda circunstancial.

O plano inicial era lançar o livro durante a Copa do Mundo, mas os inúmeros compromissos da vida pessoal e profissional, boa parte deles relacionada à própria Copa, não me deixaram terminar o trabalho a tempo. Com o adiamento, achei que seria oportuno dizer alguma coisa sobre o que aconteceu no Brasil antes, durante e depois do evento, especialmente o clima tenso de expectativa que o antecedeu, gerado pelas manifestações de junho de 2013, e o inesquecível jogo da semifinal, em que fomos tragicomicamente atropelados pela Alemanha. Por isso, acrescentei ao final do livro um pequeno e despretensioso texto, mais próximo da crônica do que do ensaio, com minhas impressões sobre a Copa e a maneira como ela foi vivida pelos brasileiros.

A seleção e a organização dos textos foram realizadas por meu amigo Pedro Kalil, que leu toda a minha produção com muito cuidado, cotejou os textos, mapeou e eliminou repetições, fez atualizações muito pertinentes, escreveu uma generosa apresentação e levou os originais à Relicário Edições. Meu maior agradecimento, portanto, vai para o Pedro, pois sem ele o livro não seria possível. Gostei muito do modo como ele organizou os textos, quebrando a cronologia e encontrando continuidades nas quais eu provavelmente não pensaria, por estar imerso na história de cada um deles e da série como um todo. Agradeço também a todas as pessoas que, de alguma forma, fizeram parte da caminhada: os amigos, os colegas de trabalho, os alunos, os companheiros da Obra, do Acervo de Escritores Mineiros e do FULIA, a família, Irene, Lela, Vina, Francisco...

Marcelino, agosto de 2014.

PARTE 1

um jogo é um jogo é um jogo

1
cidade esportiva/
cidade das letras

1

Com o aumento do interesse pelas questões relativas ao espaço no pensamento contemporâneo, a noção de fronteira ganhou amplitude como conceito operatório que permite falar de diferentes tipos de relação, além daqueles que envolvem as linhas demarcatórias entre nações e outras entidades geográficas. Podemos falar, por exemplo, nas fronteiras físicas e simbólicas que assinalam as divisões no interior de um grupo ou nação, nas fronteiras tênues que dividem os discursos e seus espaços de circulação, nas fronteiras disciplinares e institucionais que atravessam o campo do saber etc. Em certo sentido, pode-se dizer que existe uma zona de fronteira em que todos esses campos problemáticos se limitam, se tocam e se inter-relacionam, colocando outra vez sob interrogação as identidades e os territórios produzidos pelos atos de demarcação.

De certo modo, foi nessa zona fronteiriça, na qual se travam algumas das relações de aproximação e conflito mais instigantes do debate contemporâneo, que desenvolvi toda a minha trajetória de pesquisador, realizada no domínio dos estudos literários e dedicada a um objeto "estrangeiro" a esse campo: o imaginário futebolístico brasileiro e os discursos – literários, jornalísticos, historiográficos etc. – que o constroem. Para tentar formular, a partir da noção de fronteira, algumas das questões que foram importantes nessa trajetória, colocando em xeque as linhas divisórias e os territórios em que ela se realizou, proponho tratar, neste artigo, da fronteira entre a "cidade das letras" (lugar discursivo do qual parte esta enunciação) e a "cidade esportiva" (objeto de investigação deslocado no campo das letras). A ideia de que exista uma fronteira entre as duas cidades – ou entre as duas configurações da cidade sugeridas pelos atributos "das letras" e "esportiva" – é, naturalmente, uma alusão ao clássico *A cidade das letras*, de Angel Rama (1985), e assume, como pressuposto metodológico, a utilização metafórica da noção de fronteira para fazer referência às divisões sociais e culturais que atravessam a vida urbana. Teríamos, então, duas práticas distintas – o exercício das letras e o esporte –, que podem ocupar e construir territórios socioculturais e discursivos diferentes, estabelecendo relações de vizinhança, troca e conflito.

No livro de Angel Rama, a questão central é o papel desempenhado pelos grupos sociais letrados no desenvolvimento das cidades latino-americanas e suas ligações com as diferentes configurações assumidas pelo poder político na história da região. Como uma das atividades reservadas a esses grupos, a literatura é colocada em foco do ponto de vista de suas relações com a cultura e a sociedade. Escritores, artistas, advogados, jornalistas, médicos e engenheiros (funções muitas vezes acumuladas pelas mesmas pessoas) teriam mantido, nesse contexto, uma prolongada cooperação com o poder político, recebendo privilégios e cumprindo funções de administração, comunicação, formulação e justificação ideológica de seus projetos e interesses.

Tais funções, no entanto, modificaram-se ao longo do tempo, incorporando gradativamente demandas de diferentes estratos sociais, que se opuseram ao poder central e, eventualmente, deram ao exercício das letras uma dimensão crítica. Essa transformação se verifica, com mais intensidade, a partir do processo de modernização vivido pela região latino-americana desde o último quarto do século XIX, que se conjugou a um acentuado crescimento urbano e correspondeu a uma ampliação dos círculos letrados, prolongando-se, nas primeiras décadas do século XX, pela educação dos setores médios da sociedade e pelo surgimento do mercado cultural. Compartimentando a geografia da cidade em anéis organizados em torno do centro (zonas de controle e influência decrescente dos grupos letrados), Rama nos permite retomar a metáfora espacial e falar do processo de modernização como um deslocamento sempre conflituoso da fronteira que separa a cidade letrada das margens urbanas e do mundo rural, com suas bases predominantemente orais e tradicionalistas.

Essa linha demarcatória, gradualmente expandida pelo processo de modernização, tem suscitado reflexões, particularmente nos trabalhos que colocam em foco a chamada "cultura popular" e as suas relações com outros domínios, como a arte, a economia e a política. O teórico jamaicano Stuart Hall, por exemplo, aproxima-se do problema no ensaio "Notas sobre a desconstrução do 'popular'", analisando-o a partir de uma concepção da cultura como "uma espécie de campo de batalha permanente, onde não se obtêm vitórias definitivas, mas onde há sempre posições estratégicas a serem conquistadas ou perdidas" (Hall, 2003, p. 255). Identificando o processo de modernização ao avanço do capitalismo, Hall observa que "o capital tinha interesse na cultura das classes populares porque a constituição de uma nova ordem social (...) exigia um processo (...) de reeducação no sentido mais amplo", sendo a tradição popular "um dos principais locais de resistência às maneiras pelas quais a 'reforma' do povo era buscada" (Hall, 2003, p. 247-248). Acentuando a importância das cidades como palco conflituoso onde se davam essas relações, Jesús Martín-Barbero afirma, no livro *Dos meios às mediações*:

> Incorporar culturalmente o popular é sempre perigoso para uma *intelligentsia* que nele vê uma permanente ameaça de confusão, com o apagamento das regras que delimitam as

distâncias e as formas. Por isto, a "suja" indústria cultural e a perigosa vanguarda estética é que vão incorporar o ritmo negro à cultura da cidade, legitimando o popular-urbano como cultura: uma cultura nova "que procede por apropriações polimorfas". (...) (Martín-Barbero, 1997, p. 241-242)

2

Foi esse o contexto em que o futebol chegou e se desenvolveu nas grandes cidades brasileiras no final do século XIX e nas primeiras décadas do século XX. Trazido por estrangeiros que vinham trabalhar no país e por estudantes que voltavam de temporadas na Europa, o esporte era, assim como as letras, um símbolo de sofisticação e civilidade, funcionando como traço de distinção que marcava uma posição socialmente destacada e, ao mesmo tempo, indicava uma atitude positiva diante do processo de modernização. Para controlar a participação nas atividades dos clubes, havia uma série de regras que serviam de obstáculo aos pobres, negros, analfabetos e pessoas que exerciam profissões de baixa qualificação. Ainda não existia, portanto, nenhuma distinção nítida entre a cidade esportiva e a cidade letrada, que ocupavam rigorosamente os mesmos territórios geográficos, culturais e discursivos, desempenhando papéis semelhantes na sociedade.

Essa identidade pode ser confirmada por um breve olhar sobre a imprensa da época, em que os assuntos esportivos rapidamente ganharam lugar de destaque e atraíram a atenção dos intelectuais, como demonstra cuidadosamente Leonardo Affonso de Miranda Pereira, no livro *Footballmania* (2000). Eram comuns, nos jornais e revistas de variedades, as matérias esportivas repletas de termos em inglês, nos quais se elogiava a elegância e a distinção da plateia que compareceu ao *ground*, a civilidade e a altivez dos *sportmen* que participaram do *match*, o frescor da *toilette* das senhoritas que vibraram com os *dribblings* e os *goals*, o *fair play* dos cavalheiros da plateia etc. Na primeira década do novo século, a chegada da "febre esportiva" foi saudada por figuras importantes do mundo das letras, como Olavo Bilac, Arthur Azevedo e o Barão do Rio Branco. Na década seguinte, o futebol teve, entre seus entusiastas e beneméritos, escritores como Afrânio Peixoto, Humberto de Campos e Coelho Neto – que foi torcedor, diretor e orador oficial do Fluminense, escreveu o primeiro hino do clube e fundou uma revista esportiva e literária intitulada *Athlética* em 1920.

Mas as relações entre os intelectuais e os esportes não eram completamente harmônicas, registrando antagonismos que se manifestavam, também, no interior de cada um desses campos. São bastante conhecidas, por exemplo, as opiniões de escritores como Graciliano Ramos, para quem o futebol era "roupa de empréstimo, que não nos serve" (Ramos, 1967, p. 167), posição que remete ao debate sobre a dependência cultural e a construção da nacionalidade; e o marginalizado Lima Barreto, que se opunha violentamente ao esporte, seja por seu caráter elitista e discriminatório ou pelos conflitos que ele já começava a provocar, no final dos anos de 1910 e início dos anos de 1920. Lima Barreto, aliás, estabeleceu ruidosa polêmica jornalística com Coelho Neto, em 1919, e chegou a fundar, no mesmo ano, uma curiosa "Liga Contra o *Foot-ball*", recebendo por isso inúmeras críticas dos que militavam a favor do esporte na imprensa (Pereira, 2000, p. 204-229).

No futebol, tal como nas letras, esses conflitos tinham a ver com um mesmo problema, abordado geralmente de modo dúbio tanto pelos intelectuais quanto pelos *sportmen*. Tratava-se da definição do escopo e dos limites do projeto de modernização da cidade e da nação, por meio da reconfiguração das fronteiras que demarcavam os territórios a serem atingidos pelo esforço de transformação da sociedade. Diante dessa questão, literatura e esporte viviam o mesmo dilema, hesitando entre uma adesão entusiasta ao ideário moderno, que supunha a disseminação de suas práticas e valores, e a reprodução de antigos mecanismos de estratificação e segregação social no campo da cultura.

No discurso dos intelectuais e jornalistas daquela época, percebe-se claramente a ambiguidade entre a defesa do futebol como instrumento de disseminação de práticas e valores urbanos e civilizados e o caráter de distinção social que estava associado ao esporte. Na inauguração da "luxuosa piscina" do Fluminense, em 1919, por exemplo, Coelho Neto colocou mais uma vez sua pena a serviço do esporte, exaltando suas propriedades educativas e sua contribuição para o desenvolvimento da nação: "O atleta, assim como se reforça, submete o espírito ao regime (...) e o entusiasmo com que se bate pelo pavilhão de seu clube sublima-se, mais tarde, no culto da bandeira". Poucos anos depois, em 1922, o escritor deixa escapar, numa crônica, sua aversão pelo "vozerio de marmanjões, em matula sórdida, e livre de linguagem, que improvisam nas ruas partidas de foot-ball" (apud Pereira, 2000, p. 216, 228). No ano anterior, Carlos Sussekind de Mendonça, editor do jornal A Época, havia publicado o livro O sport está deseducando a mocidade brasileira, no qual se lê o seguinte:

> Uma de duas: – ou o Sport se contenta de ser, apenas, um grande benefício de alguns, sem extensão nenhuma à coletividade nacional, – ou – se insiste no desejo de se fazer extensivo a essa coletividade toda, terá de arcar com todas as conseqüências que possam resultar da ampliação corrompedora. (apud Pereira, 2000, p. 224)

Com o processo de popularização do futebol, que se torna evidente já na década de 1910, essa coincidência entre a cidade esportiva e a cidade letrada foi, progressivamente, deixando de existir. A adesão de torcedores e atletas provindos das classes populares provocou transformações importantes nas formas de jogar e fruir o esporte, que foram contaminadas pelos modos de comunicação e sociabilidade desses novos personagens e pelos conflitos decorrentes da diversidade social e cultural. A centralidade do fair play e da distinção social, como valores que regulavam e disciplinavam a vida esportiva, foi gradualmente substituída pelo desejo desenfreado da vitória, pela cegueira da paixão clubística e pela irreverência popular, degenerando em deslealdades e brigas dentro de campo, insultos e vaias nas torcidas e até mesmo parcialidade e polêmica na imprensa. A emergência do povo, enfim, provocou um deslocamento do mundo esportivo, fazendo com que seus limites não mais coincidissem com as fronteiras do mundo letrado. No movimento complexo e irregular da modernização, os contornos da cidade esportiva extrapolaram os limites da cidade das letras, embaralhando antigas demarcações e hierarquias.

Apesar dos eventuais deslizes de alguns cronistas envolvidos naquele clima de transformação, a reação inicial da imprensa foi a adoção de uma posição conservadora, em defesa do ambiente refinado que dominou o futebol nos primeiros anos e enfaticamente contra a intromissão daquele componente estrangeiro que contaminava o mundo esportivo. Nas páginas dos jornais cariocas da década de 1910, é possível colher inúmeros exemplos dessa postura, incluindo críticas à "cera" e ao individualismo dos jogadores dos clubes suburbanos; solicitações para colocação de obstáculos à visão dos torcedores que se apinhavam nos morros e árvores próximas aos campos; pedidos de interferência policial e exclusão de clubes e uma infinidade de outras iniciativas, em que se evidenciava a defesa das fronteiras materiais e simbólicas que separavam a vida esportiva das elites (Cf. Silva, 2006, p. 53-70).

A despeito dessa resistência, o futebol continuou se tornando cada vez mais popular, criando em torno de si uma espécie de zona fronteiriça em que se interpenetravam a cidade das letras e a periferia iletrada. Nos campos, nos clubes, nas arquibancadas e, mais tarde, nos jornais e revistas, o universo do futebol era o lugar onde se davam os encontros, as aproximações, os conflitos, as trocas e as negociações entre os cada vez menos sofisticados *sportmen*, os atletas e os clubes de origens mais humildes e as multidões de populares que invadiam os estádios.

É bastante curiosa, a esse respeito, uma pequena nota publicada pelo jornal *A Noite*, após a conquista do Campeonato Sul-Americano de 1919 pelo Brasil, com um gol do mulato Friedenreich sobre o Uruguai. Na nota, aparece a foto recortada da perna do jogador, abaixo da qual um pequeno texto enaltece "o pé que (...) deu o mais célebre e o mais glorioso pontapé de quantos registram a história dos pontapés", concluindo que, como os grandes músicos e bailarinos, o craque deveria fazer um seguro do "seu precioso pé" (*apud* Silva, 2006, p. 90). Filho de um comerciante alemão e uma lavadeira brasileira, o jogador do Paulistano era aceito no universo elitista do futebol, mas não recebia muita atenção dos jornais e revistas, que o criticavam por seu estilo de jogo individualista e preferiam personagens como o goleiro Marcos de Mendonça, do Fluminense, com seus traços europeus e sua postura aristocrática. Por isso, essa precoce invasão das páginas da imprensa esportiva pelo fragmento mutilado do corpo Friedenreich pode ser vista como a violação de uma fronteira, com a violência e a ambiguidade frequentemente associadas a esse ato, prefigurando uma nova paisagem que não tardaria a se configurar.

3

Essas transformações no mundo esportivo tinham, evidentemente, estreitas ligações com um movimento mais amplo, que se realizava em diferentes setores da sociedade brasileira. O processo de urbanização tornou necessária a assimilação dos novos contingentes sociais que afluíam às cidades, aglutinando-se nas heterogêneas e turbulentas multidões que ocupavam as ruas e reivindicavam participação na cena pública. Os projetos políticos e culturais de modernização e construção da nacionalidade, por sua vez, amplificavam essa necessidade, reclamando alguma forma de incorporação das classes populares à vida econômica, institucional e cultural da nação. As décadas de 1920 e 1930, como se sabe, foram marcadas por uma série de acontecimentos que responderam a essas demandas: desde a Revolução de 1930 e a ascensão do populismo nacionalista, na política, até a legitimação do samba e do carnaval como símbolos da identidade nacional, passando pelo movimento modernista nas artes e pelo surgimento de um novo pensamento sobre a história social brasileira, no trabalho de autores como Gilberto Freyre e Sérgio Buarque de Holanda.

Na literatura, esse esforço de mediação, imposto pelas demandas culturais da modernização e pela busca da nacionalidade, foi decisivo para a configuração do movimento modernista, marcando de diferentes maneiras o trabalho de grande parte dos seus principais personagens. À incorporação de linguagens e temáticas urbanas, regionais e populares nas obras de inúmeros escritores, somou-se a ação direta de muitos deles na pesquisa, divulgação, valorização e preservação de manifestações da cultura popular, ocupando, algumas vezes, postos relevantes na administração pública. O tema é explorado largamente na bibliografia sobre a literatura modernista, o que torna ociosa a exemplificação. Mas, como representante dessa geração de intelectuais-mediadores e seus dilemas, pode ser lembrado apenas o nome de Mário de Andrade, que escreveu uma obra na qual o elemento urbano ocupa lugar central e teve atuação destacada como pesquisador da cultura popular e regional brasileira. Em seus escritos sobre música, no entanto, o autor não escondia certa reserva diante da emergente cultura popular urbana, contrapondo-a a uma cultura popular mais autêntica, ainda não contaminada pelos interesses econômicos dos meios de comunicação. Falando sobre um concurso de sambas no Rio de Janeiro em 1939, por exemplo, ele condena aquela "sub-música, carne para alimento de rádios e discos, elemento de namoro e interesse comercial, com que fábricas, empresas e cantores se sustentam, atuçanando a sensualidade fácil de um público em via de transe" (Andrade, 1963, p. 280-281).

No campo esportivo, parte relevante da tarefa de mediação cultural foi empreendida pelos jornalistas, que acabaram se rendendo às possibilidades de ganho econômico representadas pela ampliação do número de leitores e abandonaram gradualmente a posição elitista que predominou nas primeiras décadas do século. Como sugere a nota do jornal *A Noite* sobre Friedenreich, esse movimento já era perceptível no final da década de 1910, particularmente nas revistas de variedades e periódicos especializados, nos quais a irreverência, o humor e as paixões clubísticas tinham melhor acolhida. Mas o passo decisivo para a constituição de uma linguagem popular na imprensa esportiva brasileira foi dado em meados da década seguinte, com o início da carreira do jornalista Mário Filho, cujo trabalho foi objeto de meu livro *Mil e uma noites de futebol: o Brasil moderno de Mário Filho* (2006).

Atuando, desde 1925, em jornais e revistas como *A Manhã*, *Crítica*, *O Globo*, *Manchete Esportiva*, *Mundo Esportivo* e *Jornal dos Sports* (sendo que ele foi proprietário dos dois últimos), o jornalista foi responsável por inúmeras iniciativas que alteraram profundamente o perfil da imprensa esportiva brasileira, com repercussões importantes na maneira como o futebol passou a ser visto no país. Nos periódicos em que trabalhou, como repórter, redator, colunista e diretor, a escrita empolada dos primeiros cronistas deu lugar a uma linguagem mais informal, com abertura para o humor e para visões passionais dos acontecimentos esportivos. A fragmentação da página, a publicação sistemática de entrevistas (ocupando, muitas vezes, o lugar principal da manchete) e os flagrantes colhidos nos bastidores dos jogos e dos clubes significaram uma diversificação das vozes e pontos de vista presentes no discurso jornalístico. As fotografias, charges e montagens fotográficas dedicavam aos atletas de origem mais humilde uma atenção até então inédita, fazendo de jogadores como Leônidas da Silva e Domingos da Guia personagens de grande ressonância popular. Além do trabalho estritamente jornalístico, Mário Filho foi também um ativo empreendedor, criando e promovendo diversas competições esportivas, participando de campanhas públicas como a que levou à profissionalização dos jogadores, em 1933, e até mesmo organizando o primeiro concurso oficial das escolas de samba do Rio de Janeiro, no Carnaval de 1932. Mais tarde, entre as décadas de 1940 e de 1960, Mário Filho escreveu uma série de livros sobre a história do futebol brasileiro, incluindo o pioneiro *Copa Rio Branco - 32*, publicado em 1943, com prefácio de José Lins do Rego, e o clássico *O negro no futebol brasileiro*, obra de 1947, que tem prefácio de Gilberto Freyre e é considerada a principal matriz da mitologia identitária que se vinculou ao esporte no país. Na segunda metade do século XX, com a ascensão do Brasil ao topo do futebol mundial, essa interpretação se consolidou, e o futebol teve a atenção de alguns escritores habituados às páginas da imprensa, como Paulo Mendes Campos, Sérgio Porto e Nelson Rodrigues (irmão mais novo e discípulo assumido de Mário Filho).

A atração dos literatos e intelectuais pelo universo futebolístico, no entanto, nunca foi generalizada, limitando-se aos autores aficionados pelo esporte e a incursões bastante esporádicas de escritores como João Cabral de Melo Neto, Carlos Drummond de Andrade, Raul Bopp, Vinicius de Moraes etc. Como mostra Milton Pedrosa, no artigo de apresentação de sua antologia *Gol de letra – o futebol na literatura brasileira* (1967), inúmeros escritores falaram ocasionalmente sobre o futebol ou introduziram personagens e acontecimentos ligados a ele em seus contos e romances. Mas são raríssimos casos como os de Thomaz Mazzoni e Edilberto Coutinho, que possuem obras ficcionais de maior fôlego dedicadas ao tema (o romance *Flô, o goleiro melhor do mundo*, do primeiro, e o livro de contos *Maracanã, adeus*, do segundo). Em alguns momentos, como a ditadura militar iniciada em 1964, foi bem comum até mesmo uma postura de condenação explícita ao esporte, considerado por muitos intelectuais como um instrumento de alienação e manipulação política das massas.

Panorama que só começou a se transformar a partir do final dos anos de 1970, com um gradual aumento do interesse acadêmico pelo esporte, chegando aos dias de hoje, em que assistimos a um significativo movimento editorial em torno do futebol.

4

Em uma entrevista concedida ao *Jornal de Letras* em maio de 1966 (alguns meses antes de sua morte, que aconteceria em setembro daquele ano), Mário Filho recorda sua bem-sucedida trajetória de jornalista, empreendedor e escritor. Falando de modo aparentemente descompromissado, ele faz algumas observações que sintetizam com clareza seu papel de mediador cultural e as estratégias políticas e discursivas que marcaram sua atuação e seu trabalho. Como o trecho seguinte, em que, a partir do encontro entre os bastidores esportivos e os bastidores jornalísticos, surge não apenas o material para os jornais do dia seguinte, mas também um tipo de escrita, um "estilo literário":

> O Café Nice, que me salvou literariamente, foi uma espécie de invenção minha, também. À época, cada clube da cidade elegia um café de suas proximidades, no qual se reuniam dirigentes, craques e jornalistas. Como eu trabalhava em *O Globo* e nossa redação ficava ali, pertinho do Nice, passei a convocar toda a turma para esse café, com o que tinha bem às mãos notícias, furos e entrevistas. Assim, o Nice passou a ser freqüentado por um mundo de *boxeurs*, jogadores e sambistas. (...) Era o papo mais saboroso deste mundo. E os tipos que lá se reuniam eram uma beleza. (...) No bate-papo perdi o que era besta e empolado no meu estilo e ganhei esse ritmo de conversa com que hoje escrevo. Comecei a usar as palavras simples, as palavras do cotidiano. É que no bate-papo você se desarma, totalmente. Fala a língua real, do povo, sem pernosticismos. (*apud* Silva, 2006, p. 146)

Com simplicidade e agudeza, a declaração de Mário nos remete, novamente, àquelas questões de fronteira que apontei no início deste trabalho, como partes da problemática que propus discutir a partir da oposição entre "cidade esportiva" e "cidade das letras". Temos, inicialmente, as fronteiras socioculturais que separavam o universo dos jornalistas, escritores e intelectuais do mundo subterrâneo de onde vieram os novos atletas e torcedores que invadiram a vida esportiva com o processo de popularização do futebol. A elas estavam claramente relacionadas outras demarcações, de natureza discursiva, que diziam respeito aos espaços em que as vozes dos diferentes sujeitos podiam se manifestar, bem com aos tipos de discurso que poderiam ocupar esses espaços. No esporte, assim como em outros campos da sociedade e da cultura, essas fronteiras se deslocaram, pressionadas pela emergência do popular como elemento importante de uma nova imagem da nação que se buscava construir.

Cultivando no Café Nice uma zona fronteiriça de contato amigável entre aqueles dois mundos, onde era possível colher material original para a cobertura jornalística do esporte, Mário Filho e sua equipe davam voz àqueles personagens e ajudavam a legitimar as novas formas de jogar e fruir o futebol que eles vinham criando, anteriormente estigmatizadas pela imprensa. Desse modo, eles contribuíam para uma reconfiguração das fronteiras internas da nação, trazendo à tona e valorizando elementos de um universo social e cultural que deveria ser incorporado, pelo menos simbolicamente, aos contornos da comunidade nacional.

Em contrapartida, o jornalista assimilava aquele universo ao seu trabalho e fazia dele um uso que era proveitoso tanto para o sucesso comercial das empresas em que atuava como para sua formação de escritor, para o desenvolvimento e a maturação de seu estilo de escrita. Um estilo que teria encontrado, nos livros produzidos a partir da década de 1940, sobretudo em *O negro no futebol brasileiro*, sua realização máxima. Interessante mencionar que esse livro foi composto a partir dos textos que, desde 1942, Mário Filho publicou na coluna "Da primeira fila", no jornal O Globo, considerada um marco na consolidação da linguagem da crônica esportiva na imprensa brasileira. Nessa coluna, o jornalista exercitou aquela linguagem simples e coloquial, aprendida nas idas ao Café Nice e no contato com os bastidores esportivos, para colocá-la novamente em prática na escrita do livro, inserindo-a em um projeto mais amplo, ao qual poderíamos relacionar, sem muito risco, o próprio conceito de literatura.

Nos estudos sobre a história do futebol no Brasil, é corrente a visão de que O negro no futebol brasileiro é uma obra complexa e de difícil classificação, cujo propósito historiográfico se mescla a uma escrita "cronística" e "romanceada", que insere os fatos numa moldura interpretativa baseada na tese da ascensão social dos jogadores negros e mulatos (Cf. Soares, 1999). Tentando levar ao debate uma contribuição dos estudos literários, dediquei um capítulo de meu livro à análise da obra de Mário Filho, identificando nela as tensões próprias da escrita memorialística, caracterizada pelo conflito entre o desejo de recuperar a multiplicidade do passado e o de dar a ele um sentido e uma unidade. Permaneceria no livro de Mário Filho, portanto, o caráter aberto e dialógico que marcou seu trabalho jornalístico.

Ligando os bastidores impuros do futebol e da imprensa esportiva ao amplo reconhecimento obtido por seu livro, inclusive por seu aspecto "literário", o trabalho de Mário Filho traz finalmente para o debate a questão dos territórios disciplinares a partir dos quais podem ser abordados os variados discursos presentes na cultura. Problema evidentemente relacionado a questões clássicas dos estudos literários, como a interdisciplinaridade (hoje tensionada até os limites do trans e do pós-disciplinar), as relações entre ficção e história e o conceito de literatura. Em minha trajetória de pesquisador, a própria escolha do objeto já refletia posicionamentos e afinidades teóricas que implicavam em certas respostas a essas questões. Como colocar em foco, a partir do campo dos estudos literários, os problemas levantados pelo texto de Mário Filho (assim como de outros escritores e jornalistas que ajudaram a "inventar" o imaginário esportivo brasileiro), senão adotando posturas flexíveis, com disposição para atravessar os limites disciplinares e trabalhar nas margens do cânone literário? Como deixar de fazê-lo, se os estudos literários podem oferecer metodologias de leitura e perspectivas teóricas de análise capazes de colocar o objeto sob um ângulo novo, fora do campo de percepção de outras disciplinas?

Penso, contudo, que essas escolhas não pressupõem uma negação das especificidades do literário frente ao cultural, nem tampouco uma adesão ao "vale tudo" teórico de que foram acusados, há alguns anos, os Estudos Culturais. Não se pretende, aqui, tomar partido no debate sobre o apagamento das fronteiras disciplinares e a diluição dos valores e critérios da literatura, mas reconhecer que, como assinalou Eneida Maria de Souza, os discursos são "heterogêneos por natureza", eles "se imbricam, se diferenciam e se reconhecem desprovidos de qualquer traço hierárquico em relação aos demais". Assim, o ficcional e o literário estão presentes "no interior dos mais variados discursos", exercendo uma "função articuladora, imagística e conceitual", que se alia à "força inventiva de toda teoria" e nos alerta "para a íntima relação entre o artístico e o cultural, no lugar da exclusão de um pelo outro" (Souza, 2002, p. 23-24).

Em outras palavras, trata-se de retomar o problema teórico das interfaces e interações entre a literatura e a cultura, considerando os deslocamentos a que esses campos vêm sendo submetidos na história; de reconhecer o "não lugar" ocupado hoje pela literatura, em suas relações com a cultura, e a pertinência de uma abordagem teórica mais livre, menos restrita a um território disciplinar fixo, para lidar com esse problema. Trata-se, enfim, de aceitar os riscos e seguir a sugestão de Michel de Certeau, em *A invenção do cotidiano*: transformar a "fronteira em ponto de passagem"; ver "a porta para fechar" como "justamente aquilo que se abre";

perturbar a lógica da fronteira com a "ambigüidade da ponte", fazendo dela um "lugar terceiro", um "jogo de interações e de entrevistas (...) de intercâmbios e encontros" (Certeau, 1994, p. 213-215).

referências

ANDRADE, Mário de. Música Popular (*Estado de S. Paulo*, 15/1/1939). In: _____. *Musica, doce música*. São Paulo: Ed. Martins, 1963.
CERTEAU, Michel de. *A invenção do cotidiano* – artes de fazer. Petrópolis: Vozes, 1994.
HALL, Stuart. Notas sobre a desconstrução do "popular". In: _____. *Da diáspora*: identidades e mediações culturais. Belo Horizonte: Editora UFMG, 2003.
MARTÍN-BARBERO, Jesús. *Dos meios às mediações*: comunicação, cultura e hegemonia. Rio de Janeiro: Editora UFRJ, 1997.
PEDROSA, Milton (Org.). *Gol de letra* – o futebol na literatura brasileira. Rio de Janeiro: Gol, 1967.
PEREIRA, Leonardo Affonso de Miranda. *Footballmania*: uma história social do futebol no Rio de Janeiro – 1902-1938. Rio de Janeiro: Nova Fronteira, 2000.
RAMA, Angel. *A cidade das letras*. São Paulo: Brasiliense, 1985.
RAMOS, Graciliano. Traços a esmo. In: PEDROSA, Milton (Org.). *Gol de letra* – o futebol na literatura brasileira. Rio de Janeiro: Gol, 1967.
RODRIGUES FILHO, Mário Leite. *O negro no futebol brasileiro*. 3ª ed. Petrópolis: Firmo, 1994.
SILVA, Marcelino Rodrigues da. *Mil e uma noites de futebol*: o Brasil moderno de Mário Filho. Belo Horizonte: Editora UFMG, 2006.

SOARES, Antonio Jorge. História e invenção de tradições no campo do futebol. *Estudos Históricos*. Rio de Janeiro, n. 23, 1999.

SOUZA, Eneida Maria de. Os livros de cabeceira da crítica. In: _____. *Crítica cult*. Belo Horizonte: Editora UFMG, 2002.

2
futebol brasileiro, invenção modernista

a língua do povo

Com seu trabalho na imprensa e nos bastidores esportivos, o jornalista Mário Filho (que dá nome ao lendário estádio do Maracanã) interferiu de maneira decisiva no destino do futebol no Brasil e deu inestimável contribuição para a formação de nossa cultura esportiva. Atuando desde a década de 1920 como repórter, editor e proprietário de jornais e revistas, produtor de eventos, cronista e escritor de livros de grande importância, como o grande clássico *O negro no futebol brasileiro*, ele foi personagem central na popularização do futebol e na criação da rica mitologia que cerca o esporte na cultura brasileira. Em uma entrevista concedida ao *Jornal de Letras* em 1966, pouco antes de sua morte, ele faz um balanço de sua carreira e de sua obra, oferecendo a oportunidade para a ideia que motiva este texto.

O jornalista conta que, para facilitar seu acesso às notícias do mundo esportivo, fez do Café Nice, que era vizinho à redação do jornal *O Globo*, no qual trabalhou por muitos anos, um ponto de encontro de jogadores, lutadores de boxe e sambistas. Nesse ambiente de descontração, familiaridade e horizontalidade, ele se entregava a prazerosas conversas, que não só lhe rendiam boas entrevistas e furos de reportagem, como também lhe davam livre acesso à linguagem e ao universo clandestino daqueles personagens, muito distante dos hábitos refinados e da cultura elitista que ainda dominavam os clubes e a imprensa esportiva daquela época. Segundo o próprio Mário Filho, foi nesse território fronteiriço, onde as diferenças podiam circular livremente, favorecendo o intercâmbio de linguagens, valores e experiências, que ele encontrou o material e a inspiração para desenvolver sua escrita e construir sua obra, hoje amplamente reconhecida como o principal esteio para onde convergem e de onde brotam as histórias da grande epopeia futebolística brasileira.

A opção estilística pela "língua real, do povo, sem pernosticismos"[1], e o interesse por aquele mundo clandestino dos sambistas e jogadores de futebol dão uma clara demonstração da convergência entre o trabalho jornalístico de Mário Filho e as ideias, concepções estéticas e projetos político-culturais do Modernismo, principal corrente do cenário artístico e literário brasileiro no século XX. Nos anos de 1920 e 1930, essa orientação vinha-se tornando cada vez mais forte, na atuação de escritores como Mário de Andrade, Oswald de Andrade e Manuel Bandeira, artistas plásticos como Tarsila do Amaral e Portinari e músicos como Heitor Villa Lobos, que se descolavam dos movimentos vanguardistas europeus e incorporavam às suas obras a linguagem coloquial, as tradições populares e as novas formas de expressão das massas urbanas. Como no mundo do futebol, essa tendência se concretizava em encontros e confraternizações entre intelectuais-mediadores e "artistas do povo", ocasiões que serviam tanto à descoberta de material novo para a produção dos "homens de letras" quanto à valorização e à legitimação do trabalho de seus interlocutores.

Pouco tempo depois de conceder essa entrevista, Mário Filho faleceu e seu irmão, Nelson Rodrigues, nome fundamental da dramaturgia brasileira e o cronista de futebol mais celebrado do país, escreveu um texto sugestivamente

---

1. Cf. citação no ensaio "Cidade esportiva / cidade das letras" (p.26), em que Mário Filho fala de suas aventuras no Café Nice.

intitulado "O homem fluvial", em que a relação entre o trabalho de Mário Filho e o movimento modernista aparece de maneira ainda mais evidente. Entre outros exemplos do legado de Mário Filho, Nelson destaca uma entrevista com o famoso goleiro Marcos de Mendonça, do Fluminense, publicada em meados da década de 1920 e qualificada pelo dramaturgo como "um novo idioma atirado na cara do leitor" e "um duro impacto" para os cronistas da época, que consideravam a simplicidade como "uma degradação para qualquer jornal".

> Pode-se datar o nascimento da crônica esportiva. Foi quando ele [Mário Filho] publicou uma imensa entrevista com Marcos de Mendonça. (...) A entrevista de Marcos foi para nós, do esporte, uma Semana de Arte Moderna. Em meia página, Mário Filho profanou o bom gosto vigente até em jornal de modinhas. Ao mesmo tempo, fundava a nossa língua. E não foi só: – havia também, no seu texto, uma visão inesperada do futebol e do craque, um tratamento lírico, dramático e humorístico que ninguém usara antes. Criara-se uma distância espectral entre o futebol e o torcedor. Mário Filho tornou o leitor íntimo do fato. E, em reportagens seguintes, iria enriquecer o vocabulário da crônica com uma gíria libérrima. (Rodrigues, 1994, p. 8-9)

A comparação entre a entrevista com Marcos de Mendonça e a Semana de Arte Moderna, evento que marcou estrepitosamente o surgimento do movimento modernista, não era apenas mais um exagero do dramaturgo. De um modo que ainda é necessário explorar mais cuidadosamente, a aproximação entre os dois campos vai muito além da simples coincidência temporal entre o desenvolvimento do futebol e do Modernismo na cultura brasileira. Seguir as sugestões dos irmãos Rodrigues e pensar sobre algumas das possíveis conexões entre a cultura esportiva brasileira e o movimento modernista é a proposta deste texto.

futebol e arte

Nas passagens citadas acima, o que aparece em destaque é a transformação da linguagem do jornalismo esportivo, ao mesmo tempo causa e consequência do processo de popularização do futebol no Brasil. A essa transformação, podemos relacionar o desejo de uma "língua sem arcaísmos, sem erudição", que aproveitasse a "contribuição milionária de todos os erros", como definiu Oswald de Andrade no "Manifesto da Poesia Pau-Brasil" (Andrade, 2009, p. 473); a grande "empresa lingüística" de Mário de Andrade, buscando sistematizar em verso e prosa os "erros diários de conversação", os "idiotismos brasileiros" e a "psicologia brasileira", conforme sua própria definição, em uma carta a Manuel Bandeira (Andrade, 1956); ou, ainda, os versos do próprio Bandeira, que falam da "língua errada do povo / língua certa do povo / Porque ele é que fala gostoso o português do Brasil" (Bandeira, 1985, p. 213). Mas poderíamos também pensar na arte visual sintética e parodística de chargistas como Guevara e Nássara, no construtivismo dos poemas sobre o futebol de João Cabral de Melo Neto e Haroldo de Campos, na fina ironia mineira das crônicas e poemas em que Carlos Drummond de Andrade se aventurou pelo tema do esporte, nos choros e sambas de Pixinguinha a Chico Buarque etc.

Sem falar no próprio jogo, em que gerações de artistas populares mostraram sua capacidade para "assimilar, dominar, amolecer em dança, em curvas e em músicas, as técnicas européias ou norte-americanas", como definiu Gilberto Freyre (1967, p. 431-432) em um artigo publicado no *Diário de Pernambuco*, em 1938, criando um estilo que materializava a ideia do mulatismo cultural, central no pensamento desse antropólogo. E que, ao mesmo tempo, tangenciava os sonhos modernistas da Antropofagia, devorando, deglutindo e transformando o legado europeu, e do "biscoito fino" finalmente acessível às massas, segundo outra fórmula de Oswald de Andrade. Um "futebol de poesia", conforme a definição de Pier Paolo Pasolini (2005), composto por jogadas que são como versos livres de herança barroca, marcados pela elipse e pela parábola, como mostra José Miguel Wisnik (2008), em seu livro *Veneno remédio: o futebol e o Brasil*.

Contudo, apesar dessa evidente proximidade, a verdade é que, em sua maioria, os escritores, artistas e intelectuais brasileiros sempre mantiveram com o futebol uma relação distante e ambígua, que deslizava muitas vezes para a crítica e o menosprezo. Quanto aos escritores mais intimamente ligados ao Modernismo, pode-se dizer que a mesma ambiguidade também prevalecia. Nomes centrais do movimento, como Mário de Andrade, Oswald de Andrade, Raul Bopp, Alceu Amoroso Lima e Carlos Drummond de Andrade, bem como muitos de seus principais herdeiros, como João Cabral de Melo Neto, Vinicius de Moraes, Fernando Sabino, Rubem Braga, Ferreira Gullar e Haroldo de Campos, fizeram pelo tema algumas incursões esporádicas. Mas são bem poucos os que, como Nelson Rodrigues, José Lins do Rego e Paulo Mendes Campos, dedicaram maior atenção ao tema. Mesmo assim, na sua grande maioria, essas incursões se deram por meio de crônicas e artigos de jornal, e poucas vezes o futebol ocupou o centro das preocupações desses autores em suas obras poéticas e ficcionais, como seria de se esperar diante da importância que o fenômeno futebolístico adquiriu na cultura brasileira. Uma atitude que talvez se explique, como sugeriu Milton Pedrosa, já em 1967, no ensaio de apresentação de sua antologia *Gol de letra – o futebol na literatura brasileira*, pelo caráter elitista que, ao contrário do esporte, a atividade literária sempre teve no país.

Na fase inicial, quando ainda não era o esporte das multidões, o futebol contava, como prática esportiva, com a participação de elementos das camadas bem situadas. Era natural, pois, que representantes da inteligência integrantes dessas mesmas camadas também chegassem a tomar conhecimento de sua existência como fonte de inspiração. Contudo, para o grosso da intelectualidade a que aludimos, comandada pela elite de bacharéis descendentes dos donos da terra e antigos escravocratas, e para os membros da burguesia nacional e da classe média com aspirações a galgar o degrau superior da escala social, o futebol não possuía aquele caráter de nobreza capaz de fazê-lo assunto de suas criações literárias e artísticas. Foram necessários os abalos, com suas consequências, produzidos na sociedade brasileira pela Primeira Grande Guerra, o movimento "subversivo" da Semana de Arte Moderna de 1922, os acontecimentos de 1930, para que o tabu, de impacto em impacto, fosse aluído em suas bases e começasse a desmoronar. Do mesmo modo que em parte dessa intelectualidade perduraram os traços de suas origens, permanece ela fiel ao tabu do futebol como motivo de criação literária e artística. (Pedrosa, 1967, p. 23-24)

máquina sem travas

Seria, no entanto, muito simplista considerar que esse relativo desinteresse dos intelectuais, artistas e escritores pelo futebol implica numa ausência de relações entre os dois campos. Uma resposta alternativa a essa questão talvez possa ser encontrada se nos deslocarmos do centro da tradição literária e artística e procurarmos essas relações na multiplicidade de discursos que a sociedade produz a partir do esporte: os hinos e os cantos das torcidas, os livros sobre a história dos clubes, as memórias, biografias e autobiografias das personagens do mundo do futebol, os "causos" e anedotas, a publicidade e toda multiplicidade de gêneros jornalísticos e de entretenimento na imprensa, no rádio e na televisão. Fazendo explodir o potencial simbólico do esporte enquanto espetáculo, esses discursos funcionam como uma engrenagem sem travas, que Umberto Eco captou com argúcia, em um artigo sobre as Olimpíadas, intitulado "A falação esportiva":

> Mas esse esporte ao quadrado [o espetáculo esportivo] (...) engendra um esporte ao cubo, que é o discurso sobre o esporte enquanto assistido: esse discurso é em primeira instância o da imprensa esportiva, mas engendra por sua vez o discurso sobre a imprensa esportiva, e portanto um esporte

elevado à *enésima* potência. O discurso sobre a imprensa esportiva é o discurso sobre um discurso na medida em que vê o esporte alheio como discurso. (...) a falação sobre a falação da imprensa esportiva representa um jogo com todas as suas regras. (Eco, 1984, p. 223-224)

Adquirindo, dessa forma, uma relativa autonomia em relação ao esporte enquanto prática, esse universo quase delirante de produção discursiva cria uma zona fronteiriça por meio da qual futebol, arte e literatura podem entrar em contato, para além da simples utilização temática de elementos do universo esportivo em obras de arte e literatura e das eventuais incursões de escritores e artistas consagrados no jornalismo esportivo. Especialmente em gêneros como a charge, a anedota, o "causo" e a crônica esportiva, nos quais pode ser detectada, sem grande dificuldade, a presença de uma linguagem que explora sistematicamente suas potencialidades e se aventura deliberadamente pela ficção, qualidades tradicionalmente identificadas com o campo artístico. Promovendo a contínua reinterpretação e recriação dos acontecimentos e personagens do mundo esportivo, esses discursos e representações contaminam e chegam mesmo a determinar o modo como fruímos, vivemos e praticamos o esporte, criando a brecha por meio da qual a ficção invade a realidade e a vida imita a arte.

Em suas reflexões sobre a escrita da história, o historiador americano Hayden White faz observações que podem ser bem produtivas para se pensar nessas relações. Em diversos textos, entre eles o ensaio "O texto histórico como artefato literário", ele formula a tese de que, para articular os eventos aleatórios da experiência humana, o discurso histórico recorre a formas de construção narrativa experimentadas antes na literatura, que compõem um repertório de formas válidas de narrar e dar sentido à vida, em um determinado contexto histórico (White, 1994). No lugar da oposição entre ficção e história, então, teríamos uma relação complexa, em que a literatura se alimenta da realidade e, ao mesmo tempo, funciona como uma matriz, um laboratório onde se experimentam formas de narrar e conferir sentido à experiência, a partir das quais são forjados os discursos de outros campos. A imaginação assume, assim, a tarefa de inventar o real, de criar maneiras possíveis de apreendê-lo.

Hayden White fala da história, mas poderíamos estender seu raciocínio também a outros discursos, como o do jornalismo. Com efeito, se pensarmos na história do futebol no Brasil e na contribuição que nomes como Mário Filho e Nelson Rodrigues prestaram à construção de nossa cultura e de nossa mitologia esportiva, não é difícil perceber o quanto suas ideias e formas de recriar e interpretar o jogo são tributárias dos valores, das ideias, das concepções estéticas e dos projetos que circulavam no cenário artístico e cultural de sua época. Nesse cenário, a presença de figuras importantes do mundo artístico e literário nas redações dos órgãos de imprensa pode ser vista como uma mediação, por meio da qual se realizava o trânsito de materiais e procedimentos, a troca de influências entre as duas esferas.

os bichos de Mangabeira

Dessa perspectiva, um caso muito interessante é o do escritor e artista plástico Fernando Pieruccetti, mais conhecido pelo pseudônimo Mangabeira, com o qual assinava suas charges esportivas. São bastante conhecidas as mascotes que ele criou para os principais times de Belo Horizonte (o Galo para o Atlético, a Raposa para o Cruzeiro, o Coelho para o América) e para inúmeros clubes do interior mineiro e de outras partes do país, incluindo o Canarinho, símbolo da seleção nacional. Muitas delas foram adotadas como mascotes oficiais pelos clubes e são amplamente utilizadas como nomes alternativos por suas torcidas e pela mídia esportiva.

A história do zoológico de Mangabeira também é razoavelmente conhecida, especialmente em Minas Gerais (Cf. Ziller, 1974, p. 221-223; Galuppo, 2003, p. 77-78). Os primeiros bichos foram criados em 1945, no jornal onde Pieruccetti trabalhava como ilustrador do suplemento literário e da página infantil, a *Folha de Minas*, que queria lançar charges parecidas com as que o *Jornal dos Sports* (dirigido por Mário Filho) publicava na mesma época, no Rio de Janeiro. A princípio relutante, Pieruccetti acabou aceitando a encomenda, com a proposta de fazer desenhos no espírito das fábulas de Esopo e La Fontaine, utilizando animais da fauna brasileira. No ano seguinte, o artista se mudou para o *Diário da Tarde* e pouco depois para o *Estado de Minas*, no qual continuou publicando suas charges até o início da década de 1970.

É muito pouco conhecida, no entanto, a trajetória de Pieruccetti como artista plástico de destaque na vida cultural da Belo Horizonte dos anos de 1930.[2] No início daquela década, ele começou na *Folha de Minas* sua trajetória de ilustrador e caricaturista, passando depois por outros jornais, como o *Diário da Tarde*, o *Jornal da Manhã* e o *Estado de Minas*, e por revistas como *Montanhesa*, *Belo Horizonte*, *Alterosa* e *Vida de Minas*. Nessa época, ele integrou o grupo de artistas que introduziu as tendências modernistas no cenário das artes plásticas da capital mineira, ao lado de nomes como Delpino Júnior, Julius Kaukal, Érico de Paula, Genesco Murta, Monsã, Jeanne Milde e outros. Em 1936, esse grupo promoveu o Salão do Bar Brasil, primeira coletiva de arte moderna realizada em Belo Horizonte (antes dela, em 1920, realizou-se a exposição individual de Zina Aita), que abriu caminho para o desenvolvimento das concepções que inspirariam, no início da década de 1940, a construção do conjunto arquitetônico da Pampulha, projetado por Oscar Niemeyer. Além disso, Pieruccetti escreveu histórias infantis e ilustrou obras de au-

---

2. O interesse pelo assunto nasceu de conversas com o jornalista Walter Sebastião, do *Estado de Minas*, a quem agradeço também pelas informações, documentos (entre eles, o depoimento que é citado pouco à frente) e contatos que deram início à pesquisa que venho realizando sobre o artista. Outras informações sobre a biografia e a trajetória artística de Pieruccetti foram obtidas em entrevistas com seus filhos, Edmundo e Yedda, e com a professora Ivone Luzia Vieira, especialista na história das artes plásticas em Belo Horizonte.

tores como Carlos Drummond de Andrade, Rubem Braga, Murilo Rubião e Emílio Moura.

Participando no Salão do Bar Brasil, em 1936, com três desenhos (Banquete, Miséria e Pequenos Jornaleiros), Pieruccetti ganhou o primeiro prêmio da mostra, concedido à obra Miséria, uma denúncia dramática da pobreza em que viviam os marginalizados da cidade, em traços sombrios e monocromáticos, influenciados pelo cubismo e pelo expressionismo. Para a professora Ivone Luzia Vieira, "as deformações exageradas dos pés e das mãos dos pequenos jornaleiros" "suscitam imagens da marginalidade social" e o conjunto de desenhos "é uma obra expressionista na qual o artista trabalha o universo urbano das grandes metrópoles" (Cf. Vieira, 1997, p. 153; Vivas, 2012, p. 82-88). O próprio artista, em depoimento ao jornalista Walter Sebastião, define o espírito dos desenhos:

> Tudo miséria, assunto de sofrimento. Eu ia nas oficinas da Folha de Minas (...) e à noite via aqueles pequenos jornaleiros dormindo perto da caldeira (...). Fiz os desenhos na cozinha, conversando com minha mãe, em papel manilha (...) retalhos de miséria de Belo Horizonte em papel manilha.

fazenda modernista

A trajetória de Pieruccetti como artista plástico intimamente ligado à cena modernista de Belo Horizonte sugere que também seu trabalho como chargista esportivo pode ser interpretado por esse viés. A título de exemplo, vejamos rapidamente duas das primeiras charges publicadas por ele na Folha de Minas, ainda em 1945, ano de criação dos bichos.

No início de setembro, a primeira charge foi publicada, anunciando a sétima rodada do Campeonato Mineiro. A cena, dividida ao meio, mostra, de um lado, a Tartaruga sentada ao pé de uma árvore, com um violão e uma garrafa de cachaça, e, de outro, o Galo, diante de uma partitura, ambos sob um céu escuro e estrelado. Nas legendas esclarece-se que a

Tartaruga preparava o baile, enquanto o Galo ensaiava para ver se cantaria no dia seguinte, antecipando-se, assim, o clima de expectativa pelo jogo entre Atlético e Siderúrgica. O desenho evoca claramente o ambiente rural, assinalado pela árvore, pela grama, pelo céu estrelado etc. Esse ambiente, no entanto, não impede a presença de elementos da vida moderna, quando a ocasião é oportuna.

A 7.ª RODADA DO CAMPEONATO - (Charges e tipos de Mangabeira)

Folha de Minas, 01 set. 1945, p.8.

OS JOGOS DA 4.ª RODADA DO RETURNO (Charges e tipos de Mangabeira)

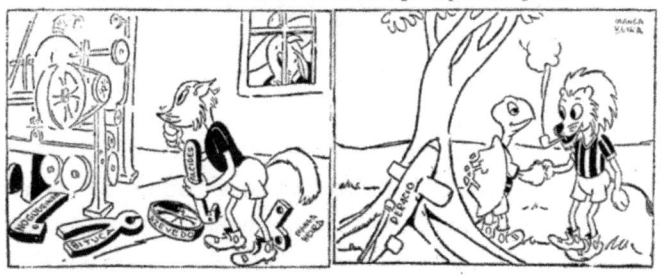

Folha de Minas, 14 out. 1945, p.10.

No mês seguinte, outubro de 1945, por exemplo, dois quadros antecipam os confrontos entre Cruzeiro e Uberaba e entre Siderúrgica e Villa Nova. No primeiro, a Raposa se encontra em uma oficina, tentando montar uma máquina cujas peças simbolizam os jogadores de seu time, sob o olhar mineiramente desconfiado do Zebu, que espia pela janela. No segundo, composto em tom de fábula sobre a esperteza, Tartaruga e Leão se cumprimentam, sob uma árvore, atrás da qual está escondida a arma secreta do Siderúrgica, o foguete que simboliza o chute forte de Perácio. Máquina e foguete se encarregam de introduzir, no mundo rural, as novidades espantosas da modernidade e o imaginário da guerra, tão presente naquele contexto.

A partir desses rápidos exemplos, já podemos pensar um pouco nas concepções que orientam a produção de Pieruccetti no jornalismo esportivo. Em primeiro lugar, a própria utilização da charge já reflete o processo de modernização do jornalismo esportivo brasileiro, em que a iconografia e o humor tiveram papel importante no diálogo com o novo público leitor, vindo das classes populares. Nas criações de Pieruccetti, essa linguagem é atualizada por um traço leve, sintético e aberto, típico do "pintor da vida moderna", conforme a conhecida definição de Charles Baudelaire. De um modo geral, as charges eram compostas por um ou dois quadros, mais raramente três, abaixo dos quais apareciam legendas que traziam pequenas narrativas ou diálogos sobre a cena representada no desenho. Embora fossem comuns as referências temáticas ao universo dos quadrinhos, geralmente não havia o uso de balões e os quadros não possuíam caráter sequencial. Do ponto de vista do funcionamento discursivo, portanto, as charges não operavam como quadrinhos ou tirinhas narrativas, mas como ilustrações do texto que vinha na legenda e do noticiário esportivo como um todo, ao modo dos livros de fábulas e contos de fada, mas também do jornalismo fotográfico daquela época, com suas poses, flagrantes e fotos-legendas.

Os bichos aparecem antropomorfizados, conversando e realizando ações humanas como comer com talheres, cozinhar, ler, dirigir automóveis etc. Entre eles e as entidades representadas havia uma relação totêmica, de afinidade ou parentesco entre um animal e um grupo social. Sua escolha era baseada em características e elementos que já faziam parte da tradição e da imagem dos clubes e das comunidades a que eles pertenciam. O Atlético, com sua fama de "bom de briga" e seu uniforme que lembrava um galo da raça carijó, ficou sendo o Galo; o Cruzeiro, que tinha dirigentes italianos de incomparável esperteza para os negócios, virou a Raposa; o América começou como Pato, mas depois passou a Coelho, que era o sobrenome de alguns dos seus diretores; o Siderúrgica, criado em Sabará por funcionários da Usina Belgo-Mineira, seria a Tartaruga, com sua carapaça dura como aço; e assim por diante. Alguns bichos não representavam clubes, mas outros personagens da cena esportiva, como o Rato, que era o juiz, a Águia, que era a Federação Mineira, a Coruja, o Tribunal Desportivo, o Jaburu e o Espírito de Porco, simbolizando a torcida e suas reações etc. Para fins de direitos autorais, foram registrados 71 bichos, mas estima-se que o zoológico de Mangabeira supere a casa das 90 criações.

    O cenário varia conforme as circunstâncias, mas é nítida a predominância de um ambiente campestre, que lembra o mundo das fábulas que inspirou o artista e, ao mesmo tempo, o universo rural, sinalizado pela anotação rápida da grama, da árvore e da colina no horizonte. Elementos como a presença dos bichos, muitos deles domésticos, a casa e a tela do galinheiro remetem ainda à fazenda, harmonicamente inserida nesse ambiente campestre. Nas pequenas histórias que se passavam nesse ambiente, metaforizando os acontecimentos esportivos, os valores modernos da competição e da busca pela vitória são transformados em lições de esperteza mineira, convergentes com o espírito da fábula, mas também das narrativas orais que transmitem o saber tradicional das comunidades rurais e interioranas.

    Por esses elementos, já se pode ver o quanto as charges de Pieruccetti se aproximam das ideias, concepções estéticas e projetos político-culturais do movimento modernista. Dirigidas ao grande público da capital e do interior, elas integravam elementos heterogêneos, provenientes da multiplicidade social e cultural de seus leitores, fundindo-os numa linguagem de fácil apelo visual, que servia à difusão do imaginário moderno projetado no esporte. Inspirada nas características dos clubes e de suas torcidas, a escolha dos bichos também desempenha uma função integradora, aproveitando elementos que ligavam o esporte ao universo rural e semi-rural do interior mineiro e dialogando com a memória e a experiência dos novos aficionados pelo futebol. Sinaliza, ainda, para o projeto modernista de constituição de uma identidade nacional pela recusa da assimilação passiva da cultura norte-americana e europeia e pela incorporação de elementos populares e regionais às expressões da cultura moderna e massiva. Compondo o cenário, a fazenda funciona como entre-lugar, espaço de transição entre o campo e a cidade, o antigo e o novo, o tradicional e o moderno. Função que é potencializada pelo poder da charge de incorporar elementos heterogêneos, provenientes dos dois universos.

    Assim, o trabalho de Fernando Pieruccetti no jornalismo esportivo, bem como muitas outras manifestações da cultura do futebol no Brasil, pode ser visto como parte de um empreendimento estético, cultural e político mais amplo, por meio do qual os artistas e intelectuais do movimento modernista buscaram interferir nos rumos da sociedade brasileira. Curioso notar, no entanto, que o elemento de denúncia social, tão presente nos trabalhos com que Pieruccetti se lançou na cena artística, no Salão do Bar Brasil, dilui-se nas charges, em favor do esforço de mediação entre o interior e a capital, o campo e a cidade. De certa forma, a narrativa das charges de Pieruccetti opera um deslocamento, colocando em primeiro plano a oposição entre tradição e modernidade, o que acaba por ofuscar outros conflitos, tensões e antagonismos da vida social. Enquanto na obras compostas por Pieruccetti para o Salão do Bar Brasil se faz um diálogo com o popular, no sentido de explicitar contradições sociais, nas charges esportivas se faz um diálogo com o universo rural e interiorano, no sentido de aproximar e conciliar diferenças. Passa-se de um primeiro momento performático a um segundo momento pedagógico, que busca construir uma imagem harmônica da sociedade por meio do futebol.

referências

ANDRADE, Mário de. *Cartas a Manuel Bandeira*. Rio de Janeiro: Simões, 1956.
ANDRADE, Oswald de. Manifesto da Poesia Pau-brasil. In: TELES, Gilberto Mendonça (Org.). *Vanguarda européia e Modernismo brasileiro*. 19 ed. Petrópolis: Vozes, 2009.
BANDEIRA, Manuel. Evocação do Recife. In: _____. *Poesia completa e prosa*. Rio de Janeiro: Nova Aguilar, 1985.
BAUDELAIRE, Charles. O pintor da vida moderna. In: CHIAMPI, Irlemar (Org.). *Fundadores da modernidade*. São Paulo: Ática, 1992.
ECO, Umberto. A falação esportiva. In: _____. *Viagem na irrealidade cotidiana*. 9 ed. Rio de Janeiro: Nova Fronteira, 1984.
FREYRE, Gilberto. *Sociologia*. 4 ed. 2v. Rio de Janeiro, José Olímpio, 1967.
GALUPPO, Ricardo. *Raça e amor: a saga do Clube Atlético Mineiro vista da arquibancada*. São Paulo: DBA Artes Gráficas, 2003.
PASOLINI, Pier Paolo. O gol fatal. *Folha de São Paulo*, Caderno "Mais!", 6 de março de 2005.
PEDROSA, Milton. O futebol na literatura brasileira. In: _____. (Org.). *Gol de letra: o futebol na literatura brasileira*. Rio de Janeiro: Gol, 1967.
PEREIRA, Leonardo Affonso de Miranda. *Footballmania: uma história social do futebol no Rio de Janeiro – 1902-1938*. Rio de Janeiro: Nova Fronteira, 2000.
RAMOS, Graciliano. Traços a esmo. In: PEDROSA, Milton (Org.). *Gol de letra – o futebol na literatura brasileira*. Rio de Janeiro: Gol, 1967.

RODRIGUES, Nelson. O homem fluvial. In: RODRIGUES FILHO, Mário Leite. *O sapo de Arubinha*. São Paulo: Companhia das Letras, 1994.

RODRIGUES FILHO, Mário Leite. *O negro no futebol brasileiro*. 3 ed. Petrópolis: Firmo, 1994.

SILVA, Marcelino Rodrigues da. *Mil e uma noites de futebol*: o Brasil moderno de Mário Filho. Belo Horizonte: Editora UFMG, 2006.

VIEIRA, Ivone Luzia. Emergência do Modernismo. In: RIBEIRO, Marília Andrés; SILVA, Fernando Pedro da (Orgs.). *Um século de história das artes plásticas em Belo Horizonte*. Belo Horizonte: C/Arte e Fundação João Pinheiro, 1997.

VIVAS, Rodrigo. *Por uma história da arte em Belo Horizonte*. Belo Horizonte: C/Arte, 2012.

WHITE, Hayden. O texto histórico como artefato literário. In: _____. *Trópicos do discurso*: ensaios sobre a crítica da cultura. São Paulo: Editora da Universidade de São Paulo, 1994.

WISNIK, José Miguel. *Veneno remédio*: o futebol e o Brasil. São Paulo: Companhia das Letras, 2008.

ZILLER, Adelchi. *Enciclopédia do Atlético*. Belo Horizonte: Ed. Lemi, 1974.

3
toda a memória do futebol brasileiro

Ao contrário das artes e das ciências humanas, que apenas nas últimas décadas vêm dedicando maior atenção ao futebol, a imprensa brasileira despertou desde muito cedo seu interesse por esse esporte. A partir de meados da década de 1910, o futebol se tornou objeto de uma intensa produção jornalística e passou a ocupar um espaço de enormes proporções nos periódicos de grande circulação e nas publicações especializadas em esportes que, desde então, começaram a surgir. Ao seu modo, essa produção tomou para si a tarefa de registrar e interpretar a história do futebol no país, e até mesmo de investigar as razões pelas quais esse esporte adquiriu tanta importância na cultura brasileira. A maior parte desses textos, no entanto, foi publicada nas páginas efêmeras dos jornais e revistas e, por isso, não é muito conhecida.

Mas nem só de páginas perdidas se compõe a produção jornalística sobre o futebol brasileiro. Vários textos publicados inicialmente em periódicos foram mais tarde fixados em livros. E muitos outros, de caráter semelhante e escritos por jornalistas, foram originalmente publicados no formato de livro. Esse conjunto de publicações constitui, hoje, uma bibliografia bastante significativa e tem, naturalmente, os seus clássicos, as suas obras mais conhecidas e celebradas.

A maior delas é, com certeza, o livro *O negro no futebol brasileiro*, do jornalista Mário Filho. Escrito a partir dos artigos da coluna "Da Primeira Fila", mantida pelo autor no jornal *O Globo* na década de 1940, esse livro foi publicado pela primeira vez em 1947 e reeditado em 1964, com o acréscimo de dois novos capítulos. Articulando "causos" colhidos em entrevistas com jogadores, torcedores e cartolas com fatos de conhecimento público, memórias pessoais do autor e um pouco de criatividade ficcional, ele é um relato do processo de introdução e popularização do futebol no Brasil. Nesse relato, Mário Filho enfatiza a trajetória dos jogadores negros e mulatos e a luta pela superação das barreiras raciais que impediam seu acesso aos principais clubes e ligas esportivas do país.

Visto com reverência pelos próprios jornalistas, *O negro no futebol brasileiro* obteve também uma grande repercussão na bibliografia acadêmica que, nas últimas décadas, debruçou-se sobre o futebol e suas relações com a sociedade brasileira. A princípio, ele serviu como fonte de informações sobre a história desse esporte no país, recebendo um tratamento meramente documental. Em trabalhos mais recentes, no entanto, os estudiosos do futebol vêm percebendo que, por suas relações com o contexto em que foi escrito, sua complexidade textual e sua influência na cultura esportiva brasileira, esse livro não pode ser visto apenas como um documento. Entre esses trabalhos, dois textos colocam a obra de Mário Filho no centro das atenções e, por isso, devem ser mencionados.

O artigo "História e invenção de tradições no campo do futebol", de Antônio Jorge Soares (1999), é uma crítica à repercussão desse livro nos estudos sobre a história do futebol no Brasil. Para Soares, esses estudos estariam utilizando *O negro no futebol brasileiro* com pouco rigor metodológico e cometendo, assim, graves equívocos em sua tarefa de fornecer uma visão informativa do passado. Em sua argumentação, o autor desenvolve a primeira tentativa mais cuidadosa de analisar esse grande clássico da bibliografia futebolística brasileira.

Nessa análise, os momentos da narrativa do livro de Mário Filho são identificados aos elementos estruturais do conto popular, conforme a descrição do formalista russo Vladimir Propp: uma situação inicial de "dano", projetada no elitismo que impedia o acesso dos negros ao futebol; a "doação do objeto mágico", configurada pela criação do estilo futebolístico brasileiro; a interposição de obstáculos à trajetória do herói, representada pelas dificuldades do negro em sua luta pelo acesso aos grandes clubes; e, finalmente, o triunfo do herói e a reparação do dano, com a aceitação de negros e mulatos nos grandes clubes e o prestígio obtido por jogadores como Leônidas da Silva e Domingos da Guia. Nos dois capítulos acrescentados posteriormente, o ciclo se repetiria com o "recrudescimento do racismo" após a derrota brasileira na Copa de 1950, a conquista da Copa de 1958 e o surgimento de Pelé.

Inserindo nessa estrutura ficcional os inúmeros "causos" que conta em seu livro, Mário Filho teria operado um "deslocamento de foco", através do qual todos os fatos teriam sido submetidos à ênfase na questão racial. O negro no futebol brasileiro não seria, portanto, um livro de história, no "sentido clássico", mas um romance ou "crônica romanceada do futebol". E sua visão mítica da história do futebol no Brasil seria uma expressão da ideologia da democracia racial e um instrumento de harmonização de conflitos sociais. Utilizando esse livro como um documento completo e objetivo, sem consultar outras fontes nem submetê-lo a um olhar comparativo, os estudos sobre a história do futebol brasileiro teriam incorporado esse viés nacionalista, tornando-se meras atualizações do mito de integração racial inventado por Mário Filho.

No artigo "Sociologia, história e romance na construção da identidade nacional através do futebol", Ronaldo Helal e César Gordon Jr. (1999) fazem uma réplica às críticas de Soares. Mas essa réplica se limita às implicações do uso da obra de Mário Filho como fonte histórica. O argumento de Soares é criticado por se basear na noção de "fato histórico" e na exigência de comprovação documental, "reavivando conceitos que toda a 'nova historiografia' (...) esforçou-se em superar". Apesar dessas discordâncias, Helal e Gordon Jr. endossam sem reservas a análise do livro realizada por Soares. Assim, nos dois textos a descoberta da estrutura narrativa que insere os "causos" do anedotário do futebol numa saga de afirmação racial acaba funcionando como uma chave que pretende explicar todo o livro e toda a sua repercussão no imaginário popular e na literatura acadêmica.[3]

Nos textos em que apresenta as duas primeiras edições de seu livro, entretanto, o próprio Mário Filho acena com outras possibilidades de leitura. Na "Nota ao leitor" da segunda edição, o jornalista diz que o livro é um "ensaio" cujo objetivo é "fixar o processo (...) da democratização do futebol brasileiro". Além de explicitar o ponto de vista do autor, essa afirmação também sugere uma opção consciente pela narração como método de trabalho. Sublinhando a diferença entre seu texto e a pesquisa histórica tradicional, o jornalista reconhece que a hipótese central de seu livro não é apresentada como tal, mas diluída na narrativa e de certa forma ocultada por ela. Já na "Nota ao leitor" da primeira edição, Mário Filho ressalta que seu livro é "uma obra que desafia a contestação", pois seu conteúdo havia sido amplamente divulgado no jornal *O Globo* sem ter sido questionado. Seria, portanto, uma obra de história, ainda que de caráter jornalístico e não acadêmico. Mas isso não implica numa ausência de reflexão teórica sobre a história. Declarando seu débito com as pessoas que entrevistou, o autor mostra uma visão crítica da objetividade e uma clara percepção do caráter interpretativo de qualquer reconstituição histórica.

> Os documentos oficiais me mostraram que a história verdadeira se escreve de outro jeito. Quem manuseasse os livros da AMEA (...) além dos relatórios da própria Confederação, não descobriria, em parte alguma, nada da luta do negro, se não entrasse na intimidade dos fatos. As atas, a corres-

---

3. No ensaio "Nas margens do futebol, a literatura (e vice-versa)", retomo o debate de forma mais completa, reparando uma omissão importante e incluindo também a réplica de Mauricio Murad ao artigo de Soares.

pondência dos clubes, não falam de negros. As leis das entidades não tocam, nem de leve, em questões de raça[4].

(Rodrigues Filho, 1994, s/p)

Logo a seguir, Mário Filho coloca outra questão que complica ainda mais o debate. Seu método de pesquisa o levou a reunir um material extremamente volumoso, que ele pretendia utilizar exaustivamente no livro, mesmo que isso fosse um obstáculo para a demonstração de sua hipótese.

Eu fui, aos poucos, levantando o véu, ouvindo daqui, dali, reconstituindo a tradição oral, muito mais rica, muito mais viva do que a escrita dos documentos oficiais, graves, circunspectos, dos jornais que não dizem tudo. (...) O material era tanto, e com tamanho requinte de detalhes, que ficava a dúvida. A dúvida de como eu conseguiria reuni-lo, catalogá-lo, usá-lo, numa narrativa corrente, sem um claro, uma interrupção. (...) Não, eu não usei a imaginação. Nenhum historiador teria tido mais cuidado que eu em selecionar os dados, em comprovar-lhes a veracidade por averiguações exaustivas.

A demonstração da hipótese de que o futebol brasileiro teria passado por um processo de democratização racial não era, afinal, o único objetivo de Mário Filho. O autor pretendia, também, reconstituir a tradição oral do futebol. A dificuldade em combinar essas duas metas sem distorcer a verdade dos fatos o leva a negar com veemência o uso de elementos ficcionais na composição de sua narrativa.

Diante dessa fragilidade dos limites entre história e ficção, que o próprio Mário Filho parece ver em sua obra, proponho que ela não seja lida como um romance ou "crônica romanceada", e nem mesmo como um ensaio ou relato historiográfico, mas sim como um livro de memórias. De modo semelhante a certos textos memorialísticos, O negro no futebol

---

4. Nas próximas citações desse livro, será indicada apenas a página em que se encontra o trecho citado, no corpo de texto e entre parênteses. Os dois textos intitulados "Nota ao leitor" se encontram em páginas não numeradas.

brasileiro é uma luta contra a morte e o esquecimento, uma tentativa de evitar o desaparecimento de imagens do passado que não foram registradas em documentos oficiais ou livros de história. Daí suas quase quinhentas páginas e seu tom cronístico, através dos quais o autor tenta presentificar um tempo que já se foi. Em um movimento suplementar, Mário Filho quer reconstruir o passado por uma obsessiva adição de fragmentos condenados à incompletude. E nesse esforço, a imaginação tem certamente um lugar, preenchendo os vazios deixados pela memória e estabelecendo conexões entre os fragmentos do passado.

Entre as duas metas perseguidas pelo jornalista, havia uma evidente contradição. A demonstração da hipótese da democratização racial demandava uma seleção do material. Diluída na narrativa, a interpretação deveria concretizar sua coerência na fluidez, de modo que os fatos compusessem, por si só, um movimento de relaxamento das tensões raciais. A reconstituição da tradição oral, por sua vez, solicitava a utilização do maior número de "causos" possível, não importando sua conformidade à hipótese que o autor queria demonstrar. A disputa entre os dois objetivos leva Mário Filho a um dilema muito comum no texto memorialístico. O memorialista quer reconstituir o passado e, ao mesmo tempo, interpretá-lo, dar a ele um sentido e uma unidade. Mas o passado é sempre complexo e multifacetado, rebelde a generalizações. Daí a linguagem mesclada e heterogênea, típica dos textos que se consagram a essa tarefa impossível (Cf. Arrigucci Jr., 1987).

Esse dilema é ainda mais agudo em *O negro no futebol brasileiro*, pelo caráter eminentemente coletivo da tradição que Mário Filho queria fixar. Como mostra Halbwachs (1990, p. 36), a memória estritamente individual não existe, pois até as lembranças íntimas são ancoradas na memória dos grupos a que o indivíduo pertenceu. Entretanto, o livro de Mário Filho não é o registro da memória pessoal do autor ou de seus informantes. A tradição que o jornalista pretendia reconstituir havia sido construída coletivamente, segundo uma dinâmica de funcionamento simbólico própria do esporte, em que os sentimentos de pertencimento e os antagonismos sociais se articulam de modo complexo e contraditório. Com base em diferentes tipos de afinidade (o bairro, a profissão, a raça, a classe social etc.), os clubes criaram laços com grupos sociais distintos, cujos conflitos, muitas vezes, projetaram-se em intensas rivalidades esportivas. Suas histórias passaram, então, a ser repetidas e recriadas por seus torcedores, tornando-se verdadeiras épicas de afirmação e legitimação grupal.

Assim, os "causos" que Mário Filho compilou em seu livro faziam parte de um repertório coletivo em que conviviam sentimentos, valores e sentidos conflitantes. Ao lado da épica vascaína, em que "a boa tradição portuguesa da mistura" converge perfeitamente com a hipótese da democratização racial, havia também o esnobismo do Fluminense, a rebeldia do Botafogo, as relações do Bangu com a comunidade de operários da Cia. de Progresso Industrial etc. Como observaram Helal e Gordon Jr. (1999, p. 150), os "causos" têm "uma força própria" que "transcende a tentativa de encaixá-los numa totalidade". Por isso, muitos deles não aparecem no livro como provas unívocas de sua hipótese central, mas como exceções, complicações, ou mesmo como simples desvios que pouco ou nada têm a ver com essa hipótese. De um modo peculiar ao texto memorialístico, as partes estabelecem uma relação complexa e multívoca com o todo.

A história das rivalidades clubísticas, por exemplo, na maior parte das vezes se desenvolve em torno de antagonismos ligados a questões territoriais, e não à questão racial. Fala-se no "bairrismo tomando a forma de um clube", no "bairro unindo, separando, criando fronteiras" (18, 19). E esse efeito de desencaixe está presente até mesmo nos episódios diretamente relacionados à trajetória de ascensão dos jogadores negros e mulatos. Muitos deles servem, por exemplo, como pretexto para a evocação de um discurso elitista que, do mesmo modo que a hipótese central do livro, também aparece diluído na narrativa. Como o episódio em que Leônidas da Silva é chamado de "moleque, preto sem-vergonha, negro sujo" por não ter honrado um contrato com o América (259). Existem, ainda, os "causos" em que a violência contra os jogadores negros é tão forte que faz com que a perspectiva de um relaxamento das tensões raciais pareça distante e impalpável. Como a história trágica de Monteiro, mulato orgulhoso e dedicado que atuava no Andaraí e morreu tuberculoso, dando sua vida pelo clube para provar seu valor (112), e a trajetória turbulenta e patética do negro Fausto, um craque rebelde que abandonou o Vasco em uma excursão pela Europa e acabou morrendo na pobreza (238, 312).

Essa justaposição de uma moldura narrativa que conduz a interpretação do passado e de uma infinidade de episódios que preenchem essa moldura com um grau de encaixamento bastante variável é o mecanismo fundamental de funcionamento textual de *O negro no futebol brasileiro*. Nesse mecanismo, a possibilidade de inserção de histórias que não convergem com a lógica da moldura é tão importante quanto a própria moldura. É ela que faz com que o livro cumpra, de modo vicário, seus objetivos memorialísticos de interpretar o passado futebolístico brasileiro e oferecer uma visão de sua complexidade e da multiplicidade de perspectivas através das quais ele permaneceu na memória coletiva.

Assim, é necessário admitir que é parcialmente correta a observação de que existe, no livro de Mário Filho, um esforço para fazer da história do futebol brasileiro uma narrativa de nação. Daí a importância que ele confere ao lugar de grande ídolo esportivo nacional, ocupado por Friedenreich em 1919, por Leônidas em 1938, visto como um "trono vazio" em 1950 e finalmente preenchido por Pelé, em 1958. Como o túmulo do soldado desconhecido, esse lugar realiza o que Homi K. Bhabha (1998) chamou de "metáfora da comunidade nacional", a metáfora do "muitos como um", por meio da qual a nação pode ser vista como um corpo único e indiviso. *O negro no futebol brasileiro* pode realmente ser visto como um discurso pedagógico que busca construir uma memória nacional, um conjunto de lembranças compartilhadas por toda a comunidade para legitimar sua coesão social.

Mas a memória nacional também depende do esquecimento. Para construí-la, é preciso apagar a lembrança de certos acontecimentos que revelam a violência e os conflitos que estão na origem da nação. Como mostra Pollak (1989), quando a recordação desses acontecimentos vem à tona, a memória nacional é abalada e as bases simbólicas da nação são submetidas a um processo de negociação e reorganização. E, como vimos, o livro de Mário Filho não omite, e até mesmo enfatiza, certos momentos de conflito e violência da história do futebol brasileiro. Nesses momentos, a rigidez da memória nacional dá lugar a outras vozes, cujos discursos não podem ser reduzidos a uma saga de afirmação racial.

Comentando a obra dos memorialistas do Modernismo mineiro, Wander Melo Miranda mostra que nem sempre o discurso memorialístico está engajado com o projeto de "construir uma nação e dar a ela uma identidade cultural". Articulando as lembranças coletivas de uma perspectiva pessoal, ele pode desestabilizar a memória nacional, "abrindo brechas para outras possibilidades de articulação identitária". Para operacionalizar essa perturbação, o autor elabora a ideia de "fronteiras internas da nação":

> O discurso minoritário assinala a existência de fronteiras internas, que demarcam o espaço heterogêneo da identidade a ser compartilhada. A identificação resulta, pois, num movimento dual de estreitamento e alargamento das fronteiras culturais, tendo em vista os "territórios" a serem cedidos ou conquistados (...). Nesse sentido, a integração nacional passa a depender mais da agonística dos valores em jogo na cena social do que das estratégias postas em funcionamento pelo aparato ideológico do Estado. (Miranda, 1998, p. 418)

Tentando reconstituir um passado complexo e multifacetado e fixar uma tradição heterogênea, o livro de Mário Filho acaba abrigando vozes performativas, que desestabilizam o discurso da pedagogia nacionalista e demarcam as "fronteiras internas da nação". Assim, a nação só se realiza, em *O negro no futebol brasileiro*, de uma forma liminar, como uma negociação permanente entre os diferentes sentidos postos em jogo no imaginário futebolístico. A própria pedagogia nacionalista que o jornalista constrói a partir da hipótese da democracia racial já é fruto de uma reorganização dos sentidos e valores que se projetaram no futebol ao longo de sua história no Brasil. Houve, no curso dessa história, uma mudança no papel estratégico desempenhado pelo discurso que relaciona o negro e o futebol. Em um primeiro momento ele foi um discurso minoritário, que reivindicava para o negro um lugar na sociedade, e só depois ele se tornou um discurso hegemônico por meio do qual se realizou o alargamento das fronteiras culturais da nação e a domesticação de seus conflitos raciais.

O livro *O negro no futebol brasileiro* desempenhou, certamente, um papel importante nessa mudança, cristalizando uma visão mítica da história do futebol brasileiro e ajudando a construir as bases simbólicas que sustentaram a nação em um determinado momento de sua vida política. Mas, em seu esforço memorialístico, o livro também manteve em circulação outras forças simbólicas que podem, em algum momento, desestabilizar o mito. No esporte, assim como na política, a vitória é sempre provisória. Como disse o próprio Mário Filho, foi só "no instante de suprema humildade" que antecedeu a fatídica final da Copa de 50 que os brasileiros se lembraram que "um jogo é um jogo é um jogo", que "tudo pode acontecer num jogo" (406). Quando a bola voltar a rolar, o resultado poderá ser diferente e os herdeiros de Mário Filho poderão reescrever toda a memória do futebol brasileiro.

referências

ARRIGUCCI Jr., Davi. Móbile da memória. In: _____. *Enigma e comentário:* ensaios sobre literatura e experiência. São Paulo: Companhia das Letras, 1987.
BHABHA, Homi K. DissemiNação: o tempo, a narrativa e as margens da nação moderna. In: _____. *O local da cultura.* Belo Horizonte: Editora UFMG, 1998.
HALBWACHS, Maurice. *A memória coletiva.* São Paulo: Vértice, 1990.
HELAL, Ronaldo & GORDON Jr. Cesar. Sociologia, história e romance na construção da identidade nacional através do futebol. *Estudos Históricos.* Rio de Janeiro, n.23, 1999.
MIRANDA, Wander Melo. As fronteiras internas da nação. *Anais do 5º Congresso da Abralic. Cânones e contextos.* Rio de Janeiro: UFRJ, 1998.
POLLAK, Michael. Memória, esquecimento, silêncio. *Estudos Históricos.* Rio de Janeiro, v.2, n.3, 1989.
RODRIGUES FILHO, Mário Leite. *O negro no futebol brasileiro.* 3 ed. Petrópolis: Firmo, 1994.
SILVA, Marcelino Rodrigues da. *Mil e uma noites de futebol:* o Brasil moderno de Mário Filho. Belo Horizonte: Editora UFMG, 2006.
SOARES, Antonio Jorge. História e invenção de tradições no campo do futebol. *Estudos Históricos.* Rio de Janeiro, n. 23, 1999.

4
1932, o ano que deu samba, carnaval e futebol

Samba, carnaval e futebol foram elementos fundamentais para a constituição de uma imagem do Brasil que, ao longo do século XX, teve plena vigência em nosso imaginário coletivo. Mais do que isso, os três estão historicamente ligados a um mesmo processo de construção e legitimação de significações e valores, por meio do qual alguns elementos da vida carioca se tornaram signos amplamente reconhecidos da identidade cultural brasileira. Acompanhando a atuação do jornalista Mário Filho no ano de 1932, podemos observar esse processo em um de seus momentos mais interessantes. Um momento em que essas significações e valores ainda não estavam bem estabelecidos e eram objeto de um acirrado debate público, por meio do qual a nação buscava definir seus contornos simbólicos.

Em sua biografia de Nelson Rodrigues, Ruy Castro conta que foi naquele ano que, por iniciativa de Mário Filho, foi realizado pela primeira vez o concurso oficial das escolas de samba do Rio de Janeiro. O jornalista, que dirigia a seção de esportes d'*O Globo* e era proprietário de um jornal especializado intitulado *Mundo Esportivo*, estava preocupado com a escassez de notícias esportivas entre as temporadas de 1931 e 1932. Dono de um notável espírito empreendedor, ele aceitou a sugestão de um de seus repórteres, um "malandro de carteirinha" chamado Carlos Pimentel, e resolveu promover o desfile de grupos carnavalescos populares que acontecia, na rua Larga e na praça Onze, no domingo de carnaval. Esses grupos eram nada menos do que os embriões de algumas das escolas de samba mais tradicionais do Rio de Janeiro (como Mangueira, Estácio e Portela) e o desfile já se realizava, de maneira informal, desde 1930. Mário Filho e a equipe de *Mundo Esportivo* oficializaram o concurso, formando um júri, estabelecendo quesitos de avaliação e cultivando intensamente, por meio da imprensa, o interesse da sociedade carioca por aquele espetáculo ao mesmo tempo bárbaro e fascinante. No carnaval de 1933, com o encerramento das atividades de *Mundo Esportivo*, o patrocínio e a organização do concurso foram para *O Globo*, no qual o jornalista e sua equipe continuavam trabalhando.

    Mais do que um simples golpe publicitário, o interesse de Mário Filho pelo desfile dos grupos carnavalescos populares do Rio de Janeiro era, na verdade, completamente coerente com o trabalho que ele vinha desenvolvendo nas páginas da imprensa esportiva carioca. Sua carreira jornalística tinha começado em 1925, quando ele ainda estava com 17 anos, no vibrante matutino *A Manhã*, que havia sido fundado por seu pai, Mário Rodrigues, um personagem controvertido da cena política e jornalística brasileira na década de 1920. Em 1928, Mário Rodrigues perdeu o controle acionário de *A Manhã* e fundou *Crítica*, um jornal ainda mais polêmico e audacioso. Trabalhando com o criativo diagramador e ilustrador Andrés Guevara, Mário Filho dirigiu as páginas esportivas de *Crítica*, nas quais começou a desenvolver um estilo de cobertura jornalística do esporte completamente diferente do que era praticado nos demais jornais cariocas e brasileiros daquela época. A empreitada, no entanto, não durou muito tempo, pois, em seguida, a breve existência de *Crítica* seria interrompida. Após a morte de seu pai, em março de 1930, Mário Filho assumiu a direção do jornal e logo colheu os frutos de sua militância política a favor do presidente Washington Luís. Durante as turbulências provocadas pela Revolução, em outubro de 1930, a redação de *Crítica* foi invadida e depredada e o periódico nunca mais voltou a circular.

Depois de ter sido recusado por diversos jornais e permanecido algum tempo no ostracismo, Mário Filho foi convidado a dirigir a seção esportiva d'*O Globo*, em meados de 1931, por "seu colega de sinuca" Roberto Marinho, que acabara de assumir o controle do jornal fundado em 1925 por seu finado pai, Irineu Marinho. Trabalhando com alguns de seus antigos colaboradores em *Crítica* (entre eles, seu irmão Nelson Rodrigues e o ilustrador Antônio Nássara, sambista e aluno de Guevara), Mário Filho forjou, em *O Globo*, um modelo radicalmente novo de tratamento jornalístico dos esportes. A seção começou a ser composta por uma diagramação fragmentada, com a utilização mais frequente de charges, caricaturas e fotomontagens. No alto da página, o tradicional título da "seção sportiva" foi substituído pela manchete, sempre em tom polêmico ou bombástico. A linguagem ficou mais leve e coloquial e novos métodos de obtenção da notícia, como a entrevista e o flagrante, passaram a ser sistematicamente empregados. Com essas armas, a seção de esportes d'*O Globo* começou a explorar os bastidores esportivos, interessando-se por assuntos que antes eram considerados secundários ou mesmo inadequados às páginas dos jornais. Em lugar dos elogios à lealdade e elegância dos *sportsmen* e das violentas críticas aos indefectíveis "sururus", ganharam o primeiro plano temas como as emoções de torcedores e jogadores, a vida pessoal dos *cracks* e os episódios cômicos e pitorescos que aconteciam nos treinos e vestiários. Sem esconder suas preferências, a equipe de Mário Filho promovia a simpatia do público pelos atletas de origem mais humilde, muitos deles negros e mulatos, tais como Domingos da Guia e Leônidas da Silva, que ainda estavam em início de carreira mas já eram tratados pelo jornal como grandes celebridades.

Embora tivesse como objeto o esporte, o trabalho jornalístico de Mário Filho mostrava claramente seu interesse por outros elementos daquele mundo subterrâneo de onde vinham os heróis esportivos que ele promovia. Nas incursões que fazia pela vida pessoal dos atletas suburbanos, a malandragem, a macumba, o samba e a capoeira volta e meia se faziam presentes, como uma espécie de pano de fundo que compunha o cenário para aquela nova forma de interpretar o esporte. Em outubro de 1931, por exemplo, as páginas esportivas d'*O Globo* deram grande destaque a um desafio entre lutadores de jiu-jitsu e capoeira, torcendo desbragadamente pelos capoeiristas e registrando, em tom de entusiasmo nacionalista, os detalhes mais exóticos do espetáculo protagonizado por seus seguidores:

> Em matéria de música, danças regionais, fala-se muito aqui. Mas quantas músicas e quantas danças brasileiras, bem brasileiras, se conservam quase totalmente ignoradas por grande parte de nosso público. É o caso da batucada que na noite do dia 22 será transportada para o palco pela primeira vez. (...) Ninguém resiste à beleza estranha do espetáculo, sobretudo porque há nele, nas suas cores, nos seus sons, uma nota brasileira impressionante. (...) Nada podia ser mais nacional, mais nosso, que deitasse, como a "batucada", raízes tão profundas na terra em que pisamos e no nosso espírito.
>
> Resta-nos, ainda, como nota também brasileiríssima, a "capoeira". (...) Nasceu na rua e é muito menos técnica do que o "jiu-jitsu". Os seus golpes repontaram inesperadamente, num belo dia, numa briga de rua. A capoeira se defende segundo as necessidades do momento, as exigências do conflito e o valor do adversário. Tem recursos para tudo, contra-golpes mortais, negaças que desorientam, *trucs* que desarmam. (...) Contra o científico, técnico "jiu-jitsu", a malícia diabólica do malandro! (*O Globo*, 20 out. 1931, primeira edição)

Durante o ano de 1932, a vida social brasileira e carioca foi bastante conturbada. A Revolução de 1930 havia acontecido há bem pouco tempo e o ambiente político era tenso, com Getúlio Vargas à frente do governo provisório, legislativos interditados, estados sob intervenção e a deflagração, em julho, da Revolução Constitucionalista em São Paulo. No contexto cultural, o clima também era de incerteza e mudança. Desde a Semana de Arte Moderna, buscava-se intensamente a definição de uma identidade nacional, fundamentada nas particularidades regionais do país e nos elementos da cultura popular. Os processos de industrialização e êxodo rural geraram um forte crescimento populacional nas grandes cidades, levando ao surgimento das massas urbanas e de novas formas de cultura popular, baseadas nas experiências e demandas simbólicas desse novo e heterogêneo grupo social. No Rio de Janeiro, o samba, oficialmente inventado em 1917 nas casas das "tias" negras do bairro da Saúde, aos poucos saía da marginalidade, encontrava lugar no rádio e na florescente indústria fonográfica e caía no gosto das elites. Na vida intelectual, vinha sendo concebida uma série de novas interpretações da história e da sociedade brasileiras, entre as quais se destaca o livro *Casa grande e senzala*, obra maior de Gilberto Freyre que seria publicada em 1933 e se tornaria um divisor de águas no processo de valorização da herança africana na formação cultural da sociedade brasileira.

No campo esportivo, o ano de 1932 foi marcado pela irrupção de uma grave crise, que já vinha sendo gestada desde a década de 1910. Tendo chegado ao Brasil, no fim do século XIX, como símbolo de modernidade e civilização, o futebol havia atraído a atenção das massas e se difundido largamente entre os mais pobres. A popularização fez com que surgissem, em número cada vez maior, torcedores, jogadores e clubes de origem humilde, cuja presença e comportamento provocavam uma série de perturbações no refinado ambiente esportivo carioca. As perturbações se tornaram mais graves em função do bom desempenho desses novos atletas, que passaram a ser cobiçados pelos grandes clubes, nos quais provocavam conflitos por não se enquadrarem aos padrões étnicos, sociais e culturais cultivados pela elite esportiva. Essas tensões desencadearam uma violenta disputa entre adeptos do amadorismo, que queriam preservar as fronteiras que dividiam em classes o mundo do futebol, e adeptos da implantação do profissionalismo, uma proposta que convergia com os interesses dos jogadores mais pobres e de alguma forma amenizava suas relações com os grandes clubes. Durante os anos de 1931 e 1932, a seção esportiva d'*O Globo*, comandada por Mário Filho, promoveu uma intensa campanha pelo profissionalismo, e, em janeiro de 1933, aconteceu a famosa reunião em que foi criada a Liga Carioca de *Football* e oficializado o regime profissional e a remuneração dos jogadores no Rio de Janeiro.

Outro fato que marcou a vida esportiva brasileira em 1932 foi a participação da seleção nacional na edição daquele ano da Copa Rio Branco, um troféu que era disputado entre o Brasil e o Uruguai, time que havia conquistado, em 1930, o título de campeão mundial. O Brasil foi representado por um combinado carioca, formado improvisadamente por uma maioria de jogadores jovens e pouco conhecidos, vários deles negros, mulatos e provenientes de clubes que não pertenciam à fina flor do futebol do Rio de Janeiro. Inicialmente desacreditado, o escrete venceu não apenas a seleção uruguaia, como também os poderosos times do Nacional e do Peñarol, duas grandes potências do futebol mundial naquela época. Graças a essa heroica campanha, os brasileiros foram recebidos no Rio de Janeiro com uma grande festa popular, em que aqueles jogadores humildes foram carregados em cortejo pelas ruas da cidade e tratados como verdadeiros ídolos da multidão, de um modo que lembra as inversões de hierarquias sociais típicas do carnaval. Com a exceção do que aconteceu bem mais timidamente com Friedenreich, por ocasião da vitória do Brasil no Sul-Americano de 1919, aquela foi provavelmente uma das primeiras vezes em que isso aconteceu.

Mais tarde, em 1943, essa história seria contada por Mário Filho, em um livro cujo título é exatamente *Copa Rio Branco – 32*. Junto com outras três obras de grande porte, também publicadas na década de 1940 (*Histórias do Flamengo*, *O negro no futebol brasileiro* e *O romance do foot*

-ball), esse livro faz parte de um amplo mosaico memorialístico através do qual o jornalista recria e interpreta o processo de assimilação do futebol pela sociedade brasileira, ao longo da primeira metade do século XX. Utilizando uma técnica narrativa complexa, em que os acontecimentos são acompanhados por diferentes pontos de vista, ele é um relato extremamente envolvente, no qual esse episódio é visto como um ponto de inflexão na história do futebol brasileiro. A vitória daqueles atletas e o modo como ela foi vivida no país marcaram a ascensão do negro ao primeiro plano do esporte nacional e o início da transformação desses jogadores e do estilo de jogo que eles vinham criando em símbolos da identidade cultural brasileira. Assim, o livro não apenas acompanha a emergência daqueles *cracks* negros e humildes, mas faz do futebol um lugar de encontro de raças, culturas e classes sociais. Esse viés interpretativo fica claro, por exemplo, nos momentos em que os brasileiros cantam a marchinha "O teu cabelo não nega", de Lamartine Babo, sucesso no carnaval daquele ano que acabou se tornando uma espécie de hino do time durante a excursão. O mesmo acontece no episódio em que toda a delegação brasileira, incluindo os cartolas e até mesmo o embaixador do Brasil no Uruguai, rende-se aos rituais de macumba promovidos pelo jogador Oscarino. Essa ideia, do futebol como lugar de construção dos laços sociais e símbolo de nossa identidade cultural, é reiterada por José Lins do Rego no prefácio que ele escreveu para o livro:

> Os rapazes que venceram em Montevidéu eram um retrato de uma democracia social, onde Paulinho, filho de família importante, se uniu ao negro Leônidas, ao mulato Oscarino, ao branco Martins. Tudo feito à boa moda brasileira, na mais simpática improvisação. Lendo este livro sobre *foot-ball*, eu acredito no Brasil, nas qualidades eugênicas dos nossos mestiços, na energia e na inteligência dos homens que a terra brasileira forjou, com sangues diversos, dando-lhes uma originalidade que será um dia o espanto do mundo. (Rego, 1943, p. 7)

A concentração de todas essas tensões no ano de 1932 e o protagonismo de Mário Filho em iniciativas que ajudaram a definir o modo como elas se resolveram dão o que pensar. Naquele momento, a existência de uma cultura popular urbana extremamente rica no Rio de Janeiro já era um fato consumado. E a presença do negro e de sua herança cultural na constituição da identidade nacional também já era uma questão bastante discutida. Mas as forças simbólicas e materiais ainda estavam em luta, e o destino daqueles conflitos ainda não estava definido. Na verdade, o mundo subterrâneo dos sambistas, capoeiristas e praticantes da macumba, de onde vinham os novos *cracks* do futebol, ainda era um mundo clandestino, visto com maus olhos por grande parte da sociedade brasileira.

Alguns anos mais tarde, no entanto, esses elementos da composição étnica e cultural brasileira já haviam sido, de certo modo, aceitos e legitimados, acabando por ser promovidos a símbolos amplamente reconhecidos da nação e de sua singularidade. O samba, que já vinha sendo valorizado pelo interesse de grandes nomes das elites intelectuais brasileiras, como Villa Lobos, Arnaldo Guinle, Sérgio Buarque de Holanda e Gilberto Freyre, conquistou definitivamente seu lugar no rádio e na indústria fonográfica. No esporte, jogadores como Leônidas da Silva e Domingos da Guia consolidaram sua posição de ídolos nacionais, sobretudo com a participação brasileira na Copa do Mundo de 1938, e prepararam o caminho para a geração que faria do futebol brasileiro o maior do mundo. O desfile das escolas de samba do Rio de Janeiro cresceu e, mais tarde, com o advento da televisão, transformou-se em um grandioso espetáculo, por meio do qual o Brasil celebra sua identidade e se mostra ao mundo. A capoeira e a macumba, embora sejam representadas quase sempre de modo estereotipado e ainda sofram fortes preconceitos, passaram a ser aceitas como parte da cultura nacional. Enfim, os elementos da cultura afro-brasileira que emergiram na efervescência das grandes metrópoles, particularmente o Rio de Janeiro, durante o processo de modernização, que antes eram repudiados pelas elites e vistos como barbarismos, foram valorizados e legitimados, tornando-se parte essencial das representações que nossa sociedade faz de si mesma. No movimento que gerou essas transformações, a função de mediadores culturais desempenhada por Mário Filho e uma série de outros nomes pertencentes às elites, às classes intermediárias e à intelectualidade foi de extrema importância.

A nova situação social criada nas grandes metrópoles pelos processos de crescimento populacional, industrialização e surgimento das massas, produziu um grande potencial de conflito e fez surgir a necessidade de uma nova linguagem, capaz de viabilizar a comunicação e a coesão entre os diferentes grupos sociais. A valorização da cultura popular urbana e o surgimento de novos símbolos da identidade nacional foram respostas dadas pela sociedade a essas novas demandas, possibilitando a construção de uma solução de compromisso, que conciliava interesses e pontos de vista de diferentes grupos sociais e dava sustentação ao aparato institucional do Estado nacional. Foi nesse ambiente que se fixou o mito da "democracia racial", com toda a sua ambiguidade e a sua importância para o arcabouço ideológico do populismo nacionalista.

Como já disse anteriormente, a nova imagem da nação que surgiu desse processo teve ampla vigência ao longo do século XX. Nos dias de hoje, entretanto, a relativa harmonização social que ela representou parece um pouco abalada, prestes mesmo a se romper. Nas grandes metrópoles, especialmente no Rio de Janeiro, uma parte significativa da população se encontra segregada nas favelas e periferias, marginalizada da vida política e econômica e submetida a condições materiais e simbólicas extremamente difíceis. No plano cultural, essas circunstâncias se fazem sentir de diferentes maneiras. Com o contínuo desenvolvimento da comunicação de massas e o êxodo dos melhores atletas para a Europa, o processo de identificação dos torcedores de futebol com clubes e jogadores que faziam parte de sua comunidade foi, em grande medida, substituído por um grande espetáculo midiático, publicitário e global. Seguindo uma trilha semelhante, os desfiles das escolas de samba no carnaval carioca vêm se tornando cada vez menos uma festa popular e cada vez mais um show pensado e produzido para o turismo e a televisão. E o samba, que parece renascer, travestido no pagode e no samba de roda contemporâneos ou recuperado de forma *cult* pelas classes médias e altas, já não é mais o lugar onde, de alguma forma, a realidade subterrânea dos mais humildes toma a cena e se torna visível para a opinião pública. Em seu lugar, aparecem estilos como o funk, com uma linguagem e um conjunto de valores que se chocam frontalmente com os padrões do "bom gosto" e da "urbanidade", e o rap, cuja postura militante e agressiva faz com que ele seja visto, por muitos, como "música de bandido".

Parece ser necessária, então, uma nova mediação, uma nova solução de compromisso entre as classes e grupos sociais, que contemple minimamente as necessidades e aspirações desses contingentes populacionais que hoje se encontram marginalizados. Na contraface cultural desse novo pacto, samba, carnaval e futebol terão, necessariamente, que estar de alguma forma presentes, mesmo que transfigurados. Pois o sentido dessa nova articulação discursiva deverá ser justamente o de reconstruir os laços de pertencimento, levando em conta a memória e a experiência daqueles que acabaram ficando à margem da nação e possibilitando a negociação e a comunicação entre os diferentes sujeitos sociais. E o samba, o carnaval e o futebol foram uma parte legítima e significativa dessa experiência, pois representaram, de uma forma relativamente plural e democrática, os conflitos e as questões que atravessaram a comunidade nacional durante o século XX.

referências

CASTRO, Ruy. O anjo pornográfico: a vida de Nelson Rodrigues. São Paulo: Companhia das Letras, 1992.

HALBWACHS, Maurice. A memória coletiva. São Paulo: Vértice, 1990.

MARTÍN-BARBERO, Jesús. Dos meios às mediações: comunicação, cultura e hegemonia. Rio de Janeiro: Editora UFRJ, 1997.

REGO, José Lins do. A biografia de uma vitória. In: RODRIGUES FILHO, Mário Leite. Copa Rio Branco – 32. Rio de Janeiro: Irmãos Pongetti Editores, 1943.

RODRIGUES FILHO, Mário Leite. Copa Rio Branco – 32. Rio de Janeiro: Irmãos Pongetti Editores, 1943.

SILVA, Marcelino Rodrigues da. Mil e uma noites de futebol: o Brasil moderno de Mário Filho. Belo Horizonte: Faculdade de Letras da UFMG, 2003. Tese (Doutorado em Letras – Estudos Literários).

VIANNA, Hermano. O mistério do samba. Rio de Janeiro: Jorge Zahar Ed./Ed. UFRJ, 1995.

5
Fausto na Espanha: futebol, identidade e exílio

Meu Fausto, vocês já devem ter desconfiado, não é o alquimista lendário recriado por Goethe. Mas, pelo menos em um aspecto, até que se parece com ele. Se o trágico personagem alemão pode representar os dilemas do homem ocidental diante da modernidade, o meu, um "Fausto de botequim" (como diria Nelson Rodrigues), revela as fissuras do precário e sempre inacabado projeto de modernização da sociedade brasileira. Sua história foi contada por Mário Filho, no livro *O negro no futebol brasileiro*, e seu capítulo mais interessante pode ser acompanhado em detalhes nos diversos jornais cariocas do ano de 1931, disponíveis no acervo da Biblioteca Nacional, especialmente no jornal *O Globo*, que dedicou grande atenção ao episódio e que naquela época tinha justamente Mário Filho no comando de suas páginas esportivas.

Fausto foi um *center-half* negro, filho de uma lavadeira, que atuava no time de futebol Vasco da Gama, no final dos anos de 1920 e início dos anos de 1930. Embora possuísse reconhecidas qualidades técnicas, desempenhando a função de comandante do meio de campo do time, tinha como característica mais marcante o estilo viril e truculento. Segundo Mário Filho, Fausto direcionava essa truculência sobretudo aos jogadores brancos e elegantes que comandavam os grandes clubes cariocas, numa época em que as elites brasileiras ainda viam no futebol um símbolo de distinção social e sintonia com os padrões europeus de cultura e civilidade. É importante mencionar que o Vasco tinha sido justamente o clube que havia começado a romper essa visão, conquistando o campeonato carioca de 1923 com um time formado por jogadores pobres, muitos deles negros e mulatos.

No livro de Mário Filho, Fausto é tomado como um símbolo daquele momento do futebol brasileiro, em que o preconceito racial e o regime amadorista impediam a ascensão dos inúmeros craques que, com a popularização do esporte, surgiam sem parar nos times suburbanos, atraindo a atenção dos grandes clubes. Com sua personalidade tímida e hostil e seu estilo truculento, ele representava, para o cronista, a "revolta do preto" diante das injustiças e humilhações a que os negros eram submetidos, no esporte e fora dele. Como uma espécie de espelho invertido de Fausto, representando outra faceta dos dilemas colocados por aquelas circunstâncias, figurava no elenco do Vasco o goleiro Jaguaré. Ele também era pobre e negro, mas tinha um estilo malandro e pernóstico, fazendo malabarismos com a bola e se oferecendo à curiosidade pública pelo exotismo do mundo subterrâneo de onde vinham sambistas, capoeiristas e craques de bola.

Naquela época, o futebol brasileiro vinha passando por uma grave crise, provocada pelo conflito entre os que defendiam a manutenção do regime amador, que colocava empecilhos para a progressiva ascensão dos craques suburbanos e tentava manter no esporte um ambiente refinado e elegante, e os que queriam a implantação do profissionalismo, que, de alguma forma, atenderia às demandas desses novos personagens. Uma das consequências mais comuns desse conflito era a frequente transferência de jogadores brasileiros para clubes de países europeus e sul-americanos em que o regime profissional já havia sido estabelecido. São bastante lembradas, por exemplo, as contratações de jogadores paulistas de ascendência italiana pelos clubes daquele país, incentivadas por Mussolini, que queria formar uma seleção forte para conquistar a Copa do Mundo de 1934, que seria disputada na própria Itália.

Foi nesse contexto que o Vasco da Gama partiu, em meados de 1931, para uma excursão pela Europa, com Fausto e Jaguaré em sua delegação. Fortes rumores, amplamente difundidos por jornais como *O Globo*, diziam que eles estavam sendo assediados pelo Barcelona, desde sempre uma potência do futebol europeu. No fim da excursão, os dois craques brasileiros abandonaram a delegação vascaína, efetivando sua decisão de aceitar a proposta do clube catalão e abraçar a aventura profissional em terras estrangeiras. Em um tom melodramático que era típico de seu estilo jornalístico, *O Globo* noticiou o acontecimento em sua edição do dia 17 de agosto de 1931, reproduzindo as palavras de um diretor do Vasco que esteve presente no momento da separação:

> Foi comovente a despedida. Quando Jaguaré e Fausto abraçaram os jogadores que partiam de regresso à pátria, todos, todos, na embaixada choraram. Não exagero. Tanto é verdade que eu chorei. Chorei, também, como os outros. Ninguém, aliás, podia resistir à cena, que era emocionante. Todos se comoveram.

A adaptação de Fausto ao futebol e à vida na Europa foi, naturalmente, um pouco difícil, gerando novos rumores na imprensa brasileira. Algumas semanas mais tarde, *O Globo* enviou um representante a Barcelona, a fim de verificar a veracidade daqueles rumores e ver como o jogador ia se virando por lá. Aproveitando a oportunidade para jogar mais lenha no debate sobre a adoção do profissionalismo, o jornal publicou, em 29 de setembro de 1931, uma longa reportagem sobre o encontro de seu repórter com Fausto, na Catalunha. Na abertura da matéria, o enviado especial do jornal expressa francamente sua opinião de que o amadorismo era uma exploração e narra detalhadamente seu encontro emocionado com o jogador, enfatizando seu estado de abandono afetivo, denunciado pelo quarto desarrumado.

No depoimento do atleta, os sentimentos de solidão, revolta e desejo de ascensão social são destilados em frases rancorosas sobre a condição do jogador brasileiro: "Sim: na minha terra, depois do jogo, é imprescindível ao jogador iniciar uma atividade tremenda para ganhar uns miseráveis mil réis. (...) Nós, que levantamos lá centenas de contos de réis, (...) passamos fome vestidos com o traje da fama." Abaixo do texto, a foto de uma declaração escrita em letra cursiva pelo próprio Fausto assegurava, em tom heroico e patriótico, que ele não se naturalizaria espanhol para jogar as partidas oficiais do Barcelona: "Desde a Espanha fidalga declaro ao Brasil que, esteja onde estiver, serei sempre digno de minha pátria."

A passagem de Fausto pela Europa foi, como era de se esperar, curta e mal sucedida, passando pelos Young Boys, de Berna, de onde voltou para o Vasco. Depois desse episódio, Fausto ainda teve um momento de glória, ganhando o título carioca de 1934, mas se entregou à boemia e teve um fim de carreira patético. Viu seu prestígio declinar, abandonou melancolicamente o esporte e morreu tuberculoso, esquecido e na miséria, ainda em 1939. Jaguaré, seu companheiro naquela aventura, teve uma passagem mais marcante pelo futebol europeu, jogando no Olympique de Marselha, no qual obteve fama e sucesso, mas também encerrou tristemente sua carreira esportiva e morreu na miséria.

Nos textos sobre a história e as significações do futebol no Brasil, são frequentes certos lugares comuns, sempre repetidos tanto nas teses e trabalhos acadêmicos quanto nas obras de arte e no discurso do jornalismo esportivo. Na maioria das vezes, o futebol é visto como um terreno de construção da identidade cultural e dos laços afetivos que unem os membros da nação brasileira; um campo dramático onde se deu forma a uma imagem do Brasil que vigorou com sucesso durante a maior parte do século XX. É o Brasil do samba, do carnaval e do futebol, o Brasil mulato que, conforme as palavras de Gilberto Freyre (1967, p. 431-432), "é ágil em assimilar, dominar, amolecer em dança, em curvas e em músicas, as técnicas européias ou norte-americanas". Um Brasil nacional-popular, em que os negros e os pobres foram incorporados e passaram a fazer parte da imagem que a sociedade projeta de si mesma por meio de suas diversas práticas culturais. A história trágica de Fausto, no entanto, talvez se pareça mais com a letra de um rap de MV Bill ou dos Racionais MC's, e lembrá-la hoje nos ajuda a ver com clareza os limites e inconsistências do projeto de modernização que aqui foi conduzido.

Já de saída, temos que Fausto é um estrangeiro em seu próprio país. A sociedade que se buscava construir e representar por meio do futebol, nas primeiras décadas do século XX, era aquela sociedade fortemente segmentada da Primeira República. Uma sociedade ainda dominada pela aristocracia rural, que bancava surtos modernizantes de escopo extremamente restrito, para proveito exclusivo das elites que habitavam as grandes cidades do país. As mesmas elites que promoveram a reforma urbana no Rio de Janeiro, em 1904, tentando eliminar de seu convívio as camadas populares que habitavam o centro da cidade, e que sustentavam um regime político que negava o voto aos analfabetos, às mulheres e aos praças-de-pré. No futebol, essa imagem da sociedade era resguardada pelas regras impostas aos atletas pelo regime amador, pelo tratamento desigual de jogadores e torcedores na vida esportiva e social dos clubes e por um jornalismo que defendia com unhas e dentes os interesses e as ideologias que as elites projetavam no esporte.

Naquele ambiente, a própria presença de jogadores como Fausto era vista como uma invasão, como um cancro que a boa sociedade deveria extirpar. Mas a qualidade técnica desses atletas acabava fazendo com que os grandes clubes os mantivessem em seus quadros, buscando discipliná-los e submetê-los a diferentes formas de controle social. Desse modo, a truculência e a revolta de Fausto, que descontava em seus adversários os seus rancores sociais e se arriscou na Catalunha para não mais "passar fome vestido nos trajes da fama" em sua própria terra, mostram o quanto a nação possuía suas fronteiras internas, demarcando e segregando as diferenças e resolvendo contra a maioria os seus conflitos e antagonismos.

Por isso, o nosso trágico Fausto escolheu o exílio, ou foi praticamente obrigado a fazê-lo. Suas palavras amarguradas e o estado de abandono em que foi encontrado na Europa evidenciam que também lá Fausto era um estrangeiro, um desterritorializado. É fácil entrever aí as dificuldades de um atleta humilde, com dificuldades para se adaptar a uma outra língua e uma outra cultura, que sente saudades de sua terra, por mais difícil que tenha sido sua vida nela. "Desde a Espanha fidalga", Fausto queria continuar sendo digno de sua verdadeira pátria, mas precisou se afastar dela para assumir seu sentimento de pertencimento. E, quando voltou ao seu suposto país, ele não encontrou "as aves que aqui gorjeiam", mas a miséria, a morte e o esquecimento.

É claro que, no livro de Mário Filho e na história oficial, esse episódio se encontra em um momento anterior à ascensão dos craques negros e mulatos, que acabaram conquistando a fama, o dinheiro e o reconhecimento por meio da geração que iniciava ali sua trajetória, com Leônidas da Silva e Domingos da Guia, e das seguintes, com Didi, Pelé, Garrincha e tantos outros. Mas as fraturas que ele revela na sociedade brasileira nunca deixaram de existir. O próprio Mário Filho mostra, em seu livro, ter plena consciência disso, interpretando a derrota do Brasil na Copa de 50 como um momento de "recrudescimento do racismo" e afirmando a necessidade simbólica do aparecimento de Pelé, para nos lembrar da possibilidade de que "os pretos, brasileiros e de todo o mundo, pudessem livremente ser pretos". Nos dias de hoje, as histórias reincidentes de jovens humildes que fracassam no futebol europeu, bem como a nossa convivência cotidiana com territórios conflagrados e combates dignos de uma guerra civil, são outras tantas demonstrações do quanto podemos ser estrangeiros em nossa própria terra, do quanto continuam presentes as fronteiras internas da nação. Tais fronteiras nem sempre podem ser mapeadas pela simples demarcação dos limites econômicos, sociais e raciais que dividem a sociedade em ricos e pobres, cultos e iletrados, brancos e pretos etc. No episódio que acabei de contar, a figura malandra e exibicionista de Jaguaré se contrapõe à revolta e à truculência de Fausto, revelando outra face daquele universo sociocultural que se constituía nas grandes cidades brasileiras. As fronteiras que faziam de Fausto um estrangeiro em sua própria terra se encontravam, também, dentro de sua própria etnia e de sua própria classe social. Talvez mesmo dentro de si próprio, como sugere sua atitude vacilante diante das oportunidades que lhe ofereciam na Europa. Nos meandros de nosso complexo processo de modernização, as estruturas sociais, as práticas culturais e as ideologias que chegam de fora se transformam e se diversificam, desdobrando-se em diferenças que não podem ser captadas pelas dicotomias mencionadas acima. O outro que nos desafia e intriga pode muitas vezes estar exatamente ao nosso lado.

    Concluo este ensaio, portanto, afirmando que o episódio da ida de Fausto para a Catalunha nos mostra que a nossa modernidade periférica e diferencial não é apenas um processo de homogeneização cultural, que nos reduz na chave do atraso à temporalidade instaurada pela modernidade europeia e nos incorpora gradativa e inexoravelmente à sua espacialidade global. Na precária e incompleta modernidade brasileira e latino-americana, parecem conviver de modo instável e conflituoso diferentes articulações de espaço e tempo, nas quais podemos simultaneamente nos reconhecer e nos estranhar, sentindo-nos um pouco estrangeiros mesmo quando estamos em nossa própria casa.

referências

FREYRE, Gilberto. *Sociologia*. 4 ed. Rio de Janeiro: José Olímpio, 1967, 2v.

HERSCHMANN, Micael M.; PEREIRA, Carlos Alberto Messeder (Orgs.). O imaginário moderno no Brasil. In: _____. *A invenção do Brasil moderno*: medicina, educação e engenharia nos anos 20-30. Rio de Janeiro: Rocco, 1994.

MARTÍN-BARBERO, Jesús. *Dos meios às mediações*: comunicação, cultura e hegemonia. Rio de Janeiro: Editora UFRJ, 1997.

MIRANDA, Wander Melo. As fronteiras internas da nação. In: *Anais do 5º Congresso da Abralic* – Cânones e contextos. Rio de Janeiro, 1998.

PEREIRA, Leonardo Affonso de Miranda. *Footballmania*: uma história social do futebol no Rio de Janeiro – 1902-1938. Rio de Janeiro: Nova Fronteira, 2000.

RODRIGUES FILHO, Mário Leite. *O negro no futebol brasileiro*. 3 ed. Petrópolis: Firmo, 1994.

SILVA, Marcelino Rodrigues da. *Mil e uma noites de futebol: o Brasil moderno de Mário Filho*. Belo Horizonte: Editora UFMG, 2006.

SOARES, Antonio Jorge. História e invenção de tradições no campo do futebol. *Estudos Históricos*. Rio de Janeiro, n. 23, 1999.

6
o corpo arquivado do craque de ébano

o corpo e o arquivo

A história dos esportes modernos é também uma história do corpo: das injunções da história e da cultura sobre o corpo, do corpo como objeto de disciplina e controle, dos combates e da política que se exerceram não só com o corpo, instrumento tradicional da luta, mas sobre o corpo e tendo o corpo como objeto da disputa. Podemos lembrar, por exemplo, a plasticidade clássica com que o corpo foi capturado em movimento, a serviço da propaganda nazista, no filme *Olympia* (1938), de Leni Riefenstahl, documentário sobre os Jogos Olímpicos de Berlim de 1936. Os mesmos em que o negro estadunidense Jesse Owens ganhou quatro medalhas de ouro, transformando-se em uma lenda por ter, supostamente, desafiado com suas vitórias o desígnio de Hitler de fazer dos jogos uma demonstração da superioridade racial ariana. O exemplo é interessante porque permite retomar, rapidamente, alguns dos problemas relativos ao corpo que podemos relacionar à prática e ao espetáculo esportivo modernos.

Primeiramente, temos os próprios Jogos Olímpicos, evento que reafirma as raízes da cultura esportiva na antiguidade greco-romana, atualizadas na Europa ao longo do século XIX como parte do processo civilizatório de modelagem de corpos e mentes adequados às estruturas políticas e econômicas da modernidade. Sintetizado na ideia do *fair play*, o espírito olímpico nos mostra, de maneira exemplar, o que Umberto Eco, em um artigo intitulado "A falação esportiva", vê como um dos componentes básicos do esporte: o vetor de disciplina e controle, encarnado nas regras e na competição, oposto à tendência natural do animal humano para a gratuidade e o desperdício do puro jogo. O corpo, levado pelas diversas modalidades esportivas aos seus mais impensáveis limites, é o objeto dessa disciplina, que o incita ao máximo rendimento, à permanente superação de si mesmo, quantificada e esquadrinhada no recorde, nas estatísticas, na constante mensuração microscópica do tempo e do espaço. No horizonte desse esforço está o monstro, pois, como observa Eco (1984, p. 222), a "criação de seres humanos destinados à competição" transforma o atleta em um "ser que hipertrofiou um único órgão, que faz de seu corpo a sede e a fonte exclusiva de um jogo".

Em segundo lugar, o exemplo de 1936 nos lembra que o resultado dessa disputa pelo corpo, travada por meio dos esportes, não está dado de antemão. Como mostrou Lévi-Strauss (1970), em *O pensamento selvagem*, o jogo se diferencia do mito e do ritual justamente porque, enquanto estes tendem a um equilíbrio, a um resultado que represente o estabelecimento ou a restauração de uma ordem, aquele é marcado pela indefinição, pela repetição do ato de colocar novamente em jogo a sorte e o destino. No esporte, como um jogo que é, trata-se de vencer ou perder, de disputar o destino a cada nova partida, sem resultado previamente definido. Ou, como diria Mário Filho (1994, p. 406), falando do momento em que se iniciava a fatídica partida entre Brasil e Uruguai, na final da Copa do Mundo de 1950 (aquela que Nelson Rodrigues chamaria de "a Hiroshima do futebol brasileiro"), foi só naquele "instante de suprema humildade" que os brasileiros se lembraram que "um jogo é um jogo é um jogo", que "tudo pode acontecer num jogo".

A citação é do livro *O negro no futebol brasileiro*, grande clássico de nossa literatura futebolística, em que Mário Filho narra o processo de assimilação e transformação do esporte pela sociedade brasileira, culminando na ascensão do negro e na criação do estilo brasileiro de futebol, filho do samba e da capoeira, expressão amplamente legitimada de nossa identidade cultural. Como uma história do negro no futebol e uma fonte inesgotável de informações, interpretações e discussões para os pesquisadores do assunto, uma espécie de *Casa-grande e senzala* do futebol (com prefácio do próprio Gilberto Freyre), o livro de Mário Filho me ajuda a colocar em pauta o tema deste trabalho.

Antes, porém, faz-se necessária uma rápida discussão sobre a questão do arquivo, da forma como foi explorada por Jacques Derrida, em *Mal de arquivo*, e Michel Foucault, em *A arqueologia do saber*. Em ambas as obras, a noção de arquivo é tensionada e distendida, para além daquilo que tendemos a enxergar no senso comum. Para Foucault (1997, p. 148-149), o arquivo não é "a soma de todos os textos que uma cultura guardou em seu poder, como documentos de seu próprio passado", nem tampouco "as instituições que (...) permitem registrar e conservar os discursos de que se quer ter lembrança e manter a livre disposição", mas "a lei do que pode ser dito, o sistema que rege o aparecimento dos enunciados como acontecimentos singulares", definindo "as possibilidades e as impossibilidades enunciativas".

De modo aproximado, Derrida (2001, p. 7-8) começa seu livro "distinguindo o arquivo daquilo a que o reduzimos frequentemente, em especial a experiência da memória e o retorno à origem, (...) a lembrança ou a escavação, em suma, a busca do tempo perdido". Para isso, lembra a etimologia do vocábulo "arquivo", que remete ao grego *arkhé*, designando, ao mesmo tempo, as noções de começo e de comando, bem como a ideia de casa ou domicílio, lugar onde os arcontes, detentores do poder político, exerciam sua autoridade sobre a guarda e a interpretação dos documentos oficiais. Aos princípios topológico (ligado à exterioridade do lugar) e nomológico (ligado à lei), Derrida agrega ainda o poder de consignação, a função de reunir os signos, coordenando-os em um *corpus* único, numa sincronia que não admite sobra e que se constrói sempre de forma violenta, por meio da impressão, da repressão e da supressão. Mais à frente, discutindo a relação entre a psicanálise e o arquivo – a psicanálise como uma teoria do arquivo e o arquivamento da própria psicanálise –, o autor afirma que o arquivo "não é somente o local de estocagem e de conservação de um conteúdo arquivável passado", mas que "a estrutura técnica do arquivo arquivante determina também a estrutura do conteúdo arquivável em seu próprio surgimento e em sua relação com o futuro", que "o arquivamento tanto produz quanto registra o evento" (Derrida, 2001, p. 29).

Em ambos os textos, portanto, está em foco a ideia do arquivável, das regras e das leis que definem o que pode e o que não pode ser dito, impresso, repetido e arquivado, transformado em documento/monumento, em acúmulo e capitalização da memória para uso futuro.

O que pretendo fazer neste trabalho, enfim, é extrair dos arquivos do futebol brasileiro uma pequena série de imagens do corpo negro,[5] sobre as quais os cronistas e memorialistas, guardiões do arquivo esportivo nacional, deixaram também seus comentários, análises e interpretações, para, por meio deles, contar muito brevemente uma versão da história do arquivamento do corpo negro no futebol brasileiro. Trata-se, então, de pensar de que maneiras o corpo negro se tornou dizível, visível e arquivável, passando a constituir uma parte fundamental da memória esportiva nacional.

---

5. Todas as imagens comentadas neste trabalho podem ser facilmente encontradas na Internet, por meio de sites de busca como o Google Imagens. A única exceção é a imagem da perna do jogador Friedenreich, reproduzida logo à frente.

o corpo mutilado

A imprensa esportiva brasileira das primeiras décadas do século XX, quando o futebol ainda estava se disseminando pelo país, não é pródiga em imagens do corpo negro. Uma ausência que, evidentemente, já é por si só bastante significativa. Foi de maneira gradual, e até mesmo sorrateira, que o corpo dos jogadores negros começou a aparecer nas páginas esportivas daquela época, hoje acessíveis, por exemplo, nos arquivos da Biblioteca Nacional. Comecemos, então, por duas imagens dessa época, glosadas por dois textos: um de Mário Filho, em sua reconstituição da história do futebol brasileiro, e outro publicado sem assinatura, no jornal *A Noite*, em 1919.

A primeira imagem é a do jogador Carlos Alberto, responsável pelo ambíguo apelido de "Pó de Arroz", que o Fluminense carrega até hoje. Em *O negro no futebol brasileiro*, Mário Filho conta assim a sua história:

> Enquanto esteve no América, jogando no segundo time, quase ninguém reparou que ele era mulato. Também Carlos Alberto, no América, não quis passar por branco. No Fluminense foi para o primeiro time, ficou logo em exposição. (...) [A entrada do time em campo] Era o momento que Carlos Alberto mais temia. Preparava-se para ele, por isso mesmo, cuidadosamente, enchendo a cara de pó de arroz, ficando quase cinzento. Não podia enganar ninguém, chamava até mais atenção. (...) Quando o Fluminense ia jogar com o América, a torcida de Campos Sales caía em cima de Carlos Alberto: – Pó de Arroz! Pó de Arroz! (...) Quando um rubro-negro queria ofender um tricolor, vinha logo com um "Pó de Arroz". (...) O Fluminense não se envergonhava de ser fino, de cheirar bem. Tratando, porém, de ter mais cuidado, de não botar mais um mulato no time. Principalmente um mulato que quisesse passar por branco. (Rodrigues Filho, 1994, p. 53-54)

Repetido à exaustão pelas revistas, livros e programas de TV, esse é um episódio clássico da mitologia esportiva brasileira, citado geralmente para mostrar como o futebol era elitista, aristocrático e racista no início de sua história no país. O corpo negro aparece aí em negativo, embranquecido, transformado em máscara pelo artifício da maquiagem. Uma boa interpretação dessa presença é sugerida por Antonio Jorge Soares, em um artigo que, há pouco mais de uma década, provocou uma interessante polêmica, ao criticar o uso que tem sido feito do livro-arquivo de Mário Filho pelos pesquisadores da história do futebol brasileiro.

Baseado na clássica teorização de Vladimir Propp sobre os contos maravilhosos russos, Soares (1999) percebeu que a história do futebol brasileiro tem sido sempre contada segundo uma estrutura narrativa similar à dos mitos e contos populares, composta pela sequência: situação inicial de dano / provações do herói e vitória provisória do antagonista / doação do objeto mágico / novos obstáculos à trajetória do herói / triunfo final do herói e reparação do dano. A imagem de Carlos Alberto, coberto pateticamente de pó de arroz, remete à situação inicial de dano, incorporada como pressuposto pelos mais diversos discursos sobre a história do esporte no país, inclusive o discurso acadêmico. O ponto de partida de uma narrativa ao fim da qual o corpo negro provará seu valor e conquistará sua liberdade.

Não são muito diferentes outras imagens da época, como as de outro mulato, Friedenreich, que um jornal carioca de 1918 chamou de "macaco em casa de louças", por seu estilo espalhafatoso e individualista. É de Friedenreich a segunda imagem, e sobre ele o texto, ou melhor, sobre sua perna, que aparece recortada e separada do corpo na foto-legenda publicada pelo jornal *A Noite*, em 1919, pouco depois de sua inesquecível atuação na final do Campeonato Sul-Americano, vencida pelo Brasil com um gol de El Tigre, como era chamado Fried. Foi encontrada no Álbum de recortes de Marcos Mendonça, goleiro elegante do Fluminense na década de 1910, que guardou uma infinidade de recortes de jornais sobre sua trajetória, posteriormente utilizados por Mário Filho e muitos outros pesquisadores, inclusive eu. Depois de passar algum tempo com Mário Filho, o álbum foi depositado na Biblioteca Nacional, onde se encontra até hoje.

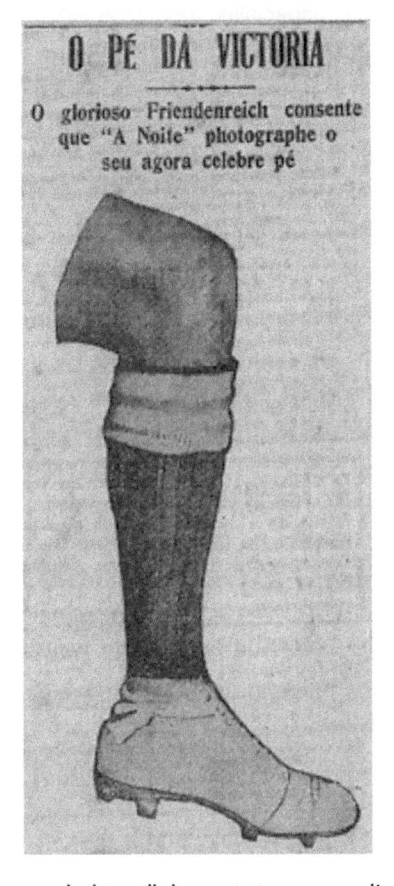

O PÉ DA VICTORIA

O glorioso Friedenreich consente que "A Noite" photographe o seu agora celebre pé

Vão ser guardados religiosamente, como relíquias históricas, a bola que vasou o *goal* uruguayo na disputa final do último campeonato sul-americano de *football* e o apito com que o *referee* annunciou o final da gloriosa e sensacional pugna. É pena que a esse interessante e venerável museu sportivo não possa ser também recolhido o pé que impulsionou a bola e que deu o mais célebre e o mais glorioso pontapé de quantos registram a história dos pontapés!

Os poetas e chronistas literários já festejaram, em hymnos de glória e em phrases repassadas de emoção patriotica, o pé de Friedenreich, o valoroso *player* que conseguiu o *goal* da victoria. O sympathico campeão se dignou em deixar photografar, especialmente para *A Noite*, o seu glorioso e já célebre pé.

Os grandes pianistas e violinistas fazem o seguro de suas mãos por uma fortuna. Pavlowa, a festejada bailarina, segurou o seu artelho por um milhão de francos. Por quanto não poderia Friedenreich segurar agora o seu poderoso pé? (Álbum de recortes de Marcos Mendonça, v. 2, p. 251)

Para se incorporar à iconografia da época, portanto, o corpo mulato de Friedenreich teve que ser submetido à fragmentação, à mutilação, à extração da perna que foi enxertada nas páginas do museu esportivo. Uma espécie de antropofagia às avessas, em que é o selvagem a ser canibalizado pela afetada civilidade da imprensa esportiva daquela época, pouco a pouco invadida por uma maneira menos séria de fruir e interpretar o futebol. O mesmo procedimento realizado por Marcos de Mendonça, quando recortou e colou aquele fragmento de jornal em seu álbum, segundo o princípio narcísico que faz da citação um ato violento, em que o sujeito submete seu objeto, eliminando dele aquilo que o desagrada, que não se enquadra ao seu olhar, a fim de assumir a sua posse (Compagnon, 1996).

Temos, então, dois exemplos das imagens possíveis do corpo negro nas representações do futebol brasileiro das primeiras décadas do século XX. Excluído, transformado em máscara, fragmentado e mutilado, mas, pouco a pouco, cada vez mais presente. Como observou o crítico alemão Anatol Rosenfeld (1993, p. 85), dar pontapés era uma forma de se libertar de séculos de trabalhos manuais impostos pela escravidão. Por isso, o corpo negro, que ainda se exercitava clandestinamente nas rodas de samba e capoeira, encontrava no futebol uma oportunidade legítima de se tornar visível.

estátua de ébano

As duas próximas imagens são da década de 1930, quando, como consequência da popularização do futebol, o corpo negro já era uma presença constante nas páginas da imprensa esportiva. A imprensa, aliás, era o palco onde se travava a luta pela colonização desse corpo, o lugar onde se realizavam os esforços para encontrar uma forma de preenchê-lo de sentido e torná-lo dizível, visível e arquivável. O trabalho do jornalista Mário Filho, que havia começado sua carreira em meados da década anterior, foi fundamental para que a empresa tivesse sucesso. Contratado por Roberto Marinho para comandar a seção de esportes d'*O Globo*, em 1931, Mário Filho transformou a cobertura jornalística dos esportes, abrasileirando a linguagem, explorando as emoções, as rivalidades e as curiosidades dos bastidores, usando de forma irreverente a foto e a charge e promovendo insistentemente a imagem da geração de craques negros que conquistaria pela primeira vez o Brasil.

Primeiro foi Fausto, o Maravilha Negra, jogador truculento que protagonizou um caso dramático em 1931. O atleta abandonou a delegação do Vasco durante uma excursão à Europa para aceitar um contrato profissional pelo Barcelona e viveu momentos de completa solidão e abandono na Espanha. De volta ao Brasil, nunca mais foi o mesmo. O caso foi amplamente coberto por *O Globo* e depois contado por Mário Filho, em *O negro no futebol brasileiro*, ajudando a fazer de Fausto um símbolo da revolta e da resistência do negro. Temos aí, mais uma vez, a imagem do corpo exilado, submetido à exclusão, "o preço da revolta de Fausto", como diria mais tarde Mário Filho (1994, p. 239).

Depois de Fausto, uma enxurrada de outros: Jaguarão, "o preto que tem *shoot* de branco"; Oscarino, que, durante a Copa Rio Branco de 1932, no Uruguai, promovia sessões de umbanda com a presença de dirigentes e diplomatas; Jaguaré, o goleiro acrobático e brincalhão que também foi seduzido pelo profissionalismo na Europa... Os mais celebrados, porém, eram Domingos da Guia e Leônidas da Silva, presentes de maneira quase obsessiva nas páginas d'*O Globo* já no início daquela década, ao fim da qual a ideia de uma relação entre o futebol, o negro e a identidade brasileira já estava formada, como prova o grande carnaval com que os dois jogadores foram recebidos no país, após a Copa de 1938, quando o Brasil perdeu a semifinal para a Itália.

O próximo fragmento dos arquivos do futebol brasileiro que apresento, então, não é uma imagem, mas a promessa de uma imagem, o projeto de uma forma de representação plástica do corpo negro, a se realizar no futuro. Na edição das 16 horas do dia 7 setembro de 1931, após um jogo entre Brasil e Uruguai, uma pequena nota não assinada n'*O Globo* comenta assim uma jogada de Domingos da Guia:

> Momento de indescritível emoção: silêncio impressionante. Foi então que, quase na linha de córner, Domingos (...) deu um *dribbling* de corpo, fingindo que ia se encaminhar em direção ao arco de Velloso e, súbito, volveu para o lado contrário. Iludido, Dorado correu no sentido diverso ao que, efetivamente, o nosso *crack* seguiu. Foi um delírio. Começaram as exclamações das arquibancadas tensas de loucura. Alguém gritou, apoplético de entusiasmo: – Eu vou mandar dourar esse crioulo! Outro, desvanecido, jurava: – Vou escrever um livro sobre este homem! Outro ainda, em êxtase fremente, bradou entre dentes: – Mulato divino!

Aí está o projeto de dourar o mulato divino, de transformá-lo em estátua, de escrever um livro sobre ele – um tratamento radicalmente diferente do que vimos nas imagens anteriores. Considerando que Mário Filho era o editor daquela página, não é difícil relacionar esse projeto à obra que o próprio jornalista publicaria em 1947,[6] contando a história do negro no futebol brasileiro. O intervalo de dezesseis anos entre o jornal

---

6. Uma segunda edição de *O negro no futebol brasileiro* foi publicada em 1964, com o acréscimo de dois novos capítulos, que atualizavam o relato com acontecimentos que vieram após a publicação da primeira edição, em 1947.

e o livro mostra que era, ainda, um projeto em construção, um primeiro vislumbre de um trabalho de arquivamento que ainda estava por se completar.

Mas já é possível ver aí o elemento de intencionalidade histórica que faz de todo documento um monumento, revelando o desígnio de projetar para o futuro uma imagem do presente. Nessa imagem virtual, o corpo negro, imobilizado, dourado e divinizado no momento do drible, já é um símbolo da capacidade do brasileiro para "assimilar, dominar, amolecer em dança, em curvas e em músicas, as técnicas europeias ou norte-americanas", como definiu Gilberto Freyre (1967, p. 431-432) em um artigo publicado no *Diário de Pernambuco*, em 1938. Curiosamente, em 2004, foi erguido, enfim, no Calçadão de Bangu, a pequena pátria do craque, um busto em bronze de Domingos da Guia, de autoria de Clécio Regis.

Esse busto petrificado e sem movimento, ao contrário da jogada narrada pelo jornal em 1931, remete por contraste a uma imagem clássica da mesma época, a bicicleta de Leônidas da Silva, certamente difícil de ser fixada na pedra ou no bronze. Apesar das controvérsias sobre a autoria da invenção (algumas fontes negam a assinatura de Leônidas, atribuindo-a a Petronilho de Brito, ao espanhol naturalizado chileno Ramon Unzaga Assis e outros jogadores), uma rara foto da época, pouco nítida e de um ângulo ruim, reproduzida à exaustão pela mídia e pelos historiadores, é o documento/ monumento por meio do qual a lenda se propaga. Algumas décadas depois, Nelson Rodrigues inventa sua versão do *fiat lux*, do momento definitivo da invenção do estilo brasileiro de futebol, da doação do objeto mágico ao herói negro:

> Bem me lembro do dia em que Leônidas fez, pela primeira vez no mundo, um gol de bicicleta. Jogavam Brasil x Argentina, em São Januário (era tempo em que São Januário conseguia ser maior do que o Maracanã). Atacavam os brasileiros. Veio uma bola alta, lá da extrema, e Leônidas estava de costas para o gol. Sem tempo de se virar, ele deu o salto mais lindo que já se viu. Tornou-se leve, elástico, alado. Lá em cima, dei-

tou-se e fez um maravilhoso movimento de pernas. A jogada, por si mesma, foi um deslumbramento. (...) O que houve em seguida só pode ser descrito no largo e cálido tom homérico. Sabemos que o jogador argentino, com uma vaidade de Sarah Bernhardt, não é de cumprimentar ninguém. Pois bem. Eles voaram por cima de Leônidas e quase o carregaram na bandeja, e de maçã na boca, como um leitão assado. Sim, Leônidas foi abraçado e beijado pelo companheiro e pelo inimigo. Nas gerais e nas arquibancadas, a multidão esteve para cantar o Hino Nacional. (Rodrigues, 1994, p. 114)

Daí em diante, essa seria a fórmula para definir o desempenho do corpo negro do jogador brasileiro nos campos de futebol: elástico, acrobático e malabarístico como um sambista ou um capoeira; leve, alado e incorpóreo como uma sílfide. Mas a narrativa ainda não está completa e o herói ainda não conquistou o triunfo final. Pelo contrário, ele vai sofrer sua provação mais difícil: nas palavras de Mário Filho, o "recrudescimento do racismo" provocado pela derrota do Brasil para o Uruguai, na final da Copa de 1950, em pleno Maracanã. A imagem do segundo gol uruguaio, com Barbosa caído ao chão, Juvenal e Bigode perplexos ao fundo, sintetiza aquele momento, que Mário Filho chamou de "provação do preto" e comentou assim, na "Nota ao leitor" da segunda edição de seu livro:

> A prova [do recrudescimento do racismo] estaria naqueles bodes expiatórios, escolhidos a dedo, e por coincidência todos pretos: Barbosa, Juvenal e Bigode. Os brancos do escrete brasileiro não foram acusados de nada. É verdade que o brasileiro se chamou, macerando-se naquele momento, de sub-raça. Éramos uma raça de mestiços, uma sub-raça incapaz de aguentar o rojão. (Rodrigues Filho, 1994, s/p)

Para o triunfo definitivo do herói, portanto, faltava ainda superar esse sentimento de inferioridade, esse "complexo de vira-latas" diante do outro, do "latagão europeu", das "vacas premiadas" com que o Brasil se batia nas competições internacionais, como dizia Nelson Rodrigues. A "era de ouro" do futebol brasileiro, marcada pela conquista do tricampeonato mundial, produziu inúmeras imagens do corpo negro em ação. Optei por uma de Didi, um dos protagonistas do título mundial de 1958, a quem Nelson Rodrigues costumava chamar o "Príncipe Etíope de Rancho", evocando as profundezas de nossas raízes rurais e folclóricas. A imagem não é da Copa, mas sim de um jogo entre Brasil e Uruguai em 1959, para o qual convergiu todo o ressentimento de 1950, agora temperado pelo orgulho da vitória brasileira em 1958. Durante a partida, disputada em clima especialmente nervoso, estourou uma briga generalizada, um "sururu de antologia", que envolveu os jogadores, as comissões técnicas e os jornalistas dos dois países, oportunidade para a intervenção monumental de Didi, que Nelson Rodrigues descreveu assim:

> Amigos, vim para a redação disposto a fazer de Paulinho o meu personagem da semana. (...) Mas chego aqui e esbarro na fotografia. Vi o prodigioso salto de Didi. É um quadro, uma pintura, uma tela que Miguel Ângelo assinaria. Falei salto e já retifico. Foi, realmente, um vôo. Para castigar os uruguaios, que tinham baixado o pau, Didi tornou-se leve, alado, incorpóreo. Por um momento, no campo de River Plate, ele foi algo assim como uma sílfide. E só faltou, no momento da tremenda garra brasileira, um fundo musical de Chopin. (...) Outro qualquer teria usado os meios normais, tais como o tapa, o soco, o pescoção, ou a boa e salubre cabeçada brasileira. Didi foi além. Tomou distância e correu. Havia um bolo de uruguaios. E todo o estádio parou no espanto do salto, tão plástico, elástico, acrobático. Essa espantosa agilidade carioca deslumbrou o povo. Com os dois pés, fendeu e debandou o grupo inimigo. A platéia argentina quase pediu bis. (Rodrigues, 1994, p. 60-61)

O mais curioso, nesse comentário, é que a mesma descrição, antes usada para falar das habilidades técnicas do jogador brasileiro, agora é evocada para fazer o elogio de sua disposição para a luta, de sua valentia e de sua coragem.

Capturando o salto leve, alado e incorpóreo de Didi, a imagem reverbera "a espantosa agilidade carioca" do capoeirista, que não se intimida e "é capaz de oferecer a cara ao adversário", reafirmando sua "dignidade racial" e suas "altíssimas qualidades físicas e morais". São, também, essas as qualidades que o próprio Nelson, numa crônica anterior à Copa de 1958, já enxergava em um jovem de dezessete anos que se tornaria o protagonista da maior coleção de imagens do corpo negro em ação nos campos de futebol, em todos os tempos (Rodrigues, 1993, p. 42-44).

O jovem Pelé ajoelhado, em prantos, comemorando um gol na final de 1958, junto com Garrincha; Pelé crispado de dor, quando se contundiu no jogo contra Portugal, na Copa de 1966; Pelé dando também a sua bicicleta, agora fixada perfeitamente pela câmera fotográfica; Pelé beijando a bola do milésimo gol, em 1969; Pelé dando um drible de corpo no goleiro uruguaio, em 1970; Pelé com a coroa e o cetro de Rei, em sua despedida da seleção, em 1971; Pelé comemorando o gol, com um soco no ar – talvez a imagem mais emblemática da vitória do negro nos campos de futebol. Sem falar em Pelé nas artes plásticas, na literatura e nas canções da música popular; Pelé em medalhas, selos, carimbos, cartões postais, nas histórias em quadrinhos, no rádio, na TV e no cinema, ao lado de Sylvester Stallone. Sua bicicleta enfim capturada e transformada em arte gráfica, em miniatura para colecionadores, em logomarca e até mesmo em propaganda de bicicleta.

o corpo grife

Curiosamente, faltam na galeria de Pelé as imagens de seu gol mais bonito, o gol que deu origem à expressão "gol de placa", por conta da homenagem prestada ao jogador por aquele que foi considerado o gol mais bonito da história do Maracanã, em um jogo entre Santos e Fluminense, em 1961. Nas filmagens de *Pelé eterno*, documentário de 2004 dirigido por Anibal Massaini Neto, o lance foi reconstituído, com a participação de jogadores dos juvenis do Fluminense. O jovem Toró fez o papel de Pelé e, depois de algumas tentativas, conseguiu encenar a jogada, finalizando com a comemoração tradicional: um salto e um soco no ar.

O episódio é interessante porque sugere que a imagem do corpo negro, após ter sido assimilada a uma narrativa, submetida à repetição exaustiva, desgastada pelo tempo e pela transformação de suas condições históricas, pode estar perdendo seu valor simbólico e sua potência legitimadora. Parece que o tempo dos craques já passou. Por décadas exportamos jogadores fortes e pouco flexíveis, adaptados ao chamado "futebol moderno", de aplicação tática e ocupação de espaços. Mesmo os mais talentosos, como Ronaldo, Ronaldinho e Robinho, foram afetados por essa tendência. Em tempos de futebol globalizado e ultramidiático, o salto no ar, leve e alado como uma sílfide, que um dia foi visto como uma forma de libertação, acabou se tornando apenas uma marca, uma espécie de grafismo virtual e reprodutível, a serviço do marketing esportivo.

Às vésperas da próxima Copa do Mundo, que será disputada no Brasil, depositamos nossas esperanças em Neymar, um craque à moda antiga, que ainda não transformou completamente seu corpo com a musculação e demorou a se render ao glamour dos palcos europeus. Preferiu, por um tempo relativamente longo, continuar vestindo a camisa que um dia foi de Pelé. Mas Neymar é um ídolo contraditório, que se adapta confortavelmente à lógica do futebol contemporâneo (tem presença constante na mídia de celebridades, cria tendências, transforma os penteados das crianças) e parece tirar sua eficácia justamente daquilo que, aos poucos, vai se perdendo com o tempo: a ideia de um futebol leve, alado, incorpóreo, um "futebol de poesia", como definiu Pasolini, com sua capilaridade social, seu enraizamento na experiência coletiva e sua memória das lutas sociais que atravessaram a sociedade brasileira no século XX.

Em suas reflexões sobre a dimensão ficcional da história, Hayden White (1994) observa que, para articular os eventos aleatórios da experiência humana, o discurso histórico recorre a formas de urdidura narrativa experimentadas anteriormente na literatura, que compõem um repertório de formas válidas de narrar e dar sentido à vida, em um determinado contexto histórico e cultural. Quando uma dessas estruturas narrativas se congela, passando a ser considerada como a única forma válida de narrar um evento do passado, ela adquire a rigidez do mito, naturalizando-se e obscurecendo seu caráter de construção, de artefato verbal construído pela mediação da linguagem e da ficção. As crises e os movimentos de renovação do pensamento histórico, então, decorreriam do esgotamento dessas estruturas narrativas enrijecidas e da proposição de novas urdiduras e tropos narrativos, de novas formas de narrar e conferir sentido aos acontecimentos.

Na história e na memória do futebol brasileiro, o corpo negro, que por algumas décadas tornou visível e transmissível a experiência do malandro carioca, do capoeirista rebelde, do protagonista das revoltas da Vacina e da Chibata, tornando-se um símbolo da própria nação, de suas contradições e de suas esperanças no futuro, parece ter sido domesticado e transformado em grife, em corpo máquina instrumentalizado pelas engrenagens econômicas do futebol e do capitalismo global. Junto com ele, o torcedor está deixando de lado suas demandas por cidadania, projetadas no mito da ascensão do negro no futebol, para se converter, principalmente, em um consumidor. No entanto, o espetáculo esportivo segue adiante, movimentando milhões, despertando paixões e inflamando multidões. Cumpre aos estudiosos do futebol, portanto, agir como "anarquivistas" e perturbar a ordem do arquivo, para encontrar uma nova maneira de contar a sua história, de voltar a vê-lo como "uma arena do consentimento e da resistência", como propôs Stuart Hall (2003, p. 263), em relação à chamada cultura popular, recuperando o potencial de conflito que um dia o corpo negro representou.

referências

Álbum de recortes de Marcos Mendonça, Biblioteca Nacional, Seção de Manuscritos, Futebol Brasileiro: recortes de jornais de Marcos de Mendonça, I-18, 16,1 e I-18,17,1.

COMPAGNON, Antoine. *O trabalho da citação*. Belo Horizonte: Editora UFMG, 1996.

DERRIDA, Jacques. *Mal de arquivo*: uma impressão freudiana. Rio de Janeiro: Relume Dumará, 2001.

ECO, Umberto. A falação esportiva. In: _____. *Viagem na irrealidade cotidiana*. 9 ed. Rio de Janeiro: Nova Fronteira, 1984.

FOUCAULT, Michel. *A arqueologia do saber*. 5 ed. Rio de Janeiro: Forense Universitária, 1997.

FREYRE, Gilberto. *Sociologia*. 4 ed. 2 v. Rio de Janeiro: José Olímpio, 1967.

HALL, Stuart. Notas sobre a desconstrução do "popular". In: _____. *Da diáspora*: identidades e mediações culturais. Belo Horizonte: Editora UFMG, 2003.

LÉVI-STRAUSS, Claude. *O pensamento selvagem*. São Paulo: Nacional, 1970.

RODRIGUES, Nelson. *A pátria em chuteiras*. São Paulo: Companhia das Letras, 1994.

_____. *À sombra das chuteiras imortais*. São Paulo: Companhia das Letras, 1993.

RODRIGUES FILHO, Mário Leite. *O negro no futebol brasileiro*. 3 ed. Petrópolis, Rio de Janeiro: Firmo, 1994.

ROSENFELD, Anatol. O futebol no Brasil. In: _____. *Negro, macumba e futebol*. São Paulo: Perspectiva, 1993.

SOARES, Antonio Jorge. História e invenção de tradições no campo do futebol. *Estudos Históricos*. Rio de Janeiro, n. 23, 1999.

WHITE, Hayden. O texto histórico como artefato literário. In: _____. *Trópicos do discurso*: ensaios sobre a crítica da cultura. São Paulo: Editora da Universidade de São Paulo, 1994.

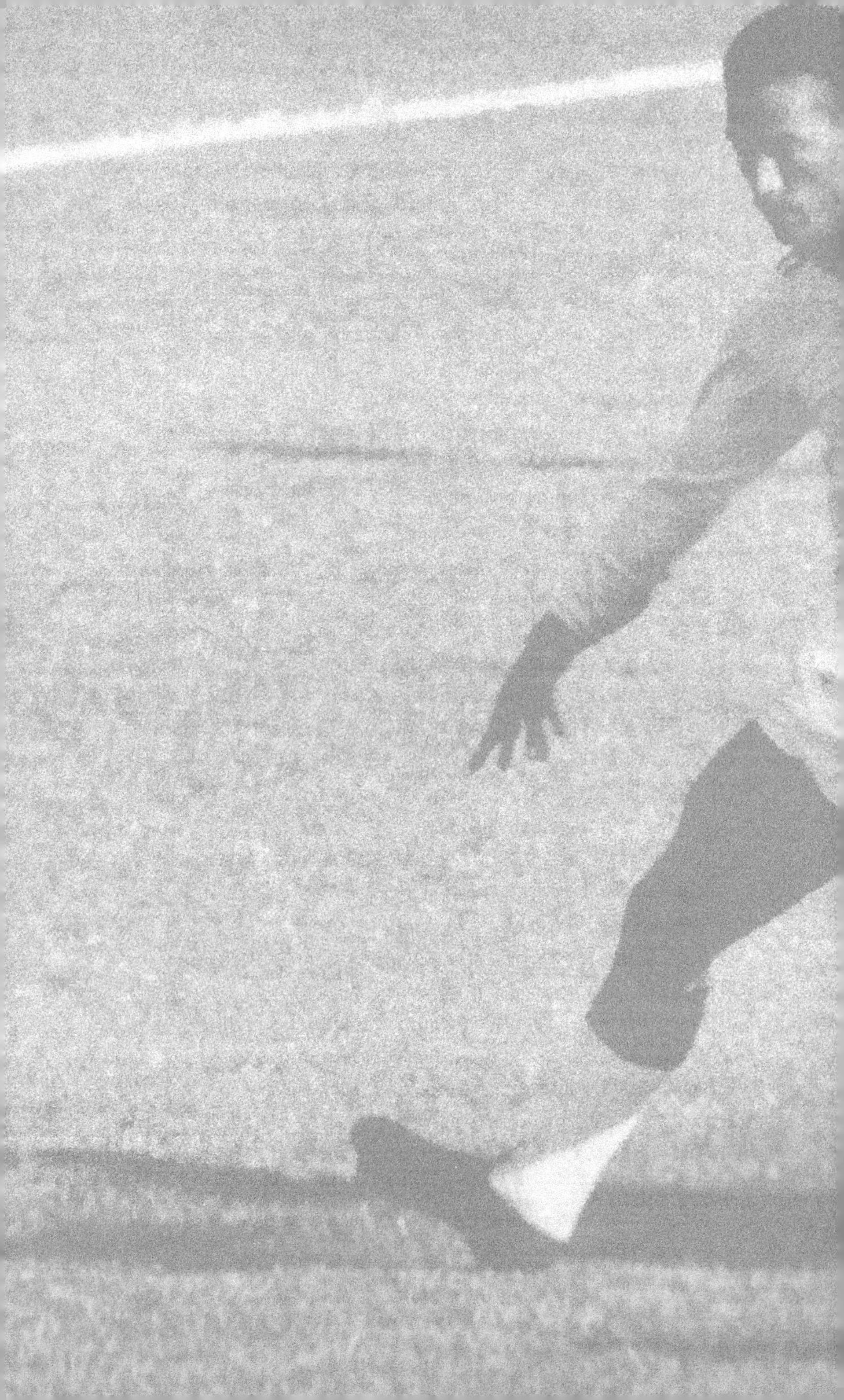

PARTE 2

jogando em casa

1
picadinho de Raposa com sopa de Galo

SOLUÇÃO

*O papagaio atleticano
não vai calar o gol do Galo,
e não é justo nenhum plano
que tenha em mira silenciá-lo.*

*Evitem, pois, brigas forenses.
Outro projeto, mais certeiro,
aqui proponho aos cruzeirenses:
É ensinar: "Gol do Cruzeiro"*

*a um papagaio de igual força.
Haja, entre os dois, uma peleja
em que cada mineiro torça,
e, entre foguetes e cerveja,*

*o papagaio vitorioso
proclamado seja campeão
desse grato esporte verboso
de que sente falta a nação.*

Carlos Drummond de Andrade, 1972
(2002, p. 125)

Os torcedores do América que me desculpem, mas começo este ensaio lembrando uma série de charges publicadas por Mangabeira[1] no *Estado de Minas*, no início de 1968, a propósito da ideia, que circulava na ocasião, de se substituir

---

1. Mangabeira é o pseudônimo de Fernando Pieruccetti, chargista que criou os bichos que simbolizam os clubes mineiros, no jornal *Folha de Minas*, em 1945 (cf. Silva, 2010).

o Coelho pelo Capitão América, como mascote do clube. Embora tivessem essa motivação mais imediata, as charges são bastante explícitas enquanto registro da decadência do América e da ascensão da rivalidade entre Atlético e Cruzeiro ao primeiro plano da vida esportiva em Belo Horizonte e Minas Gerais. No jornal do dia 19 de janeiro, por exemplo, o desenho do funeral do "Super-Coelho", com a presença de vários bichos representando as instituições esportivas, vem acompanhado de uma legenda que começa assim: "O enterro do Super-Coelho é uma espécie de tragédia em três atos. Ontem, a urna de pobre estava a caminho do cemitério. Hoje, ela já desce à cova rasa". E, mais à frente, no final da legenda: "No fundo, o Espírito de Porco anuncia, ao som das trombetas, que o futebol mineiro nem está ligando para a morte do Super-Coelho, pois está mais preocupado com a festa que o Galo e a Raposa vão fazer no Mineirão, domingo".

A morte do Coelho, é claro, foi diagnosticada prematuramente pelo chargista, como mostra sua volta à primeira divisão do Campeonato Brasileiro, em 2011. Mas o registro da supremacia de Atlético e Cruzeiro só reitera a versão mais difundida, segundo a qual a rivalidade entre os dois clubes se consolidou apenas na década de 1960, substituindo o antigo "clássico das multidões", entre Atlético e América, como o principal confronto esportivo da cidade e do estado. No entanto, se essa é a versão mais difundida, ela está longe de ser consensual. As divergências, naturalmente, partem em sua maioria dos cruzeirenses, que levantam objeções com base em resultados esportivos e estatísticas de público e número de torcedores, dois critérios em que seu clube já teria superado o América muito antes disso.

Diante desse debate, o mais sensato é reconhecer que há modos diversos de se avaliar a significação e a importância de uma rivalidade esportiva. Podemos fazê-lo considerando a trajetória e os resultados dos clubes; o tamanho das torcidas e sua inserção na comunidade; ou, ainda, colocando em foco não apenas esses aspectos quantitativos, mas a forma como a rivalidade é vivida, percebida e representada pelas pessoas que nela se engajam. Mais do que dados estatísticos, importariam os discursos sobre o futebol, pois são eles que fazem circular os signos esportivos e cristalizam suas significações. Meu propósito, aqui, é pensar um pouco sobre a rivalidade entre Atlético e Cruzeiro, privilegiando esse último critério, que poderíamos chamar de "simbólico" ou "cultural".

a cidade e o esporte

Na historiografia de Belo Horizonte, o surgimento da cidade é narrado como o resultado de uma disputa entre as tradicionais oligarquias mineiras, que defendiam a permanência da capital do estado em Ouro Preto, e grupos com ideias e interesses modernizantes, que pretendiam que a cidade de Juiz de Fora assumisse esse lugar. Segundo Viscardi (2007, p. 40), ambos os projetos foram derrotados por um terceiro, "que advogava a construção de uma capital moderna em um espaço da tradição, ou seja, inserindo o futuro no passado". Em um local escolhido por influência de forças políticas conservadoras, foi inaugurada em 1897 uma cidade totalmente nova, planejada e edificada conforme padrões urbanísticos modernos, de inspiração positivista e republicana, conciliando mineiramente posições e interesses por meio de uma solução de compromisso.

A mesma oposição, entre o tradicionalismo mineiro e a vocação moderna de Belo Horizonte, se desdobra nas narrativas e análises de inúmeros outros momentos da história da cidade. Nos trabalhos sobre os anos que se seguiram à inauguração, por exemplo, fala-se no descompasso entre a modernidade dos espaços públicos, das avenidas e dos imponentes edifícios em estilo eclético e o caráter provinciano da população, inicialmente formada, em boa parte, por funcionários públicos vindos da antiga capital. Do crescimento espacial e demográfico à literatura, passando pelo carnaval, pela arquitetura e pela imprensa, a historiografia de Belo Horizonte é fortemente marcada por esse conflito, que adquire diferentes configurações ao longo dos seus cento e poucos anos de existência. De modo geral, os trabalhos acadêmicos que tomam como objeto a história do futebol na cidade seguem a mesma tendência. Boa parte deles se concentra nas primeiras décadas do século XX, quando os esportes integravam o conjunto de práticas por meio das quais se buscava a realização do projeto de modernidade que inspirou o surgimento da nova capital mineira. É o caso das dissertações *Belo Horizonte e o futebol: integração social e identidades coletivas (1897-1927)*, de Euclides de Freitas Couto (2003), e *A bola em meio a ruas alinhadas e a uma poeira infernal: os primeiros anos do futebol em Belo Horizonte (1904-1921)*, de Raphael Rajão Ribeiro (2007). Adotando recortes temporais semelhantes, os dois textos tratam da implantação e do desenvolvimento do futebol na cidade, convergindo na percepção de que o esporte funcionou, naquele contexto, como uma marca de distinção social e um instrumento das elites na tentativa de criação de uma vida pública moderna.

De modo semelhante ao que ocorreu no Rio de Janeiro e em São Paulo, o futebol foi introduzido em Belo Horizonte por Victor Serpa, jovem de família abastada do Rio que havia estudado na Europa e se mudou para a cidade mineira em 1903. Por iniciativa de Serpa, foi fundado, em 1904, o Sport Club Football, primeiro time de futebol da cidade, em pouco tempo seguido por outras agremiações compostas por jovens de posição social privilegiada. Segundo Ribeiro (2007, p. 60), essa primeira tentativa de inserir o futebol na vida dos belo-horizontinos não teve longa duração, esbarrando na apatia de uma população pouco afeita ao lazer público e às novidades trazidas do estrangeiro. Em 1908, no entanto, uma nova onda de interesse pelo esporte começou a se formar, com a fundação do Athletico Mineiro Football Club e do Sport Club Mineiro. Encontrando uma cidade que se transformava rapidamente, esse movimento foi se tornando mais consistente e, nos anos seguintes, um grande número de novos clubes apareceu, entre eles o America Football Club, fundado em 1912. Em 1914 foi disputado o primeiro torneio, a Taça Bueno Brandão, e no ano seguinte o primeiro campeonato oficial da cidade, embrião do atual Campeonato Mineiro. O universo social em que essas atividades se realizavam, no entanto, ainda era bastante limitado, composto em sua maioria por jovens e adolescentes pertencentes às elites locais. Esse caráter restrito fica bem evidenciado no trabalho de Couto, que estuda as relações entre os clubes e as identidades sociais e dedica algumas páginas à primeira grande rivalidade a se estabelecer na cidade, entre Atlético e América. Mostrando o ambiente refinado, as relações com os círculos de poder e as rixas que envolviam as duas agremiações, o autor conclui que aquela rivalidade não encarnava um antagonismo social, mas servia como ritual de distinção que aproximava esses dois grupos privilegiados, diferenciando-os de outros que gradativamente vinham se apropriando do esporte (Couto, 2003, p. 95-110). O recorte temporal escolhido pelos trabalhos de Ribeiro e Couto encontra seu limite justamente na década de 1920, quando se torna evidente o processo de popularização do futebol na cidade. Desse modo, apenas esse período inicial recebe uma interpretação consistente, permanecendo na sombra todo o desenvolvimento posterior da história social e cultural desse esporte em Belo Horizonte.

o povo contra o povo

Os sinais da popularização do futebol na cidade começam a aparecer já no início da década de 1910, tornando-se cada vez mais fortes. O crescimento do interesse do público leva a um aumento da atenção jornalística pelo esporte, com a publicação constante de matérias, o surgimento de colunas fixas nos grandes jornais (como a "Secção Sportiva" do *Estado de Minas*, iniciada em 1913) e até mesmo de periódicos especializados (como *O Foot-Ball*, de 1917). Ao mesmo tempo, as torcidas dos grandes clubes se ampliavam e surgiam novas agremiações, sediadas em bairros menos nobres e com associados de perfil mais humilde, como o Yale Athletic Club, sediado no Barro Preto e formado majoritariamente por operários. Aos poucos o ambiente refinado dos primeiros anos vinha sendo substituído por um clima de competição e revanchismo, que desembocaria, nos anos de 1920, no chamado "amadorismo marrom" ou "falso amadorismo" (cf. Barreto, s/d).

Foi nesse contexto que, em 1921, surgiu o Società Sportiva Palestra Italia, clube que congregava os membros da numerosa colônia italiana de Belo Horizonte, formada com a importação de mão de obra estrangeira na época da construção da cidade. Os italianos e seus descendentes eram, em sua maioria, comerciantes, artesãos, trabalhadores da construção civil e operários, embora alguns empresários e industriais da mesma origem também tivessem se estabelecido na cidade. Com a ajuda das famílias italianas mais ricas e a incorporação de alguns jogadores que atuavam no Yale, o clube se formou, motivado pelo desejo de representação e integração dos membros da colônia italiana.

Do ponto de vista esportivo, os primeiros anos do futebol em Belo Horizonte foram marcados pela supremacia de Atlético e América. O Atlético foi o primeiro campeão da cidade, em 1915, e o América conquistou, entre 1916 e 1925, o tão festejado decacampeonato. Mas o Palestra já nasceu forte, tendência que se consolidou em 1925, com a abertura do clube aos atletas que não pertenciam à colônia italiana, e, nos anos seguintes, com a conquista do tricampeonato, entre 1928 e 1930.

Na década posterior, aconteceu no Brasil o processo de profissionalização do futebol, consequência das tensões provocadas por sua disseminação entre as diferentes classes e grupos sociais. Enquanto os defensores do amadorismo tentavam preservar o caráter elitista do esporte, os adeptos do regime profissional optavam por aderir às transformações motivadas pela popularização. Em Belo Horizonte, Atlético e Palestra faziam parte desse segundo grupo e se incorporaram imediatamente à liga profissional, criada em 1933, enquanto o América permaneceu amador até 1942, cedendo ao profissionalismo apenas em 1943.

Refletindo essas transformações, a supremacia esportiva local em boa parte da década de 1930 foi do Villa Nova, clube de origens operárias da cidade de Nova Lima, que costumava abrigar jogadores de classe social mais baixa e conquistou os três primeiros campeonatos profissionais, de 1933 a 1935. O Atlético, então, passou a contratar atletas de origem mais humilde para reforçar seu time e fazer frente ao Villa. Em 1936, o clube venceu o Campeonato da Cidade e, no ano seguinte, sagrou-se "Campeão dos Campeões", em um torneio que reuniu os campeões de Minas Gerais, Rio de Janeiro, São Paulo e Espírito Santo. A conquista atleticana foi bastante festejada, despertando um intenso sentimento de orgulho regional pela vitória imposta a grandes clubes das principais metrópoles brasileiras. Em 1937, outro clube de raízes operárias, o Siderúrgica de Sabará, foi campeão.

O período que vai do final da década de 1920 ao início da década de 1940 é especialmente interessante, não apenas pela implantação do profissionalismo e pela hegemonia de um clube de origens operárias. Ele também marca, na história de Belo Horizonte, uma fase de intenso crescimento urbanístico e populacional, com a superação, em diversos aspectos, da cidade provinciana das primeiras décadas do século XX. As consequências desse processo se fizeram presentes no universo esportivo, com uma significativa mudança no perfil sociocultural das torcidas. O Atlético reforçou sua escolha por uma imagem popular[2] e o Palestra selou definitivamente em 1942 sua opção por deixar de ser um clube de colônia,

---

2. Na década de 1940, essa imagem do Atlético como um clube popular já estava consolidada, como mostra um matéria publicada por O Diário Esportivo em 2 de agosto de 1945: "O Atlético é o preferido pelas grandes massas do nosso futebol. Grêmio de ricas tradições esportivas, 'campeão dos campeões', ele arrasta para os nossos pobres estádios verdadeiras multidões, sedentas de emoções, loucas para delirar com as jogadas de seus prediletos. Os proletários em geral são todos atleticanos. Homens que vivem do labor cotidiano, e

adotando o nome Cruzeiro Esporte Clube após a publicação de um decreto-lei do governo federal que proibia referências aos países do Eixo.

No decênio de 1940, Atlético e Cruzeiro disputaram a liderança do futebol mineiro, dividindo todos os títulos, com a única exceção do de 1948, conquistado pelo América, após um grande esforço da comunidade americana para formar um bom time e voltar ao topo da cena esportiva local. Em 1950, foi inaugurado o estádio Independência, construído para sediar jogos da Copa do Mundo que se realizou no Brasil naquele ano. Sua capacidade inicial para mais de 30 mil pessoas sinalizava a grande popularidade que o futebol havia conquistado na cidade. Jogando no Independência, o Atlético exerceu a hegemonia esportiva na década que se iniciava, conquistando a maioria dos títulos e sendo amplamente reconhecido pelo público e pela imprensa como o maior clube do estado.

No decênio seguinte, no entanto, o cetro passaria às mãos do Cruzeiro, que conquistou o título estadual por cinco vezes seguidas (de 1965 a 1969). Seu grande palco foi o Mineirão, portentoso estádio para 130 mil pessoas, inaugurado em 1965. A inegável supremacia cruzeirense, com um time de craques como Tostão, Piazza e Dirceu Lopes, parece ter acirrado os ânimos atleticanos, dando formas definitivas à rivalidade entre os dois clubes. Em 14 de janeiro de 1968, nas páginas do *Estado de Minas*, o jornalista Fernando Sasso comenta o clima de tensão que cercava o clássico, confirmando a visão de Mangabeira na charge citada na abertura deste ensaio:

> Prefiro chamar de festa, em vez de guerra, o clássico Atlético e Cruzeiro de logo mais. Não sei por que, mas acho que este é um dos mais tranquilos destes últimos anos. (...) não se respira aquele clima de nervosismo que marca geralmente os dias que antecedem o Cruzeiro e Atlético.

no descanso domingueiro vão para os nossos campos dar alegria e incentivo ao nosso esporte."

Do ponto de vista que orienta esta reflexão, devemos reconhecer que a rivalidade entre Atlético e América ainda ocupava, nas décadas de 1940 e 1950, um lugar central no cenário futebolístico mineiro. A decadência do América se expressou, em termos esportivos, por um longo jejum de títulos, que começou em 1926 e só foi quebrado em 1948. Mas, provavelmente por sua forte inserção nas elites belo-horizontinas, o clube ainda era visto pela opinião pública como um dos "grandes" do futebol mineiro, como se pode ver por uma leitura panorâmica dos jornais daquela época. Essa percepção é ratificada pelo livro *Estádio Independência*, do jornalista Jairo Anatólio Lima, que afirma diversas vezes que, na década de 1950, o clássico entre Atlético e América ainda era o mais importante do futebol local, embora o Cruzeiro já disputasse com o América o posto de segundo clube mais importante da cidade e do estado. Falando sobre a final do campeonato de 1954, por exemplo, o jornalista escreve que o Cruzeiro "já começava a tomar o lugar do América como dono da segunda maior torcida de Minas", mas o "clássico das multidões" ainda "era o que proporcionava as maiores rendas" (Lima, 2004, p. 19). A rivalidade entre Atlético e Cruzeiro, enfim, não surgiu de modo repentino, mas foi lentamente formada por meio de progressivos deslocamentos, que ampliaram o perfil sociocultural das torcidas e deram aos dois clubes uma identidade eminentemente popular.

raça e paixão

Construída por esse longo processo, que se completa apenas nos anos de 1960, a rivalidade entre Atlético e Cruzeiro não é um fenômeno de fácil interpretação. A realização dessa tarefa, contudo, pode começar por um exame mais cuidadoso de alguns momentos da tradição e da trajetória das duas agremiações. Como via de acesso a esses momentos, as publicações sobre a história dos clubes são objetos privilegiados de estudo, não apenas porque reúnem um amplo conjunto de informações, mas principalmente porque são abertamente parciais. Em grande medida, são elas que criam, fazem circular e cristalizam a tradição e a mitologia dos clubes, estabelecendo os lugares da memória, as referências comuns em que se baseiam os sentimentos de pertencimento que constituem as duas comunidades (cf. Halbwachs, 1990). Em meio a uma grande quantidade de livros, revistas, DVDs etc., destacam-se a *Enciclopédia do Atlético*, de Adelchi Ziller (1974), e o livro *Raça e amor: a saga do Clube Atlético Mineiro vista da arquibancada*, de Ricardo Galuppo (2003), pelo lado do Atlético; e os livros *Páginas heróicas, onde a imagem do Cruzeiro resplandece*, de Jorge Santana (2003), e *De Palestra a Cruzeiro, uma trajetória de glórias*, de Plínio Barreto e Luiz Otávio Trópia Barreto (2000), pelo lado do Cruzeiro.

Importante observar que, nesses textos, a questão da rivalidade nunca é objeto de um olhar frontal. Pelo contrário, é caprichosamente dissimulada, algumas vezes pela simples omissão e outras por uma série de artifícios retóricos que visam desequilibrar a balança em favor do clube dileto do autor, obscurecendo ou menosprezando as glórias alheias. É particularmente interessante, nesse sentido, o livro de Ricardo Galuppo, que, já nas primeiras páginas, declara que "em respeito à família atleticana, certas palavras não serão mencionadas (...) nem mesmo como referência a uma antiga moeda nacional" (Galuppo, 2003, p. 21). Assim, fala-se ao longo do livro em "ex-Yale", "ex-Palestra", "turma do Barro Preto" etc., em um esforço evidentemente vão para tentar esconder um rival que, no entanto, teima em aparecer, mesmo que renomeado. A rivalidade se faz presente nas publicações sobre os clubes sempre de uma forma oblíqua, imposta pela necessidade ambígua de negar e, ao mesmo tempo, admitir a grandeza do outro para melhor enaltecer as suas próprias conquistas.

Na história do Atlético, assim como na do rival, a narrativa da origem, o momento da fundação do clube, ocupa um lugar privilegiado. O livro de Ziller, em sua maioria composto por fotos, placares e escalações do time em diversas épocas, abre-se com o subtítulo "Nasce o gigante" encabeçando um texto que conta o episódio. Em um tom quase ficcional, a narrativa dá ao acontecimento um colorido de aventura inconsequente: o "grupo de meninos se reunia todas as tardes para as costumeiras peladas de bola de meia", em um "campo improvisado de chão duro, poeirento e enorme". Para realizar o encontro em que o clube foi criado, os garotos "mataram as aulas e ficaram pela tarde toda no Parque Municipal". Assim, "o clube nasceu numa tarde plena de sol, cheia de luz, irradiando felicidade e abrindo o roteiro glorioso do querido Galo" (Ziller, 1974, p. 19). Utilizada inúmeras vezes como referência sobre o surgimento do Atlético, a narrativa mitifica o acontecimento, emprestando a ele uma conotação de energia rebelde que reflete a imagem contemporânea do clube.

No livro de Galuppo, a história da fundação do Atlético é recheada com informações pitorescas sobre o cotidiano daquele grupo de garotos, como o mutirão para limpar o terreno do primeiro campo, o modo como foram conseguidas as primeiras bolas e o apoio que recebiam da mãe de um dos fundadores, Dona Alice Neves, que costurava os uniformes, oferecia sua casa para reuniões e liderava a torcida feminina: "Foi, sem dúvida, o primeiro exemplo de espírito atleticano na história" (Galuppo, 2003, p. 34). No final do capítulo, sem poder disfarçar a origem social daquele grupo de garotos, o texto faz a imagem maternal e acolhedora de Dona Alice Neves ecoar na reflexão sobre a popularização do clube: "O Atlético soube se abrir para o mundo: ele acolheu e foi generoso com os torcedores que bateram à sua porta. E os torcedores retribuíram esse gesto com uma paixão sem limites" (Galuppo, 2003, p. 41).

Como a maioria das outras publicações desse tipo, os livros de Ziller e Galuppo se concentram nos grandes triunfos e nos principais personagens da história do clube, representados por uma longa compilação de fotos e dados, em Ziller, e expandidos em narrativas de jogos e casos curiosos dos bastidores esportivos, em Galuppo. A transformação do

Atlético em um clube de massa não recebe nenhuma atenção especial, aparecendo como um estado de fato que se naturaliza e se torna plenamente aceito, aparentemente com base apenas na imagem que o clube tem hoje. Mas alguns personagens e episódios, sobretudo aqueles que se repetem e se multiplicam em outros discursos (como o hino do clube, os cantos das torcidas, as narrativas jornalísticas etc.), são especialmente significativos.

Na galeria de craques do passado, por exemplo, ao lado de nomes como Mário de Castro (atacante elegante da década de 1920, que trocou o futebol pela medicina) e Zé do Monte (futuro arquiteto que jogou nos anos de 1940 e 1950 e frequentava o Minas Tênis Clube), Galuppo destaca a figura de Ubaldo, grande ídolo do time na década de 1950. Um "negro de corpo roliço", famoso por seus "gols espíritas" e protagonista de um episódio de verdadeira comunhão do Atlético com o povo:

> Foi naquele ano que a torcida começou a saudar Ubaldo com uma música especial. Sucesso do carnaval de 1955, a marcha *Tem nego bebo aí*, de Mirabeau e Ayrton Amorim, era tocada em todo o país. Dali em diante, sempre que o centroavante do Atlético entrava em campo, a massa cantava: "Tem nego Ubaldo aí! Tem nego Ubaldo aí!" (...) Num jogo contra o Ex, realizado em 7 de dezembro de 1958, Ubaldo fez um de seus gols inexplicáveis. A torcida invadiu o gramado, carregou seu ídolo e ganhou as ruas. O desfile seguiu pela avenida Silviano Brandão, subiu em direção à Floresta, passou pela praça da Estação e, sempre ao som de "Tem nego Ubaldo aí!", foi parar na praça Sete, no coração de Belo Horizonte. Ubaldo jamais se referiu àquele fato com modéstia. "Naquele tempo, só duas pessoas eram carregadas nos ombros do povo. O presidente Juscelino Kubitschek e eu." Orgulho legítimo de quem foi protagonista de uma cena extraordinária. (Galuppo, 2003, p. 94-95)

A fama de "vingador" e a mitologia da "raça" são outros elementos da tradição atleticana que merecem atenção especial dos historiadores do clube. No livro de Ziller, um trecho encabeçado pelo subtítulo "Surge o vingador" atribui as origens dessa reputação a uma série de jogos contra o Granbery de Juiz de Fora, ainda em 1913, quando o clube dava seus primeiros passos (Ziller, 1974, p. 21). Em inúmeras oportunidades a fama de aguerrido e vingador tem sido lembrada para evocar uma capacidade especial de superação nos momentos mais difíceis. Essa ideia reverbera, por exemplo, na célebre máxima do escritor Roberto Drummond, torcedor do Atlético e cronista esportivo entre meados dos anos de 1960 e início dos anos de 2000: "se houver uma camisa branca e preta pendurada no varal durante uma tempestade, o atleticano torce contra o vento" (Drummond, 2007, p. 166). Com a definitiva incorporação da imagem de popular pelo clube, o signo da raça acabou adquirindo certa ambiguidade, remetendo também à forte presença de negros e mulatos, como Ubaldo, no time e na torcida atleticana.

A essa mitologia de raça e superação, soma-se, nos anos de 1940, a simbologia do Galo, cristalizada pelo desenho de Mangabeira. Nas narrativas sobre a história do clube, a criação da mascote atleticana é sempre contada com prolongada ênfase na tradição guerreira que teria inspirado o chargista. Segundo Galuppo (2003, p. 78), o Atlético, que já era conhecido naquela época como "Carijó", não podia ser representado por "um galo qualquer", "tinha de ser forte, (...) expressão determinada, esporões afiados, peito estufado e crista alta". "De todas as imagens, foi a única que já nasceu identificada com a voz do povo". No livro de Ziller, a história é reconstituída a partir de uma reportagem de João Vianna de Oliveira, publicada por O Debate em 1956, encerrando-se com um significativo fragmento daquela matéria:

> O Atlético é um time que vende caro uma derrota. A vantagem do adversário no placar não lhe tira a garra. Parece um galo de rinha. Um galo na rinha? Justamente: seu símbolo será o Galo, o Galo Carijó, entrando o adjetivo na história por obra e graça de suas cores tradicionais: preto e branco. E

o Atlético surgiu nas charges de Mangabeira a caráter: raça de brigão, de sujeito mal encarado, o bico adunco e sempre pronto para rasgar a carne antagonista. (Ziller, 1974, p. 223)

Muitos outros episódios da história do Atlético poderiam ser lembrados, para mostrar como os inúmeros livros, revistas e matérias jornalísticas constroem a tradição do clube, de modo a convergir com uma imagem que se busca estabelecer dele no presente. No final dos anos de 1920, a presença do atacante Said justifica a simpatia dos imigrantes de origem árabe pelo clube; o contestado título simbólico de "Campeões do Gelo", dado pela imprensa em razão de uma bem sucedida excursão pela Europa em 1950, dissemina as marcas da grandeza atleticana pelo mundo; a conquista do Campeonato Brasileiro, em 1971, com um time mediano e um gol do folclórico Dario "Peito de Aço", reforça a mística da raça e a ligação com as classes populares; e Sempre, o torcedor-símbolo do Atlético por tantas décadas, encarna uma esperança e um amor sempre renovados. Em tempos mais recentes, essa imagem se atualiza no estilo inflamado da Galoucura, na mentalidade populista e dependente de líderes carismáticos que predomina na administração do clube e nos episódios do rebaixamento para a segunda divisão do Campeonato Brasileiro e da volta à primeira divisão, em 2005 e 2006, vividos dramaticamente como mais um lance de superação do "vingador".

Evocados pelos discursos sobre o passado do clube, esses episódios constituem a tradição atleticana, estabelecendo os pontos de referência que sustentam sua imagem atual. Nos dias de hoje, o Atlético é amplamente reconhecido como um clube do povo, com uma personalidade instável e aguerrida e uma torcida fiel e apaixonada. Na "massa atleticana" se encontram representantes de todas as classes sociais, unidos pela paixão desmedida, capazes de empurrar o time e fazê-lo vencer obstáculos aparentemente intransponíveis e de recebê-lo de braços abertos e se manterem constantes no apoio, nos momentos de maior dificuldade. No livro de

Galuppo, o mantra da raça, da paixão e da popularidade pode ser ouvido novamente:

> O povo alvinegro é assim – passional, fiel, generoso. (...) Esse é o mistério alvinegro: nenhum atleticano consegue ser não-praticante, fleumático. Nosso time não tem simpatizantes. Tem torcedores apaixonados. Quem ama o Galo se considera o ser mais atleticano do mundo. E fim de papo. (Galuppo, 2003, p. 20)

Na mística de raça e paixão que acompanha o Atlético, projeta-se a imagem do povo como uma massa heterogênea e irracional, que extrai suas energias e sua coesão de um equilíbrio instável entre mediação social e potencial de conflito. Uma imagem bem semelhante à que, segundo certa tradição cultural, define a identidade nacional brasileira, construída com base na hibridação étnica e cultural e na conciliação sempre tensa das diferenças.

trabalho e astúcia

Como na história do rival, a narrativa da fundação do Cruzeiro também ocupa um lugar privilegiado nos textos que falam sobre o passado e a trajetória do clube. A atenção, naturalmente, concentra-se sobre a colônia italiana de Belo Horizonte, no interior da qual a agremiação surgiu. No livro de Jorge Santana, que é, em sua maior parte, composto por perfis de personagens da história do clube, um dos poucos textos que adotam outra abordagem é dedicado àquele momento. Depois de narrar a chegada dos italianos à cidade e suas primeiras tentativas de fazer do futebol um instrumento de integração social e afirmação identitária, Santana afirma:

> O Palestra mineiro foi criado por trabalhadores e recebeu a adesão de comerciantes e industriais, todos italianos. Era uma *cosa nostra*, fechada às demais colônias e ao restante da população. Os italianos pobres queriam um clube para integração social, lazer e cultura física e os ricos, um cartão de visitas para exibir à elite da capital. O Palestra, assim

como a Beneficência Italiana, deveria espelhar a capacidade de realização que levara tantos deles ao sucesso. (Santana, 2003, p. 30)

Enfatizando a importância dessa marca de origem, a seção termina assinalando a forte presença, na trajetória do clube, de valores relacionados à dura experiência dos imigrantes italianos em Belo Horizonte, muitos dos quais chegaram à cidade para exercer funções de pouco prestígio e acabaram conquistando, com trabalho e perseverança, posições mais altas na hierarquia social:

> É aí que se inicia a saga do Cruzeiro Esporte Clube, o qual, nas palavras de Luiz Carlos Rodrigues, "se fez grande sem lances de heroísmo pungentes e sem heróis miraculosos, cuja grandeza foi plasmada no cotidiano, na simplicidade de um trabalho constante e reiterado, quase anônimo, cuja somatória, ao correr do tempo, conferiu a dimensão grandiosa, internacional, universal, de um dos maiores clubes do mundo!" (Santana, 2003, p. 32)

No livro de Plínio Barreto e Luiz Otávio Trópia Barreto, as origens humildes e trabalhadoras do Palestra ganham contornos ainda mais nítidos. O texto ressalta "a contribuição dada pelo povo da península à cidade", ajudando "no surgimento de Belo Horizonte com os braços dos operários da construção civil, com as mãos dos artesãos, com a inteligência dos arquitetos e o bom gosto pela música" (Barreto & Barreto, 2000, p. 16). Encerrando o trecho dedicado à fundação do clube, o autor insiste na questão, lembrando outra vez o papel dos imigrantes no progresso da cidade e apontando para o desejo de efetiva integração da colônia italiana na comunidade belo-horizontina:

> O Palestra nasceu como um clube do povo (...) era a agremiação dos que arregaçavam as mangas nas indústrias da panificação, nos andaimes das construções civis, nas oficinas de calçados, nas serrarias, marcenarias e serralherias, na condução de carroças. Onde houvesse um setor cuja

mão-de-obra (...) fazia-se necessária, lá estava um palestrino – italianos e brasileiros – colaborando com o seu trabalho para o progresso da nova Capital. Lado a lado, clube e cidade caminhavam rumo ao progresso. (Barreto & Barreto, 2000, p. 25)

De modo semelhante ao que acontece nos textos sobre o Atlético, após a narrativa da fundação, as atenções dos dois livros sobre o Cruzeiro se voltam para as grandes conquistas e os grandes times, os perfis e biografias de jogadores e dirigentes e os episódios pitorescos e dramáticos dos bastidores esportivos. É interessante observar que dois momentos especialmente significativos da história do clube, marcos decisivos na superação da condição de "time de colônia", recebem nesses e em outros textos um tratamento visivelmente tímido. A abertura para jogadores que não pertenciam à colônia italiana, em 1925, e a troca de nome de Palestra para Cruzeiro, em 1942, são relegadas a um segundo plano, aparecendo apenas em rápidas menções que não escondem certo desconforto. A exceção fica por conta do livro de Plínio Barreto e Luiz Otávio Trópia Barreto, que dedica duas páginas ao episódio da mudança de nome, dando a ele um tom quase trágico, que enfatiza a violência contra os italianos, na época da Segunda Guerra Mundial, e o firme propósito de integração manifesto na escolha do novo símbolo do clube. Pelo caráter excepcional desse texto, vale a pena transcrever um trecho mais longo:

> Em 1941, a Segunda Guerra Mundial expandiu-se pela Europa, Ásia e pelos oceanos Pacífico e Atlântico. Um ano depois, o governo brasileiro declarava guerra aos países do Eixo. (...) Quem tinha alguma ligação com os países do Eixo foi incomodado. A ignorância de alguns extremistas e arruaceiros chegou mesmo a promover apedrejamento e saques a casas comerciais com nomes de italianos e alemães. (...) Um estado de terror foi criado em Belo Horizonte, durante 48 horas. Nesse período, várias casas comerciais foram quebradas e saqueadas. O estádio do Palestra sofreu a ameaça de

ser incendiado e, não fosse a pronta intervenção da Polícia Militar (...) e a coragem de alguns palestrinos, a horda de arruaceiros (...) teria levado a barbaridade ao fim. (...) No início de 1942, um decreto-lei do governo federal estabeleceu a nacionalização dos nomes, e o Palestra trocou o Itália por Mineiro. (...) com a declaração de guerra à Alemanha, à Itália e ao Japão, o debate interno tomou conta do Barro Preto. Era necessário nacionalizar ainda mais o nome do clube. (...) Sem consultar o Conselho Deliberativo, o presidente Enne Cyro Poni adotou o nome Ypiranga Esporte Clube, em homenagem à data máxima brasileira. Uma derrota frente ao Atlético por 2 a 1 foi definitiva para condenar a existência do Ypiranga. (...) O presidente do Conselho, Oswaldo Pinto Coelho, sugeriu o nome de Cruzeiro Esporte Clube. Era uma homenagem ao principal símbolo do país – a constelação do Cruzeiro do Sul. (Barreto & Barreto, 2000, p. 72-73)

O tratamento dado a esses acontecimentos na memória cruzeirense certamente se deve ao seu caráter traumático, ao seu potencial de trazer à tona os ressentimentos e as fronteiras simbólicas que dificultavam a integração completa dos italianos no Brasil. Na leitura dos jornais da época, é possível constatar que o mesmo constrangimento já estava presente, pois é pequeno o número de referências que se pode encontrar. Outra das raras exceções a tratar o tema de frente é, como seria de se esperar, o já citado trabalho acadêmico de Euclides de Freitas Couto, que explora um pouco a questão da "nacionalização" do Palestra. As tensões que esse processo provocou na vida do clube ficam evidentes, por exemplo, no depoimento de Carlos Ribeiro, do Departamento de História e Estatística do Cruzeiro, apresentado pelo pesquisador:

A idéia de se "abrasileirar" o Palestra surgiu ainda nos anos de 1920 com os irmãos Fantoni. (...) Entretanto uma ala "conservadora" da diretoria negava-se redundantemente a isto. Nos anos de 1930, os Fantoni chegaram a publicar manifestos em jornais comparando a diretoria palestrina a "um grupinho de alemães que querem comandar um país inteiro", uma insinuação direta à situação da Tchecoslováquia. (Couto, 2003, p. 56)

Outro momento relevante na construção da tradição cruzeirense é o surgimento da Raposa como mascote do clube, também pelas mãos do chargista Mangabeira, nas páginas do jornal *Folha de Minas* em 1945. Nos livros sobre a história do Cruzeiro, embora o símbolo esteja sempre presente, sua criação não merece tanta atenção quanto na bibliografia do Atlético, provavelmente em função da maior identificação da torcida atleticana com o Galo. O motivo da escolha do símbolo cruzeirense, no entanto, pode ser conhecido em outras publicações. Como o livro *100 melhores do esporte em Belo Horizonte*, publicado no aniversário de 100 anos da cidade, que traz um verbete sobre Mangabeira, no qual se lê que "ao idealizar a Raposa como símbolo do clube, ele teria se inspirado na astúcia e esperteza do então presidente do Cruzeiro, Mário Grosso, para fazer negócios". Com a invenção da Raposa, cristaliza-se na mitologia cruzeirense o signo da astúcia, acrescido ao signo do trabalho e igualmente herdado das ligações do clube com a experiência dos imigrantes italianos em Belo Horizonte e com a capacidade de realização que possibilitou a ascensão social de muitos deles.

Convergindo com esses valores, a coleção de personagens ilustres do Cruzeiro possui, entre as estrelas do gramado e uma notável quantidade de sobrenomes italianos (como Nininho, Ninão e Niginho, todos da família Fantoni e ídolos do time nas décadas de 1920 a 1940), um número considerável de dirigentes, tidos como responsáveis pelo crescimento constante e gradual da agremiação ao longo de sua história. Desde os pioneiros Aurélio Noce e Antonio Falci, passando por Mário Grosso na década de 1940, até chegar a Felício Brandi e Carmine Furletti, que comandaram o clube durante longo tempo e lideraram sua ascensão definitiva nos anos de 1960.

Nas últimas décadas, o Cruzeiro acumulou uma série de triunfos importantes, como o bicampeonato da Copa

Libertadores da América, em 1976 e 1997, e a "tríplice coroa" (Campeonato Mineiro, Copa do Brasil e Campeonato Brasileiro) em 2003[3]. Motivada por essas "páginas heroicas" da história do clube, a torcida cruzeirense não parou de crescer, alcançando e, dependendo da fonte e do critério adotados, ultrapassando em número a torcida do Atlético. O cronista Roberto Drummond capturou esse crescimento, passando a chamá-la de "China Azul", epíteto que sublinhava as proporções grandiosas que ela vinha adquirindo, mas não deixava de apontar também para o imaginário do trabalho, pela referência à China comunista. Acostumados aos triunfos, os cruzeirenses são tidos hoje como uma torcida exigente e ranzinza, que cobra implacavelmente o bom desempenho do time dirigido pelos irmãos Perrella, verdadeiras raposas quando se fala em negócios.

Nesse período vitorioso, o Cruzeiro consolidou uma imagem de profissionalismo, sucesso e poderio econômico, que estabelece uma clara relação de mútua dependência com os valores e significações presentes nas narrativas da origem. Trabalho e astúcia, portanto, sintetizam a mitologia cruzeirense, projetando a imagem heroica de um povo que marcha triunfalmente em direção ao futuro. Uma imagem que tem o potencial de sinalizar tanto para a promessa capitalista de ascensão social pelo trabalho quanto para as utopias nacionalistas de progresso e os sonhos de uma revolução proletária.

o outro necessário

Em grande parte dos discursos acadêmicos, jornalísticos e artísticos sobre a história do futebol brasileiro, o conflito entre o povo e as elites ocupa um lugar preponderante, emulado muitas vezes por outras dicotomias análogas, como as que

---

3. Este ensaio foi originalmente publicado em 2012. Em 2013, talvez o ano mais vitorioso da história do futebol mineiro, o Atlético se tornou campeão da Taça Libertadores da América e o Cruzeiro conseguiu seu segundo (ou terceiro) Campeonato Brasileiro.

opõem negros e brancos, ricos e pobres, centro e subúrbio etc. Entre as razões desse predomínio, podemos certamente apontar a centralidade do tema da nação nas discussões sobre o futebol e a inegável importância do Rio de Janeiro como metrópole cultural geradora de símbolos da identidade brasileira. Contado a partir do que aconteceu naquela cidade, o processo que transformou o esporte bretão em expressão legítima da cultura brasileira domina amplamente as atenções, multiplicando-se em inúmeras versões que, de alguma forma, reproduzem a mesma estrutura narrativa (cf. Silva, 2006).

Cumpre observar, porém, que o imaginário do futebol no Brasil não se reduz a essas dicotomias e que as tradições esportivas das diferentes cidades e regiões do país nem sempre correspondem fielmente a essa configuração. A história do futebol em Belo Horizonte é um dos casos em que os limites dessa matriz interpretativa ficam evidentes, o que constitui, talvez, o maior desafio na busca por uma interpretação razoável de suas especificidades. Como vimos acima, as tradições de Atlético e Cruzeiro apontam para duas identidades que, embora sejam claramente distintas, reivindicam para si o atributo de "popular". Podemos dizer, então, que a rivalidade entre os dois clubes não encarna o conflito clássico entre o povo e as elites, mas opõe duas formas diferentes de representar e construir a noção de popular.

É possível aproximar essas duas imagens de algumas ideias mais gerais sobre a cultura popular urbana, em suas relações com a modernidade e com os processos de modernização no Brasil, em Belo Horizonte e outros contextos periféricos. Com sua mitologia de raça e paixão, o Atlético parece reafirmar as singularidades de um povo passional, intuitivo e sofredor, simbolizando as energias incontroláveis da multidão heterogênea e sua capacidade de se opor à modernização ou assimilá-la de forma diferencial. O Cruzeiro, por sua vez, parece reforçar o vetor desse processo, por meio de uma narrativa que remete à ação dos próprios europeus como agentes modernizantes e reitera valores fundamentais da modernidade ocidental, como trabalho e perseverança, astúcia e racionalidade.

De um modo enviesado, essas duas imagens se apoiam na oposição entre modernidade e tradição para oferecer à comunidade duas alternativas de solução simbólica do conflito entre o povo e as elites: a ideologia populista da mediação e do pacto social, investida no Atlético, e a ideologia liberal e racionalista da ascensão pelo trabalho, encarnada pelo Cruzeiro. Dessa ambiguidade constitutiva vem a necessidade de mitificar a origem, mascarar os antagonismos internos e selecionar no passado os pontos de referência que sustentam a memória coletiva. Para que essas narrativas possam incorporar a popularidade, é preciso dissimular a origem social daqueles garotos que "mataram aula" para fundar o Atlético e esquecer os ressentimentos e feridas que ameaçaram a integração dos imigrantes italianos na sociedade belo-horizontina.

Assim, a rivalidade entre Atlético e Cruzeiro pode ser vista não apenas como um conflito entre duas formas de ser popular, mas também como uma relação de espelhamento e complementaridade. Uma relação que naturaliza e cristaliza a oposição entre tradição e modernidade, tão presente no imaginário e na historiografia de Belo Horizonte, deslocando e substituindo o conflito entre o povo e as elites. Enquanto o Atlético inveja a racionalidade e a astúcia cruzeirense, o Cruzeiro tem ciúmes da paixão e da fidelidade da torcida atleticana. A potência simbólica de um depende da força do outro, pois a sociedade precisa conciliar modernidade e tradição e superar os antagonismos entre povo e elite.

De um modo bem particular, portanto, essa configuração local do imaginário esportivo expressa a complexidade e as ambivalências da cultura popular urbana, nas suas conexões com os diferentes projetos de modernização empreendidos pelas sociedades periféricas ao longo do século XX. O caráter especular da rivalidade entre Atlético e Cruzeiro coloca em pauta a relação contraditória dessas sociedades com os signos da modernidade, tomados ao mesmo tempo como objetos de desejo e resistência, de assimilação e transformação, resultando sempre em temporalidades múltiplas e formações híbridas, típicas do entre-lugar.

Se considerarmos a cultura popular como "uma espécie de campo de batalha permanente", uma "arena do consentimento e da resistência", como definiu o crítico cultural jamaicano Stuart Hall (2003, p. 247-263), inspirado na noção gramsciana de hegemonia, as tensões projetadas nessa rivalidade podem ser vistas como parte de um jogo mais amplo. Nesse jogo, como nos lembra Hall, "o capital tinha interesse na cultura das classes populares porque a constituição de uma nova ordem social em torno do capital exigia um processo mais ou menos contínuo (...) de reeducação no sentido mais amplo". Ao mesmo tempo, como afirma outro pensador da cultura popular urbana, o espanhol-colombiano Jesús Martín-Barbero (1997, p. 241), "incorporar culturalmente o popular é sempre perigoso para uma *intelligentsia* que nele vê uma permanente ameaça de confusão, com o apagamento das regras que delimitam as distâncias e as formas".

É dessa ambivalência nunca completamente resolvida, enfim, que se alimenta a rivalidade ritual entre Atlético e Cruzeiro, metaforizada pela eterna luta entre o Galo e a Raposa pela hegemonia no "terreiro" esportivo de Belo Horizonte.

referências

ANDRADE, Carlos Drummond de. *Quando é dia de futebol.* Rio de Janeiro: Record, 2002.

BARRETO, Plínio. *Futebol no embalo da nostalgia.* Belo Horizonte: Ed. Santa Edwiges [s.d.].

BARRETO, Plínio; BARRETO, Luiz Otávio Tropia. *De Palestra a Cruzeiro*: uma trajetória de glórias. Belo Horizonte: [s.ed.], 2000.

COUTO, Euclides de Freitas. *Belo Horizonte e o futebol*: integração social e identidades coletivas (1897-1927). Belo Horizonte: PUC Minas, 2003. Dissertação (Mestrado em Ciências Sociais).

DRUMMOND, Roberto. *Uma paixão em preto e branco*. Belo Horizonte: Editora Leitura, 2007.

GALUPPO, Ricardo. *Raça e amor*: a saga do Clube Atlético Mineiro vista da arquibancada. São Paulo: DBA Artes Gráficas, 2003.

HALBWACHS, Maurice. *A memória coletiva*. São Paulo: Vértice, 1990.

HALL, Stuart. *Da diáspora*: identidades e mediações culturais. Belo Horizonte: Ed. UFMG, 2003.

LIMA, Jairo Anatólio. *Estádio Independência*. Belo Horizonte: Conceito, 2004.

MARTÍN-BARBERO, Jesús. *Dos meios às mediações*: comunicação, cultura e hegemonia. Rio de Janeiro: Editora UFRJ, 1997.

SANTANA. Jorge. *Páginas heroicas*: onde a imagem do Cruzeiro resplandece. São Paulo: DBA Artes Gráficas, 2003.

SILVA, Marcelino Rodrigues da. *Mil e uma noites de futebol:* o Brasil moderno de Mário Filho. Belo Horizonte: Ed. UFMG, 2006.

_____. A cidade dividida nas charges de Mangabeira. *Z Cultural – Revista Virtual do PACC/UFRJ*. Rio de Janeiro, ano 6, v.1, 2010. Disponível em <http://www.pacc.ufrj.br/z/ano6/1/marcelino.php>.

RIBEIRO, Raphael Rajão. *A bola em meio a ruas alinhadas e a uma poeira infernal:* os primeiros anos do futebol em Belo Horizonte (1904-1921). Belo Horizonte: Faculdade de Filosofia e Ciências Humanas da UFMG, 2007. Dissertação (Mestrado em História).

VISCARDI, Cláudia Maria Ribeiro. A capital controversa. *Revista do Arquivo Público Mineiro*. Belo Horizonte, ano XLIII, n.2, jul.-dez. de 2007.

WISNIK, José Miguel. *Veneno remédio*: o futebol e o Brasil. São Paulo: Companhia das Letras, 2008.

ZILLER, Adelchi. *Enciclopédia do Atlético*. Belo Horizonte: Ed. Lemi, 1974.

2
Macarrão Preto: futebol e identidade no Brasil

1

Nascido em 1925, Hélio Rodrigues, um mulato belo-horizontino de classe média, foi criado no coração do Barro Preto, bairro onde se concentrava boa parte da colônia italiana da cidade. Desde a infância trabalhou no armazém de secos e molhados do "Seu Piló", um italiano apaixonado pelo futebol que era sócio do Palestra Itália. O tio de Hélio, Paulinho, jogava no Palestra e era um zagueiro alto de técnica refinada, reserva da lendária bequeira Nereu e Rizzo. Quem o viu jogar diz que ele era melhor do que os titulares e só não tinha lugar no time porque não pertencia à colônia italiana. Naquela época, o Palestra, que até 1925 só tinha aceitado italianos e seus descendentes em seu time, ainda se mantinha bastante fechado a jogadores não pertencentes à colônia. Recomendado por "Seu Piló" ou na companhia de seu tio, Hélio tinha acesso livre ao estádio do Palestra, aonde ia ver os treinos e os jogos e pagar as mensalidades do patrão. Nos primeiros anos da década de 1930 ele era um entusiasmado torcedor do Palestra, embora os italianos fizessem questão de marcar seu lugar marginal na comunidade de palestrinos ao chamá-lo de "Macarrão Preto".

Em 1933, os principais clubes mineiros aderiram ao profissionalismo. A mudança foi liderada pelo Atlético (clube formado por jovens estudantes), que se opôs ao modelo amadorista de elite defendido pelo América. Seguindo os passos do Villa Nova (clube operário de Nova Lima, campeão mineiro nos três primeiros anos do profissionalismo), o Atlético começou a reforçar seu time com jogadores negros e mulatos. Em 1936, o clube se tornou Campeão Mineiro e, em seguida, no início de 1937, ganhou o Torneio dos Campeões, disputado entre os campeões de Rio de Janeiro, São Paulo, Espírito Santo e Minas Gerais. Com a conquista do título de "Campeão dos Campeões", que foi motivo de intenso orgulho regional, a mística de time de massa que começava a se formar em torno do Atlético já balançava o coração de torcedor de Hélio.

No ano seguinte, 1938, a seleção brasileira perdeu a chance de disputar sua primeira final de Copa do Mundo ao ser derrotada pela Itália, em um jogo que chegou ao Brasil pela voz do único *speaker* brasileiro a ir para a França, o filho de italiano Gagliano Netto. A Copa de 38 foi a primeira em que o Brasil teve boas chances de vencer. Nas duas copas anteriores, os conflitos entre cariocas e paulistas e a falta de organização tinham inviabilizado a formação de um time que representasse a força máxima do futebol nacional. Mas, em 1938, o Brasil levou para a Copa da França um time sensacional, com craques lendários como Domingos da Guia e Leônidas da Silva. Sua derrota nas semifinais foi a primeira vez que a torcida brasileira sentiu aquela frustração pela perda de uma oportunidade de vitória que iria se repetir com tanta força em 1950. A narração italianada de Gagliano Netto, traindo sua posição ambígua na partida, irritou os brasileiros, e a derrota fez renascerem velhas rixas contra a colônia italiana no Brasil (Rodrigues Filho, 1994, p. 55-59).

Já em 1942, quando navios brasileiros foram afundados por tropas do Eixo, o Brasil se juntou às forças aliadas e declarou guerra a alemães, italianos e japoneses. A morte de mais de 600 brasileiros provocou um forte clima de comoção, e por todo o Brasil, inclusive em Belo Horizonte, casas de italianos foram incendiadas. Pressionado, o Palestra mudou de nome para Cruzeiro, demonstrando, por meio das referências aos céus brasileiros inscritas no novo nome e no novo símbolo do clube, a disposição da colônia italiana de adotar o Brasil como sua nova pátria.

Em algum momento desse percurso, Hélio e seu tio Paulinho decidiram: não torceriam mais para os "carcamanos"; passariam a torcer pelo Atlético, um clube que, desde o início do profissionalismo, vinha-se tornando cada vez mais popular. Mais tarde, quando o Cruzeiro conquistou seu lugar de protagonista na cena esportiva de Minas Gerais, os ecos desses episódios ressoariam na maior rivalidade ritual do futebol mineiro. Atleticanos e cruzeirenses se tornaram inimigos de morte e só se reconciliam como torcedores nos jogos da seleção nacional, em que vez por outra representantes dos dois clubes jogam lado a lado.[4]

2

A história de como meu pai deixou de ser palestrino e se tornou atleticano mostra como o futebol, ao longo de sua trajetória no Brasil, tornou-se um campo em que indivíduos e coletividades projetam significações relacionadas a suas aspirações e sentimentos de pertencimento, e em que o que está em questão não é apenas o destino dos times e dos jogadores, mas a raça, a identidade, as afinidades comunitárias etc. O primeiro momento da história, quando Hélio se entusiasma com o futebol e se torna palestrino, fala-nos um pouco do processo de implantação e disseminação desse esporte no Brasil, da criação dos grandes clubes do futebol brasileiro e do início da formação de suas torcidas.

---

4. A história de torcedor de Hélio Rodrigues foi reconstituída com base em seus depoimentos orais. Os dados sobre o futebol mineiro nos anos de 1930 e 1940 foram fornecidos pelo historiador Mauro Sérgio França a partir de pesquisa realizada nos jornais *Estado de Minas*, *Diário da Tarde* e *Correio Mineiro*.

Na segunda metade do século XIX e no início do século XX, foram feitas as primeiras tentativas de reproduzir aqui as práticas esportivas que foram criadas na Europa ao longo do século XIX. Lá, como nos mostra Hobsbawm em "A produção em massa de tradições", essas práticas funcionaram como mecanismos de socialização das populações urbanas e como "tradição inventada" com a finalidade de desempenhar o papel de "meio de identificação nacional e comunidade artificial" (Hobsbawm, 1984, p. 309). Assim, o surgimento dos esportes modernos está intimamente ligado a um conjunto de transformações mais amplo que vinha se desenvolvendo na Europa.

A lógica agonística do esporte se prestava bem a essas funções, articulando de modo complexo as aspirações, tensões e conflitos investidos na relação entre o público e os clubes. É o que Hobsbawm deixa entrever quando diz que ao mesmo tempo em que os clubes se identificavam a certos segmentos sociais (o bairro, a cidade, a classe, a fábrica etc.) e as "rivalidades rituais" entre eles representavam e sublimavam os conflitos entre esses segmentos, as competições de nível nacional eram "a demonstração concreta dos laços que uniam todos os habitantes do Estado nacional, independente de diferenças locais e regionais" (Hobsbawm, 1984, p. 296-309). Podemos dizer, então, que a lógica agonística do esporte atua simultaneamente afirmando os laços de coesão social que unem as comunidades que se agregam em torno de um clube ou de uma liga esportiva e sublimando os conflitos entre essas comunidades através da competição. Dessa característica decorre a importância especial do esporte no processo de construção da nação como "comunidade política imaginada" (Anderson, 1989).

A criação dos clubes esportivos e a formação de suas torcidas é uma parte importante desse processo. Como instituições que aglutinam pessoas pertencentes a algum grupo social, os clubes funcionam como instrumento pedagógico, ajudando a criar normas de comportamento e sentimentos de afiliação que tecem a coesão social e articulam esses grupos na instituição política maior – a nação – através das competições e da estrutura arborescente das ligas esportivas. Desde o seu surgimento, os clubes esportivos exerceram, de forma semelhante a outras instituições como o hospital, o exército, a escola e a fábrica, a função de instrumentos de controle social, de mecanismos de reprodução da dinâmica de poder disciplinar por meio da qual o sistema de dominação molda o tipo de homem necessário ao seu funcionamento (Foucault, 1981).

Quando vieram para o Brasil, as práticas esportivas conservaram esse aspecto pedagógico, ganhando também um caráter de instrumento de assimilação da mentalidade europeia pelos brasileiros desejosos de ocupar um lugar no concerto das nações civilizadas. Nesse primeiro momento, por iniciativa de imigrantes europeus, dirigentes fabris e brasileiros de alta casta, foi criada boa parte dos grandes clubes de futebol do Brasil e começaram a se formar suas tradições e suas torcidas. Estas, a princípio, aglutinaram-se em torno dos clubes com base na participação direta dos torcedores nas atividades sociais dessas entidades, na participação de familiares dos torcedores nas atividades esportivas, nas relações de vizinhança territorial e, no caso dos clubes ligados a colônias de imigrantes, na afinidade patriótica entre os membros dessas colônias.

A implantação do futebol no Brasil foi, portanto, um movimento de modernização e de europeização, de adaptação das massas a um novo modo de vida urbano e industrial e de adoção de práticas culturais europeias em nome de um ideal de civilização igualmente europeu. Um movimento que é parte de todo um processo mais amplo de expansão da cultura europeia na modernidade, por meio do qual as práticas, valores e concepções de uma cultura particular se tornam hegemônicos e passam a funcionar como modelos a serem expandidos para fora dos limites daquele continente e impostos a povos "sem cultura" e "sem história". A cultura europeia, movida por seu racionalismo modernizante, reivindica para si uma "missão civilizadora" cuja finalidade seria "o estabelecimento de uma sociedade universal (...) de dimensões planetárias" (Laclau, 1996, p. 25). O esporte funcionou (e ainda funciona, como mostram as Olimpíadas e a megaestrutura que é hoje a Fifa) como um instrumento de construção e de expressão dessa sociedade universal de dimensões globais.

3

Pouco tempo depois de ter sido implantado no Brasil, o futebol extrapolou os limites das comunidades de imigrantes, dos clubes operários e dos jovens abastados para ser adotado entusiasticamente por um conjunto bem mais amplo de pessoas, incluindo pobres, negros, mulatos etc. Os novos jogadores começaram a transformar o modo de jogar, misturando aos movimentos esquemáticos do futebol europeu um pouco da ginga do samba e da capoeira e criando um estilo que, aos poucos, foi sendo interpretado como um signo da identidade cultural brasileira. O desempenho superior desses jogadores forçou sua inclusão nos grandes clubes e o surgimento das primeiras modalidades de remuneração. Os clubes mais elitizados, que já se sentiam constrangidos por incluir tais jogadores em seus times, não queriam tolerá-los em suas sedes sociais, e apelaram ao espírito do amadorismo para justificar suas posições. Esse conflito culminou, nos primeiros anos da década de 1930, no conturbado processo de profissionalização, que funcionou como uma forma de acomodar as tensões sociais e raciais em jogo naquele momento.

Sob a influência desses conflitos, as relações de identificação e rivalidade entre público e clubes começaram a ser perturbadas. Se no início eram a afiliação direta e a vizinhança territorial que forneciam as bases para elas, gradativamente questões sociais e raciais específicas da sociedade brasileira foram ganhando o centro da cena. É aí que começa a surgir a mística dos times de massa, identificados à população mais pobre, predominantemente formada por negros e mestiços, em oposição às tradições dos clubes mais elitizados. Em Belo Horizonte é ao Atlético que cabe esse papel. Embora tenha sido dominado nos seus primeiros anos por jovens estudantes da elite, sua opção pelo profissionalismo e pela popularização transformou sua imagem diante dos torcedores. Ademais, os dois outros grandes clubes da cidade haviam, de um modo ou de outro, optado por uma atitude mais segregacionista, embora o Palestra não pudesse ser considerado, como o América, um clube de elite.

Na história de meu pai, que torcia para o Palestra motivado por laços territoriais e familiares com o clube, os conflitos decorrentes dessa assimilação transformadora do futebol pela sociedade brasileira chegam com sua insatisfação com a posição de seu tio no time e com o desconforto por ser chamado de "Macarrão Preto". Talvez aquele clube, que hesitava em se misturar ao ambiente em que estava inserido, não fosse o seu lugar. Talvez aquele outro clube, que abria francamente suas portas e que fora motivo de grande orgulho regional com a conquista do título de "Campeão dos Campeões", é que fosse a sua casa. Talvez fosse necessário colocar o preto no branco.

Assim, ao invés de funcionar como uma simples repetição, o futebol se contaminou por elementos específicos da cultura local. O modo de jogar foi recriado e investido de uma série de novas significações, e a dinâmica agonística foi preenchida por novos conflitos, diferentes daqueles que caracterizavam as rivalidades do futebol europeu. Esse choque do futebol com seu novo contexto gerou uma dissonância, um movimento disruptivo, produtor de diferença. A disseminação do futebol como instrumento de homogeneização cultural acabou levando ao efeito inverso, produzindo heterogeneidade pelo cruzamento com outros domínios culturais e pela absorção pela economia cultural local.

4

Quando o Brasil perdeu para a Itália, em 1938, as novas configurações produzidas pelo processo de assimilação e transformação do futebol ao longo das décadas anteriores se cruzaram no coração de torcedor de meu pai. A seleção brasileira, pela primeira vez formada pelos melhores jogadores do país, incluindo diversos atletas vindos das classes populares, encarnou fortemente o sentimento de pertencimento à comunidade nacional. Sua derrota para os italianos fez com que as rivalidades latentes entre a colônia italiana e o resto da população brasileira viessem à tona. Pouco depois, essas rivalidades chegariam ao auge com a entrada do Brasil na Segunda Guerra Mundial. Em Belo Horizonte, tais acontecimentos levaram à saída de torcedores do Palestra para outros clubes e à mudança de nome desse clube para Cruzeiro. Acontecimentos esportivos e políticos de dimensões globais (a Copa do Mundo e a Guerra Mundial), em que o que estava em jogo eram os laços e os conflitos entre as nações, refletiram-se na cena esportiva local, cruzando sentimentos de pertencimento contraditórios e revelando fissuras internas à comunidade nacional.

Podemos ver aí como as duas linhas que, segundo Bhabha (1990), definem o fenômeno da nação estão presentes na história futebolística brasileira. Por um lado, temos a linha metafórica, pedagógica, que corresponde aos esforços realizados nos diversos campos culturais para a construção da nação como narração de uma "comunidade política imaginada". No futebol podemos vê-la claramente na importância adquirida pela seleção nacional como mediadora do sentimento de pertencimento à nação, como realização da metáfora do "muitos como um". Mas essa linha convergente e pedagógica está, também, na estrutura arborescente das ligas de clubes e no aspecto de celebração dos laços sociais das competições esportivas. Por outro lado, os conflitos entre estados, regiões, bairros e grupos sociais são exercitados através das competições e rivalidades entre clubes e seleções regionais, o que corresponde à linha metonímica e performativa que, inevitavelmente, atravessa a narrativa da nação, revelando os conflitos internos irredutíveis à metáfora do "muitos como um". A construção do sentimento de nacionalidade por meio do futebol acontece de uma forma liminar, em que o cenário esportivo acomoda da melhor maneira possível os conflitos internos à nação. Apresentando-se, nos momentos da derrota brasileira em 1938 e do rompimento com o Eixo em 1942, como uma interrupção metonímica da metáfora da nação, como uma performance que revela os conflitos internos à comunidade nacional, o Palestra precisou mudar de nome, o que não quer dizer que as fissuras tenham deixado de existir. A pedagogia nacional atuou na mudança de nome do Palestra, mas a ferida continuou existindo, e a rivalidade entre Atlético e Cruzeiro continua a representá-la ritualisticamente.

5

Nos dias de hoje, a rivalidade ritual entre atleticanos e cruzeirenses ainda existe, e talvez esteja mais forte do que nunca. Seus sentidos, no entanto, continuam se deslocando. Eu herdei de meu pai o amor pelas cores atleticanas, mas o rancor dos italianos não é mais o que me move. O que não impede que, entre as hostes cruzeirenses, continuem a se enfileirar os Furletti, os Masci, os Brandi e outras famílias de origem italiana, às quais vão se somando outros torcedores, motivados pelos êxitos esportivos do clube, sobretudo a partir da década de 1960. O Atlético dos meus sonhos está ligado, sobretudo, ao brilhantismo artístico de um time sensacional que eu vi jogar na minha infância (Reinaldo, Cerezo, Paulo Isidoro...) e ao calor e à paixão de uma torcida que é considerada uma das mais fanáticas do Brasil. E é inegável que nessa paixão que é a marca da torcida atleticana repercute a mística de time de massa que o clube começou a formar nos anos de 1930.

Assim, concluo afirmando que a interpretação do fenômeno futebolístico brasileiro não deve, como alguns ainda teimam em fazer, considerá-lo como um "ópio do povo", um substituto da política imposto à sociedade para desviar a atenção de seus verdadeiros problemas. Devemos perceber que o futebol é um campo em que se dá a elaboração de uma série de questões que são, na verdade, eminentemente políticas: a nação e o sentimento de pertencimento à comunidade nacional, a identidade cultural, os conflitos internos à nação e a mediação desses conflitos etc. E essa elaboração se dá de uma maneira complexa, em que o campo esportivo se contamina por outros campos culturais e por particularidades contextuais. De modo que a dinâmica simbólica do futebol não se presta apenas a uma pedagogia europeizante, modernizante e nacionalista. Ela é também performática, disruptiva e conflituosa. Na trilha de Arjun Appadurai (1996), devemos reconhecer que os esportes modernos, entre eles o futebol e o modo como ele se manifesta no Brasil, constituem uma das muitas paisagens culturais que se configuram em nosso tempo. Paisagens que são permanentemente atravessadas por outras instâncias culturais, em um movimento de constante produção de disjunturas cujos significados são mutáveis e dependentes do contexto e da perspectiva de quem as interpreta. Assim como os "*ethnoscapes*", "*mediascapes*", "*technoscapes*", "*financescapes*" e "*ideoscapes*" propostos por Appadurai, teríamos também um "*sportscape*".

referências

ANDERSON, Benedict. *Nação e consciência nacional*. São Paulo: Ática, 1989.

APPADURAI, Arjun. Disjuncture and differense in the global cultural economy. In: _____. *Modernity at large*; Cultural dimensions of globalization. Minneapolis: University of Minnesota Press, 1996.

BHABHA, Homi K. Dissemination: time, narrative, and the margins of the modern nation. In: _____. *Nation and narration*. London, New York: Routledge, 1990.

FOUCAULT, Michel. *Microfísica do poder*. 2 ed. Rio de Janeiro: Edições Graal, 1981.

HALL, Stuart. *Da diáspora*: identidades e mediações culturais. Belo Horizonte: Ed. UFMG, 2003.

HOBSBAWM, Eric. A produção em massa de tradições. In: HOBSBAWM, Eric; RANGER, Terence (Orgs.). *A invenção das tradições*. Rio de Janeiro: Paz e Terra, 1984.

HUIZINGA, Johan. *Homo ludens*. 4 ed. São Paulo: Perspectiva, 1971.

LACLAU, Ernesto. Universalism, particularism and the question of identity. In: _____. *Emancipation(s)*. London: Verso, 1996.

LOPES, José Sergio Leite. A vitória do futebol que incorporou a pelada. *Revista da USP*, Dossiê Futebol. São Paulo, n. 22, jun. 1994.

RODRIGUES FILHO, Mário Leite. *O sapo de Arubinha*. São Paulo: Companhia das Letras, 1994.

ROSENFELD, Anatol. O futebol no Brasil. In: _____. *Negro, macumba e futebol*. São Paulo: Perspectiva, 1993.

3
a Massa faz 100 anos: futebol e sociedade em Belo Horizonte

Era terça-feira, dia 25 de março de 2008, aniversário de 100 anos do meu time do coração, o Clube Atlético Mineiro, que é, sem dúvida, uma das instituições culturais mais importantes da cidade de Belo Horizonte. Embora eu estivesse bastante atarefado, resolvi achar um tempo para descer até o centro e participar da festa que havia sido programada pelo clube para a comemoração da data. Depois de uma missa na tradicional Igreja de Lourdes, a torcida atleticana desceria em cortejo até o coreto do Parque Municipal para participar de uma homenagem aos garotos que fundaram o clube em 1908, naquele mesmo lugar mitológico.

Parei o carro alguns quarteirões antes do parque, imaginando que a movimentação pudesse envolver algum tipo de turbulência, mas o centro estava calmo. Muita gente vestindo a camisa do clube e confraternizando, mas nenhuma grande aglomeração de pessoas ou carros. Caminhei até o parque, onde a concentração para o evento estava começando. Havia bastante gente, mas não uma enorme multidão, e após alguns minutos começou a cerimônia. Uma oradora animava a festa e anunciava a presença de diretores e jogadores do clube, políticos etc. O auge foi a leitura de um texto sobre a fundação e a história do Atlético, recheado de apelos, alguns improvisados, de exortação à torcida, que respondia vibrando, cantando o hino do clube e exaltando os nomes dos craques. Mas havia um clima de desconforto no ar, uma sensação de que algo estava fora do lugar. Afinal, a torcida não está acostumada com aquele ambiente de comício e, certamente, não se sente muito atraída por ele. A ela agradam mais os combates aguerridos dentro das quatro linhas, quando não as batalhas ainda mais violentas nas arquibancadas, nas ruas e nos bares da cidade. Ela quer vibrar com um gol de verdade, quer insultar a torcida rival, quer cantar de emoção no auge da luta.

Assim, o lance mais emocionante do evento foi um pequeno episódio, que aconteceu às margens da quase multidão que se aglomerava em torno do coreto, no Parque Municipal, e que passou quase despercebido nos jornais da cidade (apenas o *Hoje em Dia* registrou rapidamente o acontecimento). Em certo momento da cerimônia, enquanto a oradora lia seu texto, apareceu um gaiato vestindo a camisa do Cruzeiro. O zunzunzum correu como um rastilho de pólvora e logo se tornou um início de tumulto. Como trilha sonora, os cantos de guerra da Galoucura ("Vô dá porrada aê!"), embalando a dança tribal dos torcedores. Formou-se um pequeno sururu em torno do cruzeirense provocador, logo dissipado pela presença da polícia. Mas sua camisa ficou com aqueles vinte ou trinta torcedores que o cercaram, que a queimaram e continuaram com seus cantos e danças. Aos poucos o sururu se dispersou e se diluiu na animação mais bem comportada da festa.

No auge da tensão, enquanto os torcedores se mobilizavam para a captura do cruzeirense, sentiu-se que o acontecimento ameaçava desandar em uma grande cena de violência. Uma espécie de galoucura estava no ar, como se a multidão (mesmo aquela pequena multidão) fosse capaz de fazer qualquer coisa. Naquele momento, para competir com a cena da captura ao cruzeirense pela atenção do público, a oradora se superou em exaltação, evocando "aqueles garotos que estavam ali, matando aula, naquela tarde há cem anos atrás". O "matando aula" foi dito com ênfase, como se a oradora quisesse apelar àqueles mesmos impulsos de rebelião que atraíam o público para o "lado b" do espetáculo. Com a ajuda da polícia, que agiu rapidamente, a estratégia foi bem sucedida e os torcedores vibraram com suas palavras, evitando uma grande adesão à perseguição ou uma onda de pânico coletivo.

Feitas as homenagens, desfraldada a placa comemorativa e encerrados os discursos, a charanga começou a tocar e a torcida a acompanhou até outro recanto do parque, onde um grande balão preto e branco seria içado. Enquanto o balão subia, houve ainda um pequeno epílogo, com um grupo de torcedores da Galoucura exibindo cantos e movimentos militares nos gramados do parque, sob o comando rigoroso de um deles. No fim das contas, a festa foi morna e sua maior emoção foi o episódio da captura. A torcida se dispersou e eu fui para casa, preocupado com o trabalho, razoavelmente satisfeito por não ter deixado o aniversário do Galo passar em branco e intrigado com aquela cena.

Minha ida ao Parque Municipal e os acontecimentos daquele dia me parecem dignos de ocupar boa parte deste pequeno ensaio porque, de alguma forma, eles reúnem as principais tensões e significações que fazem do futebol e de sua história em Belo Horizonte um assunto merecedor da atenção acadêmica.

Embora a história dos esportes seja muito longa, remontando a inúmeros registros arqueológicos de civilizações antigas, suas formas atuais possuem estreitas ligações com a história da modernidade ocidental. Muitas das modalidades esportivas que hoje são as mais importantes, entre elas o futebol, surgiram na Europa ao longo do século XIX, no contexto do desenvolvimento do capitalismo, do Estado nacional e de uma organização social predominantemente urbana e industrial. Nesse ambiente, os *sports* desempenharam uma função eminentemente disciplinar, semelhante àquela que

Foucault identificou em instituições como a fábrica, a escola e o hospital.

Com suas regras bem definidas e sua organização arborescente (articulando pessoas e grupos em clubes, ligas e competições que assinalam ao mesmo tempo o conflito e a solidariedade, a semelhança e a diferença), os esportes modernos reproduziam a organização das relações na nova sociedade (a divisão do trabalho, a mediação institucional dos conflitos, os Estados nacionais e suas divisões internas etc.), contribuindo para a sua assimilação pelas multidões. Uma necessidade que surgiu do declínio das formas tradicionais de pertencimento social, como a centralidade da Igreja, a autoridade divina do monarca, a distribuição feudal das riquezas e do poder etc. No vácuo dessas ideologias, a mentalidade moderna teve no esporte um aliado para superar o desenraizamento provocado por esse declínio e estabelecer formas de comunicação e sociabilidade que dessem sustentação às novas estruturas políticas, econômicas e sociais.

No Brasil, o esporte cumpriu função semelhante, mas com especificidades importantes em relação ao modelo europeu. O esforço de reconstruir os laços sociais esgarçados pelo desenraizamento moderno (aqui intensificado pela brutal urbanização das primeiras décadas do século XX e pela abolição da escravatura) demandava uma operação de mediação, que ligasse a mentalidade esportiva à memória e às tradições dos grupos que se amontoavam nas ruas das cidades. Por isso, a história e o imaginário do futebol no Brasil estão repletos de conexões com a experiência histórica desses grupos.

Nos primeiros anos do século XX, o esporte era tão elitista quanto a vida política do país, e havia todo um esforço para manter à margem dele as classes menos favorecidas social e economicamente. A história de sua popularização se tornou uma narrativa mítica de como negros e pobres passaram a ser aceitos na vida esportiva, sofrendo e superando obstáculos para alcançar o reconhecimento. A excelência e a singularidade de nosso estilo futebolístico seriam tributários dessas lutas, guardando a herança do samba e da capoeira, redutos em que a memória daqueles grupos antes excluídos e agora incorporados à nação preservaria sua autenticidade e sua força telúrica. Esse movimento se realizou, sobretudo, no Rio de Janeiro, uma cidade que tinha profundas ligações com as formas tradicionais da sociedade brasileira, que viveu intensamente a chegada da modernidade, na chamada *belle époque* carioca, e onde foram cunhados diversos outros mitos da modernização brasileira, como o próprio samba, o carnaval, a era do rádio etc. Para lá convergia toda a diversidade social do país, desde a alta elite política e administrativa até as hordas de capoeiras que se envolveram na Revolta da Vacina em 1904. Naquele contexto de exacerbação das tensões sociais, a articulação dos mitos do futebol a partir de dicotomias como negro x branco, povo x elite e centro x periferia respondia a necessidades urgentes de comunicação e sociabilidade, que permitissem a mediação e o convívio entre os diferentes grupos sociais.

O caso do futebol em Belo Horizonte guarda semelhanças e diferenças em relação ao Rio de Janeiro, que tem sido a matriz da historiografia do futebol brasileiro. A moda dos *sports* chegou à cidade praticamente junto com sua fundação, em 1897, e o Atlético surgiu apenas onze anos depois. Erguida em poucos anos a partir de um pequeno arraial, Belo Horizonte foi rigorosamente planejada segundo parâmetros urbanísticos modernos, incorporando uma vocação e um simbolismo de prosperidade, progresso e espírito republicano. Embora estivesse no centro das Minas Gerais, com suas montanhas e tradições, a cidade asséptica não guardava uma memória tão viva e conflituosa das profundas desigualdades da sociedade brasileira e das revoltas e turbulências que marcaram a história de outros centros urbanos. O primeiro clube de futebol foi o Sport Club, fundado em 1904. Como no Rio de Janeiro, a introdução dos *sports* era um sinal de modernização, concomitante à vinda de bondes, cinematógrafos, jornais etc. Seus praticantes queriam ser cavalheiros modernos, sintonizados com tudo o que vinha da Europa e cheirava a civilização.

O gesto daqueles garotos que "matavam aula" naquela tarde de 1908, portanto, deve ser visto, sobretudo, como um gesto modernizante e disciplinador. Tratava-se de implantar na cidade o espírito urbano e cosmopolita que chegava da Europa, fazendo escala no Rio de Janeiro. A primeira grande rivalidade do estado, entre Atlético e América, foi uma rivalidade elitista. Pode até ser que aqueles garotos estivessem mesmo gazeteando, mas com certeza o faziam para imitar os jovens elegantes que haviam criado os primeiros times da cidade. Portanto, evocar aquele momento como um antecedente da energia incontrolável da massa atleticana é, evidentemente, um artifício retórico, uma invenção de tradição, uma ressignificação do passado a partir do presente, com finalidades políticas bem precisas.

Com a progressiva popularização do esporte, porém, o Atlético foi aos poucos adquirindo uma identidade popular. E o Cruzeiro, que foi fundado por imigrantes italianos em 1921 e se chamou Palestra Itália até 1942, cresceu e acabou tomando o lugar do América como o grande rival do Atlético. Mas o Cruzeiro não era um clube de elite; era o clube da sofrida colônia italiana, que havia se incorporado à vida da cidade ocupando geralmente posições medianas ou subalternas de operários, artesãos e comerciantes. Assim, a grande rivalidade ritual do futebol mineiro não foi construída com base naquelas polaridades que organizaram a mitologia esportiva carioca e deram forma à historiografia oficial do futebol brasileiro. Em outro ensaio, "Picadinho de Raposa com Sopa de Galo", explorei a hipótese de que se tratava, então, de uma rivalidade construída em torno de duas atualizações diferentes da ideia do "popular". Uma baseada no imaginário do trabalho e da perseverança (caso do Cruzeiro, com sua história ligada à trajetória dos imigrantes italianos no Brasil) e outra baseada no imaginário da miscigenação e da mediação entre grupos e classes sociais (caso do Atlético, clube que nasceu nas elites e se tornou popular ao admitir jogadores negros e pobres).

Considerando essa configuração, ainda podemos ver na rivalidade esportiva uma economia simbólica de alguma forma ligada à história dos clubes e das relações entre os diferentes grupos sociais. No jogo esportivo e político, não se jogava apenas o conflito entre as elites e o povo, de certa forma apaziguado pela ideologia populista, mas também a contradição, constitutiva de nossa identidade, entre duas formas de ser popular. Essa contradição se reproduzia, por exemplo, nas recorrentes comparações entre Leônidas da Silva e Domingos da Guia, ou entre Garrincha e Pelé, que simbolizavam o conflito entre o lúdico e a disciplina, entre o dionisíaco e o apolíneo, entre a arte e o trabalho etc. Equilibrando-se nesses dois pilares, o Brasil seria capaz de se impor às outras nações e revelar ao mundo o valor de suas singularidades.

Mas a bola não parou de girar e os sentidos dos signos esportivos continuaram se deslocando. A colônia italiana se misturou à comunidade brasileira e o Cruzeiro abriu suas portas aos que não pertenciam a ela, aumentando sua torcida no embalo das conquistas dos anos de 1960. O Atlético consolidou sua imagem de time de massa, reunindo em suas hostes desde a "cachorrada" que ocupava as antigas gerais do Mineirão até a torcida elitizada dos bairros nobres da zona sul de Belo Horizonte. Com exceção de momentos especiais como os 100 anos do Atlético, pouco nos lembramos das histórias mais antigas, dos mitos fundadores da nação atleticana. De tal modo que, numa comemoração como a que aconteceu no Parque Municipal, a chama da emoção passa mais pela perseguição ao cruzeirense desafiador do que pelas homenagens aos fundadores ou pela presença viva de Ubaldo, grande ídolo negro que enlouquecia a torcida nos anos de 1950.

Contudo, o esporte como disciplina continua presente: a mídia repete os mitos atleticanos como um mantra; as mesmas histórias e os mesmos personagens são evocados para sustentar a tradição inventada que organiza fragilmente a Massa. A oradora da cerimônia no coreto evoca a rebeldia dos garotos que "matavam aula" e interpela a torcida, para que ela se reconheça em outro lugar que não o conflito aberto. Mas os limites desse esforço são evidentes: a tensão acumulada na multidão e investida na rivalidade com o Cruzeiro eventualmente explode; a Galoucura se espalha como uma febre, a Máfia Azul desafia os poderes constituídos e os conflitos abandonam o terreno simbólico para invadir as ruas e os bares da cidade.

Diante desse cenário, é necessário perguntar se, de alguma forma, continuamos ligados aos mitos fundadores do Atlético e da atleticanidade. Guardará a Massa alguma conexão com a memória e a experiência dos torcedores mais antigos, como o meu pai, que projetaram no futebol as aspirações e os sofrimentos de sua vida, de sua nação e de sua condição social? Continua a haver, no imaginário esportivo mineiro, alguma forma de busca por subjetividade e enraizamento social? Ou se trata apenas da economia simbólica de uma multidão turbulenta, mas incapaz de se organizar, tendendo, portanto, a se comportar ora como turba ignara, ora como dócil rebanho? O que pode representar a rivalidade entre Atlético e Cruzeiro hoje? As perguntas são importantes porque colocam em questão a própria condição de sujeito político das massas, diante da falência do pacto social populista no Brasil e da dinâmica cultural do mundo contemporâneo.

referências

GALUPPO, Ricardo. *Raça e amor*: a saga do Clube Atlético Mineiro vista da arquibancada. São Paulo: DBA Artes Gráficas, 2003.

PEREIRA, Leonardo Affonso de Miranda. *Footballmania*: uma história social do futebol no Rio de Janeiro – 1902-1938. Rio de Janeiro: Nova Fronteira, 2000.

SANTANA, Jorge. *Páginas heroicas*: onde a imagem do Cruzeiro resplandece. São Paulo: DBA Artes Gráficas, 2003.

SILVA, Marcelino Rodrigues da. *Mil e uma noites de futebol*: o Brasil moderno de Mário Filho. Belo Horizonte: Editora UFMG, 2006.

_____. Quando é dia de clássico: das massas aos mitos. In: FREIRE, Alexandre (Org.). *Preto no branco*: ensaios sobre o Clube Atlético Mineiro. Belo Horizonte: [s.ed.], 2007.

4
notícias do futebol: a imaginação a serviço do esporte

Seguindo o caminho proposto pela exposição *Belo Horizonte F. C. – trajetórias do futebol na capital mineira*[5], o visitante passará pelas seções "Cidade e jogo de bola", "Memórias do futebol" e "Paixões e identidades", antes de chegar à seção "Notícias sobre futebol", dedicada aos registros da trajetória do jornalismo esportivo na cidade. Nesse passeio, já fica evidente o quanto o futebol ultrapassa a simples prática esportiva e se desdobra em relações com outras áreas da vida social. Campos de futebol se espalham por terrenos baldios, várzeas, fábricas e escolas, mostrando o enraizamento e a dispersão do esporte no espaço urbano. Grandes praças esportivas apontam para sua dimensão de espetáculo e empreendimento econômico. Documentos e fotografias registram sua presença na história da cidade, acompanhando os processos de modernização e crescimento demográfico. Troféus, camisas e souvenires testemunham sua importância como elemento articulador da memória coletiva e catalisador de sentimentos de pertencimento.

---

5. A exposição foi realizada pelo Museu Histórico Abílio Barreto, de Belo Horizonte, e inaugurada em agosto de 2012, permanecendo em cartaz até a Copa do Mundo de 2014.

Chega, então, o visitante, à seção dedicada à trajetória do jornalismo esportivo em Belo Horizonte. Lá, ele encontra exemplares de antigos jornais e revistas dedicados ao esporte, equipamentos utilizados nas transmissões radiofônicas, registros fotográficos e audiovisuais da cobertura do futebol pela televisão e belos desenhos a bico de pena de Fernando Pieruccetti, que sob o pseudônimo de Mangabeira criou as charges que imortalizaram o Galo, a Raposa, o Coelho e inúmeros outros bichos como mascotes dos clubes mineiros.

Entre os objetos mais antigos, há, por exemplo, uma edição de 1913 da revista *Vita*, publicação dedicada às artes e às letras, universo em que o futebol marcava presença, como moda entre jovens que se pretendiam modernos, elegantes e em dia com as novidades do exterior. Há também um exemplar do número inaugural de *O Foot-ball*, primeiro jornal esportivo da cidade, que se lança em 13 de setembro de 1917 com a proposta de "cooperar, eficazmente, para o progresso constante do movimento sportivo de Minas Geraes, envolvendo-o no surto grandioso das conquistas e dos triumphos". A imprensa mostra seu papel de incentivadora e intérprete do esporte para os leitores daquela cidade de traçado e arquitetura modernos e população ainda provinciana.

Caminhando na linha do tempo até a segunda metade do século XX, a exposição nos conduz às aventuras de Januário Carneiro e sua trupe da Rádio Itatiaia, pioneiros no jornalismo radiofônico em Belo Horizonte, investindo pesado na cobertura esportiva e inovando na busca por notícias e na relação com os ouvintes. O Troféu Guará, concedido aos melhores jogadores de cada ano, e a Copa Itatiaia, importante competição de clubes amadores, revelam as estratégias da emissora, que desde cedo seguiu a linha de que não se devia apenas dar a notícia, mas também inventá-la, transformando o próprio jornalista em protagonista.

Nas demais seções da exposição, o visitante encontrará outras pistas dessa vocação do jornalismo para recriar, interpretar e até mesmo inventar o material do noticiário esportivo.

Na seção dedicada às paixões e identidades, um exemplar de 28 de agosto de 1921 do jornal humorístico e literário *Footing* traz uma pequena crônica, assinada por Fifi, em que ficam evidentes os conflitos provocados pelo público cada vez mais heterogêneo que frequentava as "velhas e immundas archibancadas" do Prado Mineiro: "Homens, meninos, mulheres, moças, melindrosas, almofadinhas, gécas, soldados, tudo, tudo torcia desmesuradamente! Era um inferno!" Chama também a atenção um exemplar de 1 de agosto de 1939 da prestigiosa revista *Alterosa*, dedicada à cultura e às variedades, em que um par de páginas se abre a uma reportagem intitulada "Um domingo com Guará", grande craque do Atlético que se encontrava em recuperação após o acidente que determinou sua comovente decadência, um violento choque de cabeça com o zagueiro Caieira, do Palestra Itália (hoje Cruzeiro).

Após a seção "Notícias sobre futebol", o visitante ainda encontrará um espaço aberto por um poema, de Carlos Drummond de Andrade, que evoca o caráter lúdico do futebol, esporte que não se joga apenas no estádio, mas também "se joga na praia", "se joga na rua" e "se joga na alma", onde craques e pernas de pau flutuam, triunfando sobre a "triste lei da gravidade". Ali, ele se vê envolvido por um caleidoscópio de sons e imagens de transmissões de partidas, encontrando também uma curiosa coleção de jogos inspirados no futebol, desde o saudoso jogo de botão, que mora na lembrança de muitas gerações, até os atuais videogames. Poesia, evocação sensorial, memória e brincadeira infantil se ligam pela linha de fuga que leva ao sonho, à capacidade de transformar o mundo pela imaginação.

* * *

É comum ouvir, do público e até de profissionais do ramo, que o jornalismo deve ser neutro, imparcial e objetivo, reproduzindo os fatos com a maior fidelidade possível. No entanto, a produção jornalística sobre os esportes não se cansa de contradizer essa norma, revelando-se, muitas vezes, tanto mais significativa quanto mais se entrega abertamente à opinião, à polêmica, à imaginação e ao jogo com a linguagem. Embora o mito da objetividade ainda sobreviva, a ideia de que os fatos da vida social possam ser representados de forma neutra, isenta de interferências do sujeito que reporta e das imposições ideológicas da linguagem, já não se sustenta mais. As teorias da linguagem, da literatura, da história e do próprio jornalismo já demonstraram que a objetividade é um conjunto de recursos retóricos, um estilo compartilhado por diferentes tipos de escrita (o jornalismo, a historiografia tradicional, o romance realista etc.), uma maneira de escrever cujo objetivo é, justamente, esconder do leitor essa interferência.

Na teoria do jornalismo, por exemplo, são discutidos os critérios de noticiabilidade, que definem quais acontecimentos deverão ser transformados em notícia. Nos estudos da linguagem, o termo *discurso* aponta para o caráter ideológico de qualquer enunciado, inevitavelmente contaminado pelas posições e relações sociais dos interlocutores. No campo literário, o conceito de "efeito de real" acusa a narrativa realista de tentar provocar no leitor a ilusão de que o texto é transparente e de que ele se encontra diante da própria realidade. Na historiografia, a ideia do documento/monumento nega a possibilidade de conhecer o passado "como ele realmente foi", percebendo em qualquer registro histórico o propósito de projetar para o futuro uma imagem do passado. Para apreender a realidade que nos cerca, enfim, precisamos selecionar, organizar, preencher lacunas e interpretar os dados dessa realidade. Não existe representação isenta de valores, ponto-de-vista, imaginação construtiva e até mesmo uma dose de ficção.

Avançando um pouco mais nessa direção, as ideias do historiador estadunidense Hayden White (1994) sobre as relações entre a literatura e a história podem ser muito interessantes para pensar no jornalismo esportivo e na sua história em Belo Horizonte. Em diversos textos, entre eles o ensaio "O texto histórico como artefato literário", ele formula a tese de que, para articular os eventos aleatórios da experiência humana, o discurso histórico recorre a formas de construção narrativa experimentadas antes na literatura, que compõem um repertório de formas válidas de narrar e dar sentido à vida, em um determinado contexto histórico. No lugar da oposição entre a ficção e a história, então, teríamos uma relação complexa, em que a literatura se alimenta da realidade e, ao mesmo tempo, funciona como uma matriz, um laboratório onde se experimentam formas de narrar e conferir sentido à experiência, a partir das quais são forjados os discursos de outros campos. A imaginação assume, assim, a tarefa de inventar o real, de criar maneiras possíveis de apreendê-lo.

Hayden White fala da história, mas poderíamos estender seu raciocínio também ao jornalismo. A reportagem da revista *Alterosa* sobre a recuperação de Guará, encontrada pelo visitante da exposição *Belo Horizonte F. C.*, é exemplar. Repleta de fotos do jogador, em cenas triviais do dia a dia, a página é preenchida por um texto que não esconde a intenção de construir a imagem do ídolo pelo contraste entre o homem comum do interior e o herói de façanhas extraordinárias dentro de campo: "Corpo e alma empenhados na vitória de sua gente, é o perigo permanente e terrível, porque leva, nas pernas, a velocidade elétrica do raio, e, no bico da chuteira, a miraculosa pontaria de Guilherme Tell." Mais à frente, o cronista expõe sua inspiração nos contos de fadas, tomados como metáfora da trajetória do craque:

> O Destino, vingativo e cruel, teve inveja de sua sorte, porque ele era rei, e um povo lhe dera um trono. (...) E as multidões, que querem aplaudir, esperam, agora, a sua volta, para ovacioná-lo (...) e reconduzir ao trono o rei louro, que venceu o invencível Dragão.

* * *

Conectando dessa forma o jornalismo, a história, a literatura e as artes, é possível interpretar a produção jornalística sobre os esportes a partir de suas relações com os valores, as ideias, as concepções estéticas e os projetos políticos que circulam em um determinado cenário artístico e cultural. Especialmente no caso brasileiro, em que a presença de figuras importantes do mundo literário foi, durante muito tempo, uma constante nas redações dos órgãos de imprensa. Esses personagens atuaram muitas vezes como mediadores, promovendo o trânsito de materiais e procedimentos, a troca de influências entre as duas esferas.

Muitos registros dessa mútua contaminação podem ser encontrados na história da cultura e do jornalismo esportivo em Belo Horizonte. Em nosso passeio pela exposição *Belo Horizonte F. C.*, já vimos o futebol compartilhando o espaço de revistas literárias e humorísticas, as estratégias inventivas da imprensa e do rádio para cultivar a imagem dos ídolos e manter aceso o noticiário esportivo, o desenho elegante das charges de Fernando Pieruccetti. Na cena literária, além de Carlos Drummond de Andrade, que escreveu diversos poemas e crônicas sobre o futebol, vários outros escritores ligados à cidade se dedicaram de forma mais ou menos frequente ao assunto, como Aníbal Machado, Fernando Sabino e Paulo Mendes Campos. Entre eles, destaca-se Roberto Drummond, que marcou época na crônica esportiva mineira das últimas décadas do século XX, com sua visão poética do futebol.

Mesmo entre os jornalistas especializados no esporte, os mais lembrados são geralmente aqueles cujo trabalho manifesta de maneira mais intensa a capacidade de recriar com imaginação os acontecimentos do mundo do futebol. Na crônica esportiva, podem ser citados nomes como Fortunato Pinto Júnior, que assinava textos apimentados sob o pseudônimo de Malagueta, e Plínio Barreto, com sua prosa memorialística, na coluna "No embalo da nostalgia", publicada por muitos anos no *Estado de Minas*. No rádio, narradores, repórteres e comentaristas se fixaram na memória coletiva com seus bordões, como o "vai buscar lá dentro" de Jota Júnior, o "adivinhe!" de Wilibaldo Alves e o "está rindo à toa", de Carlos César Pinguim. Sem falar nos personagens folclóricos do esporte que se aventuraram no jornalismo, como o goleiro Kafunga e seu sucessor, o artilheiro Dario, com suas narrativas sobre o futebol do passado e seu repertório de expressões jocosas que se imortalizaram na cultura popular. A lista poderia se prolongar, com as crônicas de Abílio Barreto sobre a história do futebol na cidade, na seção "Recordar é viver", da revista *Alterosa*; a coluna "Bitoque", espaço tradicional da charge e do humor; o estilo quase minimalista das narrações de Fernando Sasso na televisão; as memórias do estádio Independência narradas em livro pelo radialista Jairo Anatólio Lima.

Nesse sentido, é exemplar o caso de Fernando Pieruccetti, responsável por alguns dos objetos mais belos da exposição *Belo Horizonte F. C.*. Famoso como chargista esportivo desde a década de 1940, quando começou a criar as mascotes dos clubes mineiros, ele teve também um papel destacado na história das artes plásticas belo-horizontinas, participando do grupo que introduziu a arte moderna na cidade, nos anos de 1930. No ensaio "Futebol brasileiro, invenção modernista", exploro um pouco essas duas faces de seu trabalho, buscando demonstrar as relações de suas charges com as ideias, concepções estéticas e projetos político-culturais que circularam no cenário artístico e cultural brasileiro ao longo do século XX, particularmente o movimento modernista. E no ensaio "A cidade dividida nas charges de Mangabeira", retomo sua produção no jornalismo esportivo, utilizando suas charges como metáfora e fio condutor para discutir a história e as significações da rivalidade entre Atlético e Cruzeiro. Desse modo, fica evidenciado o quanto seu trabalho, tão presente no imaginário dos torcedores, é tributário das relações entre o futebol e as artes.

referências

COSTA, Eduardo; MARTINS, Kao. *Uma paixão chamada Itatiaia*: 50 anos de história. Belo Horizonte: Rádio Itatiaia, 2002.

LINHARES, Joaquim Nabuco. *Itinerário da imprensa de Belo Horizonte 1895-1954*. Belo Horizonte: Fundação João Pinheiro e Ed. UFMG, 1995.

OS MELHORES DO ESPORTE NOS 100 ANOS DE BELO HORIZONTE. Belo Horizonte: Prefeitura de Belo Horizonte, 1997.

VIEIRA, Ivone Luzia. Emergência do Modernismo. In: RIBEIRO, Marília Andrés; SILVA, Fernando Pedro da (Orgs.). *Um século de história das artes plásticas em Belo Horizonte*. Belo Horizonte: C/Arte e Fundação João Pinheiro, 1997.

WHITE, Hayden. O texto histórico como artefato literário. In: _____. *Trópicos do discurso*: ensaios sobre a crítica da cultura. São Paulo: Editora da Universidade de São Paulo, 1994.

ZILLER, Adelchi. *Enciclopédia do Atlético*. Belo Horizonte: Ed. Lemi, 1974.

5
a cidade dividida nas charges de Mangabeira

> *No futebol, cada clube não tem uma torcida, tem um partido organizado, e eles se aliam ou se separam conforme os azares do campeonato.*
>
> Carlos Drummond de Andrade
> (2002, p. 87)

Estado de Minas, 21 out. 1956.

Se o mundo do futebol pode ser visto como um grande teatro no qual se projetam os sentimentos de pertencimento, sofrimentos e aspirações de indivíduos e grupos sociais, o discurso jornalístico é, certamente, a principal instância em que essas significações são produzidas, compartilhadas e cristalizadas. Por isso, é no jornalismo esportivo que tenho concentrado as atenções, ao longo de minha trajetória como pesquisador, em busca de elementos que ajudem a compreender o complexo fenômeno cultural que se desenvolveu em torno do futebol no Brasil (cf. Silva, 2006; cf. Silva, 1997).

Após dispensar alguns anos à pesquisa sobre a construção e o funcionamento da mitologia esportiva nacional, que historicamente teve o Rio de Janeiro como seu palco principal, tenho me dedicado mais recentemente ao estudo do passado e do imaginário do futebol em Belo Horizonte, cidade onde nasci e continuo vivendo. Nessa investigação, inevitavelmente dispersa em diferentes momentos do século XX, as décadas de 1940 a 1960 acabaram se impondo como as mais significativas, por marcarem a consolidação da rivalidade entre Atlético e Cruzeiro, fato de inegável relevância na vida esportiva belo-horizontina e mineira. Para um breve panorama desse trabalho, pode servir como ponto de partida a história do surgimento das mascotes dos clubes e a produção do artista que as concebeu.

Os símbolos dos principais clubes de futebol de Belo Horizonte (o Galo para o Atlético, a Raposa para o Cruzeiro e o Coelho para o América[6]) foram criados pelo desenhista Fernando Pieruccetti (1910-2004), em 1945, para o jornal *Folha de Minas*, que tinha uma das seções esportivas mais vibrantes da imprensa mineira daquela época. No ano seguinte, o artista se mudou para o *Diário da Tarde* e, pouco depois, para o *Estado de Minas*, no qual continuou publicando por várias décadas. O surgimento das mascotes foi motivado pelo desejo de Álvares da Silva, secretário da *Folha de Minas*, de lançar charges parecidas com as que, na mesma época, o *Jornal dos Sports* publicava no Rio de Janeiro (o Flamengo era o Popeye, o Fluminense o Pó de Arroz, o Vasco o Almirante, o

---

6. O América, na verdade, começou sendo representado pelo Pato e só mais tarde passou a ser o Coelho.

Botafogo o Pato Donald e o América o Diabo). Ao pedido de Álvares da Silva, Fernando Pieruccetti, que era professor de desenho e ilustrador do suplemento literário e da página infantil do jornal, respondeu com a proposta de fazer as mascotes no espírito das fábulas de Esopo e La Fontaine, mas utilizando animais da fauna brasileira. Desse modo, Mangabeira fez os desenhos, não só para as mascotes de Atlético, Cruzeiro e América, mas também para diversos outros clubes da capital e do interior do estado (cf. Galuppo, 2003, p. 77-78; cf. Ziller, 1974, p. 221-223).

Estado de Minas, 14 jan. 1968.

A inspiração para a escolha dos bichos vinha, em grande medida, de elementos que já faziam parte da imagem dos clubes: o Atlético, com sua fama de "bom de briga" e seu uniforme preto e branco, que lembrava um galo da raça carijó, seria o Galo; o Cruzeiro, que costumava ter dirigentes italianos de incomparável esperteza para os negócios (como Mário Grosso, presidente da época), seria a Raposa; o América seria o Coelho, que era o sobrenome de vários diretores do clube e combinava com a sua personalidade "fagueira"; o Villa Nova, de Nova Lima, seria o Leão, pois "fazia os adversários sentirem-se em seu estádio como leões na arena"; o Siderúrgica, criado em Sabará por funcionários da Usina Belgo-Mineira, seria a Tartaruga, com sua carapaça dura como aço; e assim por diante (Galuppo, 2003, p. 78).

Desde o seu nascimento, portanto, os bichos de Mangabeira capturavam algumas das significações, tendências e possibilidades de desenvolvimento futuro que estavam em jogo naquele momento da história esportiva da cidade. O Atlético, forte desde as primeiras décadas do século e cada vez mais querido pelos torcedores das classes populares, e o Cruzeiro, que com astúcia e perseverança vinha se tornando cada vez mais poderoso, já começavam a cultivar a rivalidade ritual que dividiria a cidade ao meio, duas décadas depois. Enquanto isso, o América se encontrava em um lento processo de decadência, que começou na década de 1930 e se completou apenas nos anos de 1960. O combate fabuloso entre o Galo, que defende bravamente seu terreiro das ameaças externas, e a Raposa, bicho atilado que busca com astúcia invadir o território inimigo, foi logo assimilado pelos adeptos de ambos os clubes. Conta-se, por exemplo, que Zé do Monte, ídolo do Atlético nas décadas de 1940 e 1950, costumava entrar em campo com um galo debaixo do braço. Em resposta, a torcida cruzeirense prometia soltar uma raposa em campo, para caçar o bicho de Zé do Monte.

  Mas a história da rivalidade entre Atlético e Cruzeiro não pode ser contada sem um recuo às primeiras décadas do século, quando a recém-fundada nova capital do estado dava seus primeiros passos. Já nesses anos iniciais, a prática de esportes como o turfe e o ciclismo fazia parte da vida belo-horizontina, como componente de um imaginário de sofisticação e modernidade que inspirou o projeto de construção da cidade. Os primeiros clubes de futebol surgiram em 1904, com a chegada de Victor Serpa, um estudante de família abastada que vinha de uma temporada na Europa, trazendo as últimas novidades da metrópole. O Atlético, fundado em 1908, e o América, criado em 1912, foram os principais clubes desse primeiro momento da história futebolística de Belo Horizonte, e cultivaram entre si uma acirrada rivalidade, cuja significação principal estava no caráter elitista e de distinção social que o futebol emprestava a seus adeptos naquela época (cf. Couto, 2003; cf. Ribeiro, 2007). Entretanto, não demorou muito para que a popularização do esporte provocasse uma transformação nesse panorama. Entre os indícios da mudança, está o próprio surgimento do Palestra Itália, em 1921, por iniciativa de membros da colônia italiana da cidade, que era predominantemente formada por operários, artesãos, comerciantes, trabalhadores da construção civil etc. Outro momento de grande importância foi a criação da primeira liga profissional de futebol, em 1933, como resultado da presença cada vez maior de interesses econômicos de dirigentes e atletas, decorrentes da popularização do esporte. Enquanto Atlético e Palestra aderiram ao profissionalismo, seguindo uma tendência de crescimento e modernização que se manifestava em diversos campos da vida cultural belo-horizontina, o América permaneceu amador, capitulando ao profissionalismo apenas em 1943, fato que certamente interferiu de maneira decisiva em sua trajetória posterior.

Embora o Palestra já tivesse surgido como um clube forte, conquistando três títulos na década de 1920, o confronto entre Atlético e América continuou sendo considerado, por muito tempo, o principal clássico da cidade, recebendo da imprensa o epíteto de "clássico das multidões". Na década de 1930, marcada institucionalmente pela profissionalização, a hegemonia esportiva esteve sintomaticamente nas mãos do Villa Nova, clube que tem suas raízes ligadas aos operários da mina do Morro Velho, em Nova Lima. Nos anos 1940 e 1950, o Atlético se manteve sempre no primeiro plano, enquanto o América continuava em lenta decadência e o Cruzeiro em progressiva ascendência. A única exceção foi o ano de 1948, quando o América conquistou o título estadual diante do Atlético, em um confronto antológico que pode ser considerado como o último avatar da grande rivalidade que houve entre os dois clubes nos primeiros decênios do século. Foi apenas na década de 1960 que o Cruzeiro passou a ser amplamente considerado como o principal rival do Atlético, conquistando títulos importantes e ampliando sua torcida graças a um time sensacional, formado por craques como Tostão, Dirceu Lopes e Piazza.

A decadência do América e a consolidação da rivalidade entre Atlético e Cruzeiro foram fartamente registradas e comentadas por Mangabeira, em seus desenhos para o *Estado de Minas*. Como no início de 1968, quando uma curiosa série de charges lamenta a agonia do Coelho, contrapondo-a à supremacia que Galo e Raposa vinham exercendo na eterna luta entre os bichos do futebol mineiro. Em 20 de janeiro daquele ano, por exemplo, o desenho de um globo terrestre dominado por Galo e Raposa, enquanto o Coelho levita para o "outro mundo" onde estão os bichos "que também já morreram", vem acompanhado de uma longa legenda que começa assim: "o Super-Coelho entra hoje, definitivamente, no esquecimento. Já foi enterrado e agora pertence ao mundo dos mortos. Enquanto na terra todos falam na eterna briga do Galo com a Raposa, o Super-Coelho caminha para o Além..."

Estado de Minas, 20 jan. 1968.

Na criação das mascotes, como vimos, Mangabeira se inspirou em determinados elementos que já faziam parte do imaginário esportivo da cidade, trazendo para a simbologia dos bichos muitas das significações que já estavam projetadas nos clubes naquele momento. Além da referência ao uniforme do clube – listrado como um galo carijó –, o Galo de Mangabeira remetia à mística do "vingador", cultivada pelo Atlético desde os seus primeiros anos e ressignificada com a popularização do clube a partir dos anos de 1930. Da história de uma sequência de jogos em 1913, contra o Granbery de Juiz de Fora, a fama de vingador se transmutou na mística da raça e da paixão desmedidas, que hoje é marca registrada do time e da torcida atleticana.

A escolha da Raposa como símbolo do Cruzeiro, por sua vez, fazia referência à trajetória de muitos dos membros da colônia italiana em Belo Horizonte, cuja astúcia para os negócios possibilitou a ascensão às camadas privilegiadas da população da cidade. Ao lado dessa astúcia, que emula uma racionalidade prática típica do capitalismo, o trabalho e a perseverança também marcaram a trajetória daqueles imigrantes e compõem o cerne da mitologia do clube. Na narrativa das tradições cruzeirenses, dispersa nas diversas publicações que falam sobre sua história, esse traço herdado da origem é constantemente lembrado, como justificativa para o crescimento paulatino e constante da agremiação ao longo do século XX.

Metaforizada pela eterna luta dos dois bichos na disputa pelo terreiro belo-horizontino, a rivalidade ritual entre Atlético e Cruzeiro parece, então, opor dois conjuntos diferenciados de representações e valores, por meio dos quais se constroem duas imagens distintas. Se hoje ambos os clubes reivindicam para si o atributo "popular", não há dúvidas de que se trata de duas formas diferentes de ser popular. O Atlético, com sua mitologia da raça e da paixão desmedida, parece reafirmar a diferença de um povo passional, intuitivo e sofredor, personificando a heterogeneidade e as energias incontroláveis das massas e sua resistência ao processo de modernização. O Cruzeiro, por sua vez, reforça o vetor desse processo com suas raízes na ação dos próprios europeus como agentes modernizantes e seu ideário marcado por valores e atributos como trabalho (o próprio fundamento do sistema capitalista), perseverança, astúcia e sucesso.[7] Essas significações reverberam, de forma diluída e disseminada, em inúmeros discursos da cultura esportiva belo-horizontina. A fundação do Atlético por um grupo de estudantes de boa família é contada como um momento de rebeldia inconsequente de garotos que mataram aula para se encontrar no coreto do Parque Municipal. O ambiente social elitista dos primeiros anos é amenizado pela figura acolhedora de Dona Alice Neves, mãe de um dos fundadores que acolhia os primeiros encontros do grupo e é tomada como símbolo de um clube que "soube se abrir para o mundo" e "foi generoso com os torcedores que bateram à sua porta" (Galuppo, 2003, p. 41). No panteão dos grandes ídolos atleticanos, destacam-se figuras como o humilde e folclórico Dario Peito de Aço e o negro Ubaldo, que fazia "gols espíritas" na década de 1950 e foi carregado pela massa do estádio Independência até o centro da cidade após um jogo em 1955. Mediação social e potencial de conflito se fundem na mitologia do Galo de uma forma semelhante à que, dentro de certa tradição cultural, tem sido identificada como característica definidora da identidade nacional brasileira.

Do outro lado da fronteira simbólica que divide a cidade ao meio, na galeria de heróis cruzeirenses, os craques do gramado (muitos deles de origem italiana) dividem as glórias com dirigentes quase tão celebrados quanto os próprios jogadores. Como os pioneiros Aurélio Noce e Antonio Falci, e depois Mário Grosso, Felício Brandi, Carmine Furletti etc. A trajetória histórica do Cruzeiro é vista como uma linha

---

7. Como referência para a discussão teórica sobre as relações entre a cultura popular urbana e o processo de modernização nas sociedades periféricas, ver Canclini (1997), Hall (2003) e Martín-Barbero (1997).

contínua de ascensão, "sem lances de heroísmo pungentes" e marcada pela "simplicidade de um trabalho constante e reiterado" (Santana, 2003, p. 32). Trabalho, racionalidade e sucesso, portanto, fundem-se na mitologia cruzeirense para compor uma imagem heroica do popular, evocando a ideia da multidão de trabalhadores que marcha triunfalmente em direção ao progresso.

Os ecos dessas significações ainda se fazem presentes na cena contemporânea. Se a torcida do Atlético é fiel e apaixonada, a do Cruzeiro é exigente, ranzinza, acostumada a cobrar o desempenho de seu time. À possessão da "Galoucura", encarnando a paixão atleticana, o Cruzeiro opõe a organização e a diligência de sua "Máfia Azul". No universo da administração dos clubes, o Atlético tem uma mentalidade quase populista, dependendo de um líder forte e carismático como Alexandre Kalil, capaz de superar a corrupção e o desmando e entrar em sintonia com a massa. Enquanto isso, o Cruzeiro vive os benefícios de uma sequência de boas administrações, encabeçadas pelos irmãos Perrella. Dentro de campo, o rebaixamento do Atlético para a série B do Campeonato Brasileiro e a volta para a série A, em 2005 e 2006, foram vividos dramaticamente, como mais um episódio de superação. Ao passo que a "tríplice coroa" do Cruzeiro, com a conquista do Campeonato Mineiro, da Copa do Brasil e do Campeonato Brasileiro em 2003, foi mais uma "página heroica" na trajetória cruzeirense.

Estado de Minas, 16 out. 1956. *Estado de Minas*, 9 dez. 1958.

Curioso notar, no entanto, que a simbologia dos clubes captada pelo traço de Mangabeira elide certos elementos que, de certa forma, apontam para o caráter de artifício dessa tradição inventada.[8] Na história atleticana, por exemplo, é difícil assimilar a origem elitista dos garotos que fundaram o clube em 1908. Por isso, o acontecimento tem que ser deslocado e transformado pelas narrativas da tradição em um lance de rebeldia, que já prefigurava a identidade que o clube consolidaria ao longo do século. E, na trajetória do Cruzeiro, é flagrante o incômodo que se manifesta nos relatos sobre o momento traumático vivido pelo clube em 1942, quando foi forçado a mudar de nome por um decreto do governo federal que proibia referências aos países do Eixo, em um episódio cercado por um pesado clima de animosidade contra os membros da colônia italiana em Belo Horizonte. Com sua referência aos céus brasileiros, a escolha do novo nome do clube deixa entrever o caráter problemático do processo de integração dos imigrantes italianos na sociedade brasileira, projetado na necessidade imposta pela guerra de optar entre a fidelidade às origens e a assimilação por uma nova comunidade nacional.

Assumindo algum risco (pelo menos o de ser censurado por ambas as torcidas), seria possível dizer que essas duas narrativas de tradição clubística se assemelham na ambiguidade, oferecendo à sociedade duas alternativas para a solução simbólica do conflito entre o povo e as elites, necessária ao processo de modernização: a ideologia populista da mediação e do pacto social, investida no Atlético, e a ideologia liberal-capitalista da ascensão pelo trabalho, encarnada no Cruzeiro.

Desse ponto de vista, ao invés de uma simples oposição, a rivalidade entre Atlético e Cruzeiro pode ser vista como uma complementaridade. Tornados populares, os dois clubes mantêm uma relação especular. O Atlético inveja e busca a racionalidade cruzeirense, enquanto o Cruzeiro tem ciúmes

---

8. Para a discussão teórica sobre o papel da memória e do esquecimento na constituição das narrativas identitárias, ver Bhabha (1998), Hobsbawm & Ranger (1984) e Pollak (1989).

da paixão e da fidelidade da torcida atleticana. Os rojões preparados para uma vitória que não chegou hoje poderão sempre ser utilizados na derrota do rival amanhã.

De certo modo, essa opção interpretativa mais radical nos lembra que, mesmo se estiver fundamentada na experiência dos grupos sociais que se envolveram com os clubes ao longo de sua história, qualquer interpretação da rivalidade entre Atlético e Cruzeiro terá algo de abusivo e suplementar. As histórias do futebol e da vida são sempre mais complexas do que os mitos identitários e as construções historiográficas. É preciso reconhecer que tende para o esquematismo qualquer tentativa de "explicar" o universo futebolístico por meio do enquadramento, da classificação e da oposição clara e coerente dos signos esportivos. Porque o futebol, como esporte, espetáculo e universo comunicacional, extrai sua eficácia justamente da capacidade de produzir narrativas que se cruzam, diversificam e desdobram, ao sabor das circunstâncias e das posições enunciativas. É bastante oportuna, portanto, a advertência dada por José Miguel Wisnik, em seu livro sobre o futebol, sugestivamente intitulado *Veneno remédio*:

> A divisão da população de uma cidade em times rivais, claramente dualizada em algumas cidades, como acontece com Grêmio e Internacional em Porto Alegre, Atlético e Cruzeiro em Belo Horizonte, e Bahia e Vitória em Salvador, obedece, para além dos perfis sociológicos, a uma necessidade antropológica: a de se dividir em "clãs totêmicos" mesmo no mundo moderno, e disputar ritualmente, num mercado de trocas agonísticas, o primado lúdico-guerreiro, como se não fosse possível ao grupo social existir sem suscitar por dentro a existência do outro – o rival cuja afirmação me nega me afirmando. (Wisnik, 2008, p. 51)

A rivalidade especular entre Atlético e Cruzeiro tem a ver, certamente, com essa "necessidade antropológica" de afirmação e negação do outro, como condição para a realização do jogo social por meio do qual se dá circulação dos poderes, sentidos e valores em uma coletividade. Presente tanto na política quanto no esporte, essa necessidade antropológica do jogo e da rivalidade pode, ou não, encontrar expressão contextualizada mais definida, com contornos razoavelmente legíveis. De qualquer modo, as tensões e os antagonismos sociais estarão sempre presentes, estabelecendo configurações que desafiam a interpretação.

referências

ANDRADE, Carlos Drummond de. *Quando é dia de futebol*. Rio de Janeiro: Record, 2002.
BARRETO, Plínio; BARRETO, Luiz Otávio Tropia. *De Palestra a Cruzeiro*: uma trajetória de glórias. Belo Horizonte: [s.ed.], 2000.
BHABHA, Homi K. Disseminação: o tempo, a narrativa e as margens da nação moderna. In: _____. *O local da cultura*. Belo Horizonte: Editora UFMG, 1998.
CANCLINI, Néstor García. *Culturas híbridas*: estratégias para entrar e sair da modernidade. São Paulo: EDUSP, 1997.
COUTO, Euclides de Freitas. *Belo Horizonte e o futebol*: integração social e identidades coletivas (1897-1927). Belo Horizonte: PUC Minas, 2003. Dissertação (Mestrado em Ciências Sociais).
GALUPPO, Ricardo. *Raça e amor*: a saga do Clube Atlético Mineiro vista da arquibancada. São Paulo: DBA Artes Gráficas, 2003.
HALL, Stuart. Notas sobre a desconstrução do "popular". In: _____. *Da diáspora*: identidades e mediações culturais. Belo Horizonte: Editora UFMG, 2003.
HOBSBAWM, Eric; RANGER, Terence (Orgs.). *A invenção das tradições*. Rio de Janeiro: Paz e Terra, 1984
MARTÍN-BARBERO, Jesús. *Dos meios às mediações*: comunicação, cultura e hegemonia. Rio de Janeiro: Editora UFRJ, 1997.
POLLAK, Michael. Memória, esquecimento, silêncio. *Estudos Históricos*. Rio de Janeiro, v.2, n.3, 1989.

SANTANA. Jorge. *Páginas heróicas*; onde a imagem do Cruzeiro resplandece. São Paulo: DBA Artes Gráficas, 2003.

SILVA, Marcelino Rodrigues da. *Mil e uma noites de futebol*: o Brasil moderno de Mário Filho. Belo Horizonte: Ed. UFMG, 2006.

_____. *O mundo do futebol nas crônicas de Nelson Rodrigues*. Belo Horizonte: Faculdade de Letras da UFMG, 1997. Dissertação (Mestrado em Letras – Estudos Literários).

RIBEIRO, Raphael Rajão. *A bola em meio a ruas alinhadas e a uma poeira infernal:* os primeiros anos do futebol em Belo Horizonte (1904-1921). Belo Horizonte: Faculdade de Filosofia e Ciências Humanas da UFMG, 2007. Dissertação (Mestrado em História).

WISNIK, José Miguel. *Veneno remédio*: o futebol e o Brasil. São Paulo: Companhia das Letras, 2008.

ZILLER, Adelchi. *Enciclopédia do Atlético*. Belo Horizonte: Ed. Lemi, 1974.

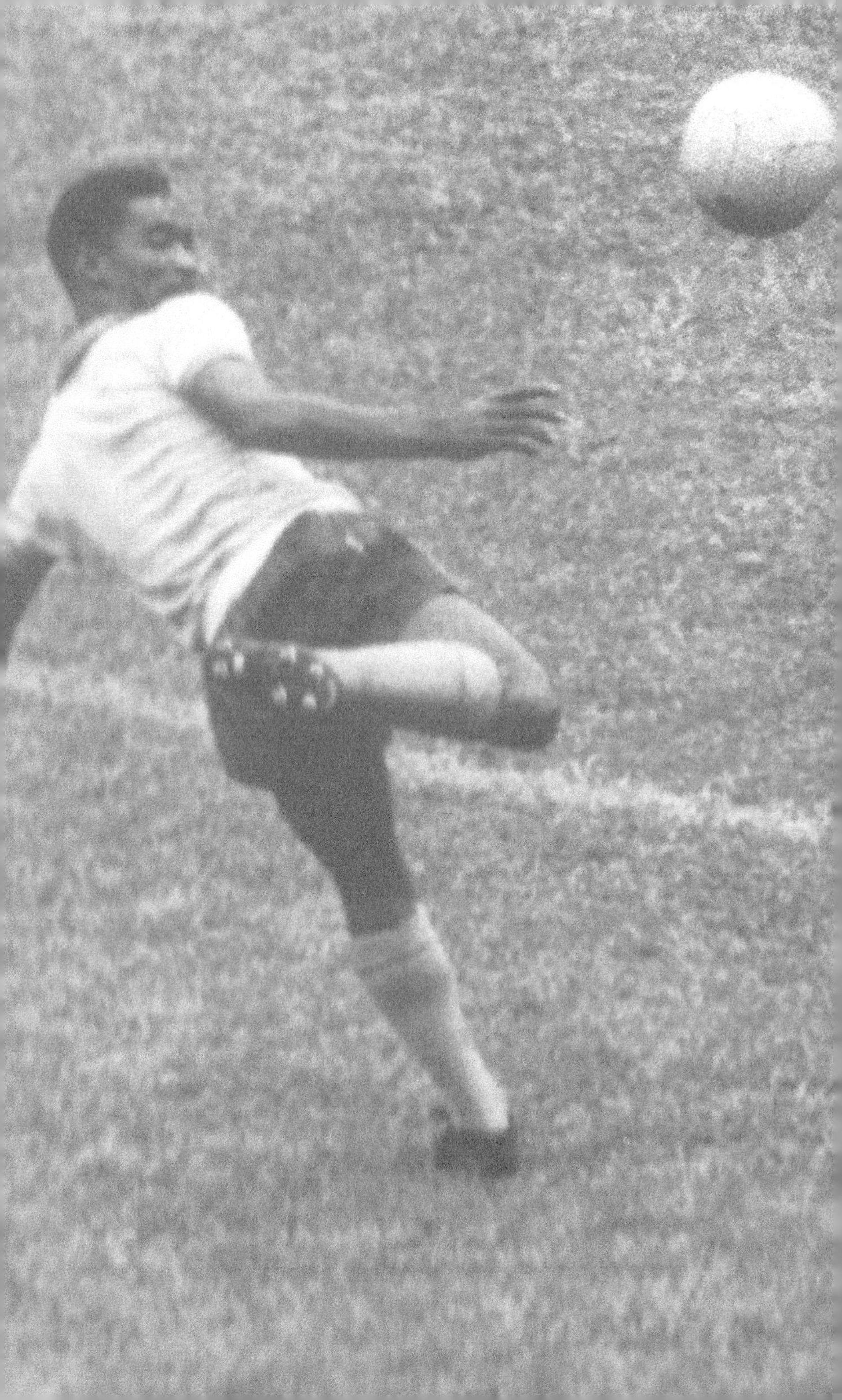

PARTE 3

mesa redonda

1
ao vivo e em cores: a experiência midiática do esporte

No livro *Histórias do Flamengo*, publicado por Mário Rodrigues Filho em 1946, há uma crônica curiosa, que dá margem a algumas reflexões interessantes a respeito do complexo fenômeno de comunicação que se processa em torno do futebol em nossa sociedade. A crônica se chama "O poeta cego do Flamengo" (Rodrigues Filho, 1966, p. 260-263) e fala de um certo Ascânio da Silva, um cego que é apaixonado pelo futebol e escreve poemas para seu time. O personagem acompanha assiduamente os jogos pelo rádio, por meio da narração de Ary Barroso, e sabe com precisão todos os detalhes de cada partida. "Ao pé do rádio ele não era cego, era igual a qualquer ouvinte". A devoção de Ascânio da Silva pelo Flamengo é tanta que, mesmo sendo cego, ele chega ao extremo de colecionar, em um álbum, fotos que registram os momentos mais importantes da vida de seu clube.

O simples fato, aparentemente paradoxal, de que exista um cego aficionado pelo futebol já dá o que pensar. Se procurarmos nos dicionários pelo verbete "esporte", encontraremos algo como: "o conjunto de exercícios físicos praticados com método, individualmente ou em equipes". A princípio, portanto, um esporte como o futebol é para ser praticado, para ser jogado. Mas o futebol é, em nossa sociedade, mais do que isso. Ele é um "espetáculo esportivo". Ao se transformar em espetáculo, o futebol deixa de ser uma atividade para ser praticada e se torna algo que é para ser visto. Umberto Eco, no artigo "A falação esportiva", chama esse fenômeno de "esporte ao quadrado":

> O esporte, de jogo que era jogado em primeira pessoa, se torna uma espécie de discurso sobre o jogo, ou seja, o jogo enquanto espetáculo para os outros, e depois o jogo enquanto jogado por outros e visto por mim. O esporte ao quadrado é o espetáculo esportivo. (Eco, 1984, p. 222)

Para Eco, a prática esportiva abriga em si dois componentes. Um componente "negativo", pois a atividade esportiva é um gasto de energia física que não tem utilidade prática, é um desperdício que reduz o homem à sua animalidade; e um componente "positivo", de afirmação da sociabilidade do homem através da competição saudável: "as competições desenvolvem e controlam a competitividade, transformam a agressividade original em sistema, a força bruta em inteligência" (Eco, 1984, p. 222). No esporte ao quadrado, também chamado por Eco de "voyeurismo esportivo", é principalmente o componente negativo que se mantém, o que faz com que ele desempenhe, sobretudo, a tradicional função circense:

> O elemento de disciplina da competitividade, que no esporte praticado tinha os dois aspectos, do aumento e da perda da própria humanidade, no voyeurismo esportivo tem um só, o negativo. O esporte se apresenta, então, como tem sido durante séculos, qual *instrumentum regni*. São coisas óbvias: os *circenses* freiam as energias incontroláveis da multidão. (Eco, 1984, p. 223)

A ideia de que a função primordial do futebol em nossa sociedade é a de espetáculo circense, de substituto do discurso político, tem provocado, no entanto, alguma polêmica. O antropólogo Roberto DaMatta, por exemplo, em seu famoso ensaio "Futebol: ópio do povo ou drama de justiça social?", defende a tese de que, ao invés de desperdiçar energias que deveriam estar voltadas para o jogo político, o que a multidão de futebolistas brasileiros faz, ao se jogar com tamanho ímpeto no universo esportivo, é justamente exercitar essas energias em um campo em que ela pode vivenciar, mais do que nas instituições políticas, a democracia e a horizontalidade social. Assim, o futebol, no Brasil, "além de ser um esporte, é também uma máquina de socialização de pessoas, um sistema altamente complexo de comunicação de valores essenciais" (DaMatta, 1986, p. 118). O próprio Umberto Eco não se mostra tão certo de que o espetáculo esportivo seja apenas um "sucedâneo da política", pois diz também que o discurso sobre o esporte acaba por desempenhar uma "função fática", mantendo "em exercício a possibilidade de comunicação, para fins de outras e mais substanciais comunicações" (Eco, 1984, p. 225).

Sem nos determos na polêmica sobre a função circense do esporte, o que queremos reter dessa discussão é que o futebol, tal como o conhecemos e vivemos, é acima de tudo um espetáculo, algo para ser visto, e não para ser jogado. Torna-se bastante significativo, assim, que a crônica de Mário Filho nos coloque diante de um futebolista cego, que comenta os jogos e compõe hinos para seu clube, ajudando a alimentar a formidável máquina de fabricação de discursos sobre o esporte.

Como dissemos, é através de narrações radiofônicas que o cego Ascânio da Silva toma contato com o futebol. E ele não só acompanha os jogos pelo rádio como também se dispõe a discuti-los, baseado em sua fé na voz do locutor. Em um certo momento da crônica, o poeta cego do Flamengo comenta com seu amigo Moreira Leite, personagem folclórico da história do futebol carioca:

> – Que juiz ladrão, heim, Moreira Leite? O Chico ajeitou a bola com a mão, o juiz não viu. Só um cego é que não podia ver um *hands* escandaloso daqueles. E o *off-side* do Djalma? O Djalma na banheira, o juiz não queria era mesmo ver.

Para o cego Ascânio da Silva, assim como para toda a multidão de aficionados que acompanhava os jogos pelo rádio, o campo de percepção por meio do qual o futebol era apreendido havia se deslocado do visual (o olhar em direção ao campo) para o auditivo (o ouvido "ao pé do rádio"). Através das narrações radiofônicas, o futebol não era mais para ser visto, e sim para ser ouvido. O esporte vivido pelo ouvinte radiofônico não era mais o jogo propriamente dito, mas sua narração. O acontecimento e sua representação se misturavam e se confundiam. É o que Umberto Eco (1984, p. 223) chama de "esporte ao cubo": o "esporte ao quadrado (...) engendra um esporte ao cubo, que é o discurso sobre o esporte enquanto assistido: esse discurso é em primeira instância o da imprensa esportiva".

Para o torcedor que acompanha o futebol pelo rádio, a percepção dos acontecimentos se dá, então, de uma maneira indireta, por meio da mediação do jornalismo esportivo radiofônico. A fala do ouvinte de rádio sobre o esporte não é mais um discurso de segundo grau, mas de terceiro: um discurso verbal sobre outro discurso verbal, este sim sobre o discurso gestual do jogo. Essa mudança de nível traz, obviamente, certas consequências, que a crônica de Mário Filho nos mostra com precisão. Vez por outra, o amigo Moreira Leite procurava corrigir as "observações" do cego Ascânio, que retrucava com uma certeza que nem mesmo ele, testemunha ocular do jogo comentado, podia ter: "É tal a convicção do Ascânio da Silva, que o Moreira Leite fica na dúvida. Será que ele não viu direito?"

O fato de não poder ver a partida, mas apenas ouvi-la pelo rádio, produz no torcedor uma compulsão pela apropriação da "verdade" esportiva e uma relação de confiança com o narrador. Esse desejo de tomar posse dos fatos se manifesta de modo enfático nos comentários sobre o álbum de fotografias de Ascânio. O álbum era a prova de que ele, mesmo cego, vivia integralmente o futebol, e por isso a autenticidade das fotos era de fundamental importância.

– Moreira Leite, como é que você me mandou o time do Flamengo sem a faixa? Os jogadores estão sem a faixa e falta o Jarbas. O Jarbas também é campeão, Moreira Leite.

Moreira Leite sente-se envergonhado. Ele pensara que, para um cego, tanto fazia um fotografia do time com a faixa ou sem a faixa.

Do nosso ponto de vista, interessado em compreender as especificidades da experiência midiática do esporte, a confiança do ouvinte radiofônico nas palavras do locutor é o ponto crucial. O caráter secundário da percepção que o ouvinte tem do jogo implica numa descaracterização daquilo que Umberto Eco definiu como "esporte ao quadrado" e gera um outro tipo de experiência, que cumpre analisar.

Em outro livro de Mário Filho, a coletânea *O sapo de Arubinha*, que reúne textos originalmente publicados entre 1955 e 1958, há uma outra crônica que ilustra bem o modo como essa confiança do ouvinte radiofônico no locutor pode se tornar problemática. A crônica, intitulada "Brasil vs Itália de 38" (Rodrigues Filho, 1994, p. 55-59), conta a história de um jogo da Copa do Mundo daquele ano, concentrando-se, sobretudo, nas expectativas da partida e na maneira como ela foi experimentada pelos brasileiros, por meio da narração do *speaker* Gagliano Netto. No dia do jogo, que era decisivo, os ânimos entre os brasileiros e os italianos que aqui viviam estavam bastante exaltados e toda a nação estava "ao pé do rádio". Em um trecho curiosíssimo, o cronista mostra que o pacto de confiança entre locutor e ouvinte podia ser quebrado, revelando, ao mesmo tempo, uma série de artifícios do "tratamento" a que os acontecimentos do jogo eram submetidos pela narração:

> Até o primeiro gol da Itália ninguém notou nada. Quando, porém, o Brasil começou a perder, notou-se, notamos, notastes, notaram que Gagliano Netto não estava vibrando como devia vibrar. Que parecia que, para Gagliano Netto, não era o Brasil que jogava. Ou por outra: que parecia que,

para Gagliano Netto, o importante era a Itália. O Gagliano do nome de Gagliano Netto deu na vista: era filho de italiano, filho de italiano era italiano. (...) E então o ouvinte tomou conta da entonação de Gagliano Netto, procurou guardar-lhe as palavras, esperou um gol da Itália, outro, para ver como Gagliano Netto pronunciava a palavra "gol". Se a dizia ou se a gritava, se a encurtava ou alongava.

E foi Gagliano Netto que introduziu, entre os espíqueres, esse gol engolido. (...) Talvez para fazer esquecer os gols da Itália, gritados, que foram gritados, esticados, quem sabe não tanto quanto um gol do Brasil que se alongava toda a vida num agudo de Caruso ou de Claudia Muzzio. Num gol do Brasil a gente podia ir tirar a champanhe da geladeira, abri-la, bebê-la, e o espíquer ainda estava estertorando o gol. Tinha de haver uma diferença entre um gol do Brasil e um gol de outro país qualquer. Não se pôde observar essa diferença naquele Brasil x Itália: o gol do Brasil viria tarde, para 2 x 1, o jogo no fim. E assim mesmo Gagliano Netto gritou-o, berrou-o. Não adiantou de nada: era já um suspeito. Gritara dois gols da Itália e em cada grito se vislumbrou uma satisfação italiana pelo menos de segunda geração.

E o que era mais grave: não chamou o juiz de ladrão quando foi marcado o pênalti contra o Brasil.

A leitura desse trecho da crônica de Mário Filho nos leva, inevitavelmente, a algumas conclusões: 1) o pacto de confiança entre locutor e ouvinte se baseia menos no compromisso de verdade da imprensa do que no sentimento de co-participação, no sentimento de estar do mesmo lado do jogo, como no caso de Ascânio da Silva e Ary Barroso, um flamenguista "doente"; 2) esse pacto de confiança pode ser problemático e gerar dúvidas, no caso da posição do locutor ser duvidosa ou francamente contrária à do ouvinte; 3) existe todo um repertório de procedimentos de tratamento dos acontecimentos do jogo. Os elementos desse repertório podem ser codificados (como no grito de gol), possibilitando uma compreensão fiel do acontecimento e, ao mesmo tempo, uma interpretação co-participativa, ou não (como nos comentários do locutor sobre o juiz que marca um pênalti), gerando dúvidas e ausência de fidelidade na informação. Nesse último caso, o tratamento dado pelo locutor aos acontecimentos do jogo pode se aproximar da trucagem e da desinformação.

A mediação do locutor esportivo nas transmissões radiofônicas é, portanto, um afastamento entre o público e os acontecimentos. A informação passa a depender de fatores de interpretação e, por isso, pode se tornar pouco confiável. Mas nem por isso a experiência do ouvinte é menos capaz de envolvê-lo na atmosfera do jogo e de fazê-lo co-participar do acontecimento esportivo. A importância do pacto de confiança entre locutor e ouvinte é tal que, a ser traído e ouvir o jogo pela voz de alguém que não vê como ele veria, o torcedor prefere não ouvir. É por isso que, na crônica de Mário Filho, quando Gagliano Netto narra um gol da Itália, o ouvinte imaginário se desliga dos acontecimentos da forma mais violenta possível:

> Foi nesse momento que um ouvinte não teve dúvida: foi lá dentro, apanhou o revólver e despejou as balas no rádio.
> Lá se sumiu, definitivamente, para aquele ouvinte, a voz de Gagliano Netto. O jogo que se disputava em Marselha e que, para a gente, ao pé do rádio, parecia aqui, voltou para Marselha, longínqua, inalcançável.

Se o futebol vivenciado por Ascânio da Silva na crônica "O poeta cego do Flamengo" é o "esporte ao cubo", o discurso que Ascânio produz sobre o futebol é um discurso sobre a imprensa esportiva. Sua fala configura aquilo que Umberto Eco chamou de "o esporte elevado à *enésima* potência", pois ele caiu numa engrenagem sem travas, tornando-se apenas um pretexto para uma produção virtualmente infinita de novos discursos:

> Portanto o esporte como prática não mais existe, ou existe por motivos econômicos (...) e existe apenas a falação sobre a falação do esporte: a falação sobre a falação da imprensa

esportiva representa um jogo com todas as suas regras: basta escutar aquelas transmissões radiofônicas de domingo de manhã onde se finge (elevando o esporte à *enésima* potência) que alguns cidadãos reunidos no barbeiro conversam sobre esporte. (Eco, 1984, p. 224)

Nos dias de hoje, embora o hábito de acompanhar o futebol pelo rádio não tenha sido abandonado, boa parte do espaço que era ocupado por essa mídia na vida esportiva da multidão de futebolistas foi tomado pela televisão. O futebol se tornou um programa de TV e o campo perceptivo por meio do qual ele é experimentado voltou a ser o visual. Devemos nos perguntar, então, se isso não terá trazido de volta o "esporte ao quadrado". Pois, a princípio, poderíamos pensar que a mediação da câmera de televisão é menos sujeita a distorções e apenas reproduz a experiência do torcedor que vai ao campo. Se o ouvinte de rádio, para aceitar a informação que recebe, precisa de um pacto de confiança com o locutor e sabe que esse pacto pode ser rompido, para o espectador de TV não se trata de ter fé em algo que alguém lhe diz, mas de acreditar em seus próprios olhos. Mas, será realmente neutra e livre da trucagem a mediação do futebol pela televisão? Podemos realmente confiar em nossos olhos?

Para responder a essas perguntas, consideremos inicialmente as transmissões "ao vivo", em que o espetáculo esportivo é levado ao espectador em sua totalidade e em "tempo real", com o auxílio dos satélites e redes retransmissoras. Embora a impressão seja a de que a imagem que chega ao espectador é bastante confiável, dando a ele uma percepção bem próxima à do torcedor que vai ao campo, não é exatamente isso o que acontece. Marcel Pagnol, citado por Paul Virilio no livro *Guerra e cinema*, mostra que a perspectiva da câmera é, na verdade, uma redução da multiplicidade de pontos de vista sob os quais um acontecimento pode ser observado:

> Em um teatro, mil espectadores não podem sentar-se no mesmo lugar e logo podemos afirmar que nenhum dentre eles assistirá à mesma peça. (...) O cinema resolve este

problema, pois o que cada espectador vê, onde quer que ele esteja sentado na sala, (...) é exatamente a imagem que a câmera focalizou. (...) Não mais existem mil espectadores (ou milhões, se juntarmos todas as salas), agora existe não mais de um único espectador, que vê e escuta exatamente o que a câmera e o microfone registram. (*apud* Virilio, 1993)

A perspectiva única da câmera é, portanto, uma redução dos diferentes ângulos e possibilidades que o torcedor teria se estivesse no estádio. Certas nuances do jogo estão inevitavelmente fora de seu alcance: a disposição tática dos atletas por todo o campo, os movimentos sem bola de jogadores que participam da jogada fora de seu enquadramento, os detalhes que um determinado ângulo de observação permite enxergar e que outro não permite etc. Sem falar nos momentos em que a câmera ou o editor de imagens se perdem e não conseguem acompanhar a jogada. Na tentativa de superar essas limitações, as estações de televisão se entregam a esforços que beiram o delírio tecnológico dos filmes de ficção científica: várias câmeras posicionadas em diversos ângulos, microfones próximos ao gramado, *replays*, câmeras sobre trilhos ao longo do campo, imagens computadorizadas que verificam matematicamente a velocidade da bola, congelamento da imagem no momento do lançamento para apurar se o jogador se encontra em posição de impedimento... Mas o que todo esse aparato tecnológico faz é instaurar um excesso de luz cujo efeito pode ser o de uma cegueira, uma "obscenidade" de imagens que, por vezes, mais confunde do que esclarece. É o que acontece naqueles intermináveis debates, em que os comentaristas discutem se a decisão do juiz foi ou não correta, repetindo as imagens do lance diversas vezes e chegando a um veredicto que, para espanto do espectador, é exatamente o contrário do que as câmeras mostram.

Assim, as transmissões "ao vivo", embora aparentem ser fidedignas e capazes de oferecer uma visão mais aguda e completa dos acontecimentos, podem também ser traiçoeiras. Mas, a princípio, a trucagem, a distorção e a desinformação parecem estar descartadas e os juízos, opiniões e impressões dos narradores e comentaristas estão sempre sujeitos a serem checados e rejeitados pelo espectador, em função daquilo que seu olho vê.

Entretanto, se verificarmos estatisticamente que tipo de programação esportiva predomina na televisão e em quais programas os telespectadores colhem suas informações sobre o esporte, perceberemos que as transmissões "ao vivo" ocupam bem menos espaço do que a variedade de outros formatos. São os "gols da rodada", os "compactos", as entrevistas, as mesas redondas, os informativos esportivos e os quadros humorísticos que predominam e oferecem aos aficionados a oportunidade de vivenciar o futebol. Se mesmo nas transmissões "ao vivo" a fruição do esporte se afasta daquela experiência que Umberto Eco definiu como o "esporte ao quadrado", nesses outros tipos de programa esse distanciamento é muito mais evidente.

Vejamos, por exemplo, o caso dos "compactos", que reúnem os "melhores lances" de um jogo para possibilitar ao telespectador uma visão geral de seus acontecimentos mais importantes. Aqui, além de todos os artifícios tecnológicos utilizados nas transmissões "ao vivo", somam-se nada menos do que os recursos de corte e montagem. Citando Orson Welles, Paul Virilio (1993) nos lembra de que "a montagem é o único momento em que se pode exercer um controle absoluto sobre o filme". Em outra passagem de seu livro, o filósofo informa que durante a Segunda Guerra Mundial realizaram-se, a mando de Hitler, "filmes baseados exclusivamente em documentários jornalísticos absolutamente autênticos" destinados a "aterrorizar os espectadores estrangeiros e forçá-los a reconhecer a superioridade do exército alemão". Recortadas, montadas e sublinhadas pela narração, essas imagens deveriam "projetar sobre o espectador seu ritmo vibrante de um grande acontecimento histórico".

Se considerarmos que o esporte é, assim como a guerra, um campo essencialmente agonístico, que quase sempre envolve o público em um dos lados da competição, e que os recursos utilizados na montagem dos "melhores momentos" são rigorosamente os mesmos, veremos que os procedimentos descritos por Virilio podem e efetivamente são utilizados na produção dos "compactos". E que a função supostamente informativa desses programas pode muito bem se transmutar em trucagem, distorção e desinformação. O mesmo vale para os outros tipos de programa sobre o esporte, como os "gols da rodada", os informativos, as entrevistas e as mesas redondas, em que a seleção e a montagem são apenas alguns dos recursos que podem estar a serviço da desinformação e da imposição de uma determinada interpretação dos fatos. E essa interpretação estará sempre inserida no contexto agonístico do esporte, em que proliferam inevitavelmente os interesses e objetivos estratégicos.

Assim, a grande transformação que a televisão produz no intrincado fenômeno do espetáculo esportivo não é trazer de volta a experiência do "esporte ao quadrado", mas sim levar ao extremo aquele afastamento midiático já operado pelas transmissões radiofônicas, porém, com uma diferença: a televisão cria uma ilusão de realidade, pois o espectador julga estar vendo os acontecimentos com seus próprios olhos, quando, na verdade, os vê por meio do olho autoritário da câmera e do tratamento interpretativo de quem a dirige. Isso faz com que ele se torne mais passivo, menos co-participante, pois ele não sente que tem que reinterpretar a informação que recebe. O futebol, através da mediação autoritária da televisão, torna-se uma realidade cada vez mais distante, infinitamente distante, até se converter em um mundo constituído exclusivamente por imagens. Transformado em um universo de imagens pela TV, ele é a aberração do que Umberto Eco chamou de "esporte elevado à enésima potência".

O esporte atual é essencialmente um discurso sobre a imprensa esportiva: para além de três diafragmas está o esporte praticado, que no limite poderia não existir. Se por uma diabólica maquinação do governo mexicano e do senador

Brundage, aliados com as cadeias de televisão do mundo inteiro, as Olimpíadas não acontecessem, mas fossem contadas dia a dia e de hora em hora com imagens fictícias, nada mudaria no sistema esportivo internacional, nem os que falam de esporte se sentiriam logrados. (Eco, 1984, p. 223-224)

referências

DAMATTA, Roberto. Futebol: ópio do povo ou drama de justiça social?. In: _____. *Explorações* – ensaios de sociologia interpretativa. Rio de Janeiro: Rocco, 1986.

ECO, Umberto. A falação esportiva. In: _____. *Viagem na irrealidade cotidiana.* 9 ed. Rio de Janeiro: Nova Fronteira, 1984.

RODRIGUES FILHO, Mário Leite. *Histórias do Flamengo.* 3 ed. Rio de Janeiro: Record, 1966.

_____. *O sapo de Arubinha.* São Paulo: Companhia das Letras, 1994.

VIRILIO, Paul. *Guerra e cinema.* São Paulo: Editora Página Aberta, 1993.

2
a crônica de futebol e a imaginação do torcedor

A crônica de futebol é um animal jornalístico. Embora eventualmente ela possa aparecer na forma do livro, seu habitat natural é o jornal e a revista. É para eles que ela é produzida e, com raras exceções, é neles que ela encontra a maioria dos seus leitores. Mas a crônica (e não apenas a de futebol) é, nesse ambiente, uma ovelha negra, um tipo de texto bem diferente dos outros que ali habitam. Por isso, se quisermos entender o papel da crônica no grande fenômeno simbólico que é o futebol no Brasil, é importante pensar em suas relações com a tradição que esse gênero possui em nosso país.

Como na maior parte das outras seções do jornal, o que ocupa mais espaço nas páginas de esporte dos jornais e revistas são as matérias de cunho informativo. Textos orientados pelo ideal jornalístico de objetividade e compromisso com a verdade, nos quais encontramos uma linguagem que se pretende transparente, imune às distorções provocadas pelo ponto de vista de quem escreve. Como se fosse possível que os fatos se apresentassem, sem mediação, diante dos leitores.

Nas partes "sérias" do jornal, como política e economia, encontramos também outro tipo de texto, como os editoriais, artigos de fundo e colunas de opinião. Embora esteja claro que se trata de um ponto de vista, o que predomina aí é a lógica argumentativa, sustentada por uma linguagem que insere os fatos numa moldura analítica, deslocando a objetividade empírica da notícia para a objetividade do mundo visto por meio da razão. Nas páginas esportivas, esses textos encontram correspondência nas colunas dedicadas à avaliação dos jogos e campeonatos, ao comentário tático e técnico, às análises da estrutura administrativa do esporte. Na matéria informativa e no texto de opinião, o futebol é geralmente visto unicamente como um esporte. Mesmo sua dimensão de espetáculo é explorada apenas em seus aspectos objetivos, como a vida e a carreira dos jogadores, o comportamento das torcidas e os interesses políticos e econômicos dos dirigentes. A crônica, ao contrário, é o espaço em que a interpretação do futebol se vê livre para voos mais altos, transformando de modo radical a relação entre o texto e o acontecimento esportivo.

A crônica jornalística moderna surgiu na França, nas primeiras décadas do século XIX, nos espaços dos jornais denominados folhetins – primeiro o rodapé da página inicial e depois páginas e até cadernos inteiros dedicados ao entretenimento. Nos folhetins, cabia todo tipo de texto: do comentário sobre o noticiário "sério" até receitas de cozinha e beleza, passando pelo humor, pela crítica teatral, pela coluna social e pelas narrativas seriadas de ficção. No Brasil, o gênero desenvolveu características próprias, que desembocaram em uma sólida tradição, incluindo nomes como José de Alencar e Machado de Assis, em meados do século XIX, João do Rio e Lima Barreto, nas primeiras décadas do século XX, e depois Manuel Bandeira, Carlos Drummond de Andrade, Rubem Braga e tantos outros.

A crônica é geralmente definida como um gênero híbrido entre o jornalismo e a literatura, que dá um tratamento literário aos fatos que alimentam o noticiário dos jornais. Ela se caracteriza, portanto, por uma temática referencial, pois fala de acontecimentos que foram notícia ou de pequenos episódios vividos ou presenciados pelo autor. Qualquer assunto pode lhe servir como tema. Ela pode, inclusive, enveredar pela ficção, mantendo, no entanto, o caráter referencial, ao inserir os acontecimentos fictícios em circunstâncias reais do dia a dia. Mas são sempre assuntos menores, fatos corriqueiros que não servem como tema para os grandes gêneros literários. Para Jorge de Sá, autor do livro *A crônica*, seu princípio básico é o "registro do circunstancial". Daí o sentido do termo "crônica", ligado à ideia de tempo: a crônica é o registro do tempo vivido, a tentativa de fixar em palavras o que se perde com o tempo (Sá, 1992, p. 7-8).

Mais do que impor limites, é a inserção jornalística que define a crônica, que cria suas condições de existência. Sua linguagem é a prosa livre e descompromissada, próxima da linguagem falada, encenando um bate-papo com o leitor. Esse coloquialismo, no entanto, é simulado, elaborado com cuidado pelo artesão da palavra. Ao invés da objetividade e da racionalidade, a crônica dá lugar à subjetividade e à reconstrução do real por meio do ponto de vista deformante do autor. Extremamente flexível do ponto de vista formal, ela vai da narração mais densa, próxima do conto, até a leveza do "causo" contado em "conversa de botequim", incluindo também o comentário sério, irônico ou satírico, a descrição de tipos curiosos, a prosa lírica e, raramente, até mesmo o verso.

No final do século XIX, quando o futebol dava os seus primeiros passos no Brasil, a crônica já estava bem estabelecida na imprensa brasileira. Como os folhetins haviam sofrido um processo de especialização, com a publicação rotineira de certos conteúdos em espaços fixos (as seções de moda, crítica teatral e literária, colunismo social etc.), existiam também as seções esportivas. Antes do futebol, esportes como o turfe, o remo e o ciclismo ocupavam esses espaços. Quando o futebol surge, aparentando ser apenas mais uma moda de jovens ricos e elegantes, ele é um assunto bastante próprio para o cronista. Assim, o surgimento da crônica de futebol nos jornais brasileiros coincide com a própria implantação do esporte no país, e o crescimento de um tem tudo a ver com o crescimento do outro. Se, como afirmou Antonio Candido, no ensaio "A vida ao rés-do-chão", a crônica "sob vários aspectos é um gênero brasileiro" (Candido, 1992, p. 15), podemos dizer que a crônica de futebol é também um gênero tipicamente nosso.

Na história da crônica de futebol no Brasil, o nome do jornalista Mário Filho é fundamental. Atuando como repórter, redator e editor desde 1926, ele revolucionou a imprensa esportiva brasileira. Em sua coluna "Da primeira fila", mantida no jornal O Globo nos anos de 1940, e nos livros que publicou na mesma década, ele aprofundou essas transformações e consolidou um novo jeito de falar sobre o futebol. O jargão esportivo, antes elitista e cheio de termos em inglês, abrasileirou-se, as formas populares de jogar e torcer passaram a ser valorizadas e forjou-se uma profunda ligação entre o futebol e a identidade cultural brasileira.

Na "Nota ao leitor" da primeira edição de seu livro mais importante, O negro no futebol brasileiro, Mário Filho aponta a década de 1910 como o momento em que surgiram no país os primeiros cronistas especializados no futebol. Nas décadas de 1920 a 1940, que marcaram a transformação do futebol em grande fenômeno de massa, a crônica se firmou como espaço dedicado à liberdade no tratamento dos acontecimentos esportivos. É, no entanto, no período que vai de 1950 a 1970, a chamada "era de ouro" do futebol brasileiro, que encontramos os nossos mais celebrados cronistas de futebol. Como exemplos, podemos citar Nelson Rodrigues, irmão mais novo e discípulo assumido de Mário Filho, Armando Nogueira, João Saldanha e Stanislaw Ponte Preta.

Nesse universo, podemos constatar a presença de praticamente todas as características geralmente atribuídas ao gênero cronístico. É claro que a flexibilidade temática, em grande medida, está limitada pela especialização. Trata-se sempre do futebol, senão do próprio jogo, pelo menos da vida de seus personagens e instituições. Mas, a partir daí, a liberdade de escolha é total, podendo servir como assunto tanto uma pelada em um terreno baldio quanto a conquista de um título mundial. Também estão presentes a leveza e a liberdade da linguagem, o coloquialismo, o tratamento estético e às vezes lírico dos acontecimentos, a variedade formal etc. Para ficar apenas nos autores citados acima, podemos lembrar o fluxo da memória de Mário Filho, reconstituindo as primeiras décadas da história do futebol brasileiro; a polêmica inflamada de Nelson Rodrigues, repleta de invectivas contra os "idiotas da objetividade", incapazes de enxergar o lado dramático do esporte; a prosa lírica de Armando Nogueira, tentando recriar pela palavra a emoção estética do espectador de futebol; o relato de viagem de Stanislaw Ponte Preta, às vezes heroico, às vezes cômico, acompanhando a seleção brasileira no mundial de 1962; e os episódios pitorescos dos bastidores esportivos, em tom de "conversa de botequim", de João Saldanha.

Para refletir sobre o papel da crônica na construção dos grandes e pequenos mitos do futebol brasileiro, um aspecto do gênero é particularmente relevante: a relação ambígua que ele estabelece com os fatos. Davi Arrigucci Jr., no ensaio "Fragmentos sobre a crônica", afirma que "como parte de um veículo como o jornal, ela parece destinada à pura contingência, mas acaba travando com esta um arriscado duelo, de que às vezes, por mérito literário intrínseco, sai vitoriosa". Esse duelo é a tentativa de, por meio da invenção da escrita, transformar o fato meramente contingencial em "uma forma de conhecimento de meandros sutis de nossa realidade e de nossa história" (Arrigucci Jr., 1987, p. 53).

O mesmo acontece nos melhores momentos da crônica de futebol. Negando a objetividade do jornalismo esportivo, ela se vale de sua condição literária e se transforma no lugar em que é possível ir além do universo referencial do jogo e dos aspectos objetivos do espetáculo, arriscando interpretações mais ousadas do mundo do futebol. A crônica futebolística retira o esporte da moldura objetiva da notícia, que só vê seus aspectos estritamente esportivos, para lhe dar um enquadramento novo de significação. Ao seu modo, ela trava também o seu duelo com o caráter circunstancial e o factual do jornalismo. Como definiu Nelson Rodrigues, em uma crônica magistral publicada no livro *A pátria em chuteiras*, "o fato em si mesmo vale pouco ou nada", "o que lhe dá autoridade é o acréscimo da imaginação". Por isso, o papel do cronista é "retocar o fato, transfigurá-lo, dramatizá-lo". Só assim, "recheado de poesia, entupido de rimas", ele "ganharia em poesia, em ímpeto lírico, em violência dramática", dando "à estúpida e chata realidade um sopro de fantasia" (Rodrigues, 1994, p. 11-12).

referências

ARRIGUCCI Jr., Davi. Fragmentos sobre a crônica. In: _____. *Enigma e comentário:* ensaios sobre literatura e experiência. São Paulo: Companhia das Letras, 1987.

CANDIDO, Antonio. A vida ao rés-do-chão. In: CANDIDO, Antonio et al. *A crônica*: o gênero, sua fixação e suas transformações no Brasil. Campinas: Unicamp, 1992.

RODRIGUES FILHO, Mário Leite. *O negro no futebol brasileiro*. 3 ed. Petrópolis: Firmo, 1994.

RODRIGUES, Nelson. *A pátria em chuteiras*. São Paulo: Companhia das Letras, 1994.

SÁ, Jorge de. *A crônica*. São Paulo: Ática, 1992.

SILVA, Marcelino Rodrigues da. *Mil e uma noites de futebol*: o Brasil moderno de Mário Filho. Belo Horizonte: Editora UFMG, 2006.

3
virada de jogo na imprensa esportiva

Em sua biografia de Nelson Rodrigues, Ruy Castro conta que Mário Filho foi contratado pelo jornal *O Globo* por Roberto Marinho em 1931, pouco depois que este assumiu a direção da empresa. *O Globo* havia sido fundado em 1925 por Irineu Marinho, que morreu no mesmo ano e foi substituído na direção do periódico por Eurycles de Mattos. Nos primeiros dias de maio de 1931, Eurycles de Mattos também faleceu e Roberto Marinho resolveu tomar as rédeas da empresa fundada por seu pai, convidando Mário Filho para, nas palavras de Ruy Castro, "assumir a página de esportes" do jornal (Castro, 1992, p. 115). O jovem Mário, que se formara na redação de *A Manhã* e *Crítica* (duas folhas sensacionalistas fundadas por seu pai, Mário Rodrigues), não apenas aceitou a proposta, como levou os irmãos Joffre e Nelson Rodrigues para integrar sua equipe. Embora não seja possível saber com precisão as funções que esses jornalistas desempenharam ao chegar, a leitura das edições dessa época deixa claro que houve, a partir daquele momento, uma acirrada disputa pelo controle editorial das páginas esportivas desse jornal.

Nos primeiros meses de 1931, o noticiário esportivo d'*O Globo* já ocupava espaços bem maiores do que as "duas míseras colunas" a que costumam se referir os textos sobre Mário Filho. Nas edições matutinas de segunda-feira, toda a capa, que geralmente trazia apenas uma manchete e uma reportagem fotográfica, e todas as páginas 2 e 8 eram dedicadas à cobertura das competições da véspera. Nos outros dias, a seção "*O Globo* nos sports", normalmente publicada na página 8, ocupava espaços menores, que iam de duas colunas a uma página inteira. Também era comum que informações sobre assuntos esportivos fossem publicadas na seção "Última Hora". A edição do noticiário esportivo d'*O Globo* esteve, nessa época, sob a direção do jornalista Netto Machado e contava com a declarada simpatia do diretor do periódico, Eurycles de Mattos. Apesar desse relativo destaque, as páginas de esporte desse jornal ainda eram produzidas segundo uma concepção jornalística bastante tradicional, muito semelhante à que havia predominado ao longo das décadas anteriores em toda a imprensa esportiva brasileira.

Na escolha das pautas, a seção de esportes d'*O Globo* rendia-se ao crescimento do futebol e dedicava-lhe maior destaque do que a outras modalidades esportivas. Mas ainda eram comuns as notas sobre os eventos sociais que animavam a vida dos grandes clubes, as críticas preconceituosas e seletivas ao mau comportamento dos atletas e torcedores e as fotos de cartolas e jogadores em terno e gravata. No aspecto formal, a seção esportiva d'*O Globo* também continuava reproduzindo o padrão tradicional. As diversas notícias eram dispostas em um só texto e precedidas por um comentário inicial que as submetia a um enquadramento analítico único. No alto da página, o título da seção, "*O Globo* nos sports", abaixo do qual vinham todas as notícias, separadas apenas por pequenos subtítulos, encarregava-se de dar expressão gráfica a essa organização discursiva. Na página 2 das edições matutinas de segunda-feira, o relato dos eventos da véspera era precedido por um *lead* com uma sinopse do noticiário e por um comentário. Nos outros dias, a seção também era aberta por um comentário, em que os fatos do momento eram analisados e hierarquizados. Muitas vezes, esses comentários iniciais apareciam sob o subtítulo "Reparo do dia", ganhando a feição de uma coluna de opinião cuja autoria era, certamente, de Netto Machado. Nesses espaços de análise e opinião que enquadravam o noticiário, continuavam a ser exaltados valores como civilidade e cavalheirismo e defendidas as fronteiras físicas e simbólicas que separavam a vida esportiva das elites. Nas últimas edições de maio de 1931, surgiram os primeiros indícios de uma disputa pela definição da linha editorial das páginas de esportes d'*O Globo*. O espaço dedicado aos assuntos esportivos durante a semana passou a ocupar, eventualmente, toda a página 8 e parte da página 7. O número de fotos e desenhos que ilustravam o noticiário aumentou e, no início de junho, começaram a aparecer textos um pouco diferentes, que já deixavam entrever um novo estilo de cobertura jornalística. Durante as primeiras semanas de junho, esse novo estilo editorial foi ganhando espaço e se fazendo mais perceptível, até que, na primeira edição do dia 17 de junho, o processo teve seu lance decisivo. Na página 8, o clichê com o título da seção foi substituído por uma manchete e toda a página foi ocupada por matérias autônomas, com enfoques que variavam do dramático ao humorístico. Deslocada de seu espaço original, a seção "*O Globo* nos sports" foi publicada na página 7, com apenas três colunas, e iniciada por um comentário em que se fazia o tradicional elogio às virtudes diplomáticas do esporte. A partir daí, a página 8 passou a ser sempre encabeçada por uma manchete e preenchida por matérias autônomas, enquanto na página 7 continuavam a ser publicados textos nos moldes da antiga seção de esportes do jornal. Em algumas oportunidades, os dois espaços chegavam a se contrapor ostensivamente, emitindo opiniões francamente contrárias sobre algum assunto. Na página 7 costumavam aparecer até mesmo algumas críticas explícitas ao modo como o esporte era abordado na página 8. Como na primeira edição do dia 4 de julho, em que o "Reparo do dia" afirma:

> Há muita gente (...) que se mete a falar e a tratar de *sport*, sem saber o que é *sport*! (...) *Sport* não é brincadeira, é exigência social; não é divertimento, é fator de aperfeiçoamento

físico para o apuro das raças. Quando vem um pobre diabo a gastar tinta e papel, pensando que faz graça *sportiva*, o que desejamos é que lhe entre um sopro de consciência pela cabeça a dentro, para que não se meta a enxovalhar, com sandices, assunto racial tão delicado.

A disputa entre os dois estilos editoriais permaneceu assim ao longo de todo o segundo semestre de 1931. No final do ano, após o término da temporada oficial de futebol, a seção "*O Globo* nos sports", na página 7, tornou-se intermitente. No final de março de 1932, com o início da temporada futebolística, os assuntos esportivos voltaram a dominar totalmente as páginas 7 e 8, mas ambas passaram a ser produzidas no novo estilo de abordagem jornalística dos esportes e encabeçadas por manchetes. O "Reparo do dia", encravado no meio da página 8, e as duas primeiras páginas da edição matutina de segunda-feira eram tudo o que restava da antiga seção de esportes d'*O Globo*. Assim terminava o que, ao que tudo indica, foi uma batalha entre os jornalistas Netto Machado e Mário Filho pelo controle editorial das páginas de esporte daquele jornal.

A nova seção esportiva do periódico era, nos mais diversos aspectos, muito diferente da antiga. Visualmente, ela se tornou mais leve e atraente, recebendo um tratamento gráfico mais elaborado e criativo. A diagramação, como vimos, deixou de ser feita como se todas as notícias fossem parte de um só texto. O título "*O Globo* nos sports", no alto da página, foi substituído pela manchete, que colocava em destaque algum dos assuntos do dia. Os comentários, informações e depoimentos passaram a ser veiculados em matérias autônomas, que eram dispostas em blocos gráficos independentes e separadas por fios, molduras, espaços em branco, vinhetas e *passe-partouts* adornados com arabescos. Essas matérias traziam títulos e subtítulos em tipos bem maiores do que os do texto, marcando sua independência lógica em relação ao resto da página e enfatizando algum aspecto de seu conteúdo. As manchetes, que também tinham a função de ênfase, eram sempre realçadas por fios e vinhetas gráficas. No corpo dos textos, começaram a ser utilizados tipos com tamanhos e formatos variados e espaços entre linhas maiores, sublinhando as passagens mais interessantes e contrastando com a massa compacta de letras pequenas e uniformes da antiga seção de esportes do jornal. Além disso, a maior parte das matérias era ilustrada por fotografias, desenhos, fotos-legendas e montagens fotográficas. Era nos desenhos que o jornal mais se distinguia, especialmente a partir de julho de 1931, quando Antônio Nássara, que havia trabalhado com Mário Filho em *Crítica*, passou a integrar a equipe, produzindo títulos com letras desenhadas, charges e caricaturas.

Havia, nesse novo tratamento gráfico, uma evidente preocupação com a legibilidade e a harmonia estética da página do jornal, com o objetivo de seduzir o público e aumentar as vendagens. Algo que só poderia ser feito por meio de uma ampliação do perfil social dos leitores, dos quais já não se deveria exigir um conjunto muito amplo de competências de leitura. As características mais importantes desse novo tratamento gráfico, no entanto, eram a fragmentação e a disputa entre os diversos recursos de ênfase pelo olhar do leitor. Quebrando a unidade visual da página, a fragmentação do noticiário correspondia a uma mudança importante nos próprios textos, que se abriam a diferentes formas de aproximação do universo esportivo. Disputando a atenção do leitor, como vozes que se avolumam para serem escutadas em um diálogo, os recursos de ênfase sublinhavam essa diversidade, contrapondo pontos de vista e abolindo as hierarquias temáticas que a diagramação tradicional estabelecia e sustentava.

Articulada a esse novo tratamento gráfico, portanto, houve também uma importante transformação no modo como as notícias eram obtidas e transformadas em texto. Concorreu para isso o fato de que os dois tipos de abordagem jornalística dos esportes conviveram por algum tempo no jornal. Assim, as principais informações e os comentários de praxe sobre os eventos esportivos eram quase sempre antecipados pelas primeiras páginas das edições matutinas de segunda-feira e pela página 7 das demais edições, nas quais o enfoque tradicional ainda prevalecia. Por isso, a página 8 tinha que se desdobrar para produzir um material original, que despertasse a curiosidade dos leitores. Convergindo com essa necessidade, a experiência de Mário Filho e seus colaboradores na redação de *A Manhã* e *Crítica* havia deixado, como legado, uma concepção bastante incomum do trabalho jornalístico. Numa declaração publicada pelo *Jornal do Brasil* em 17 de setembro de 1966, logo após sua morte, o próprio Mário Filho define essa concepção: "quero que meu jornal não se limite a publicar a notícia, mas [se proponha] também a criar a notícia, a ser ele mesmo a notícia".

Livre da função de informar e comentar os acontecimentos mais importantes, esse espaço editorial se dedicava, sobretudo, ao que antes era considerado pouco importante ou mesmo inadequado às páginas dos jornais. Em lugar dos elogios ao comportamento cavalheiresco dos atletas, das críticas aos "sururus" e dos comentários sobre a elegância da plateia e o glamour dos bailes em que a juventude esportiva se confraternizava, surgiu uma nova temática. Ampliando a noção do que era considerado fato jornalístico, a nova seção de esportes d'*O Globo* abria seu espaço a assuntos como as opiniões, emoções e expectativas dos atletas e torcedores, os detalhes cômicos ou dramáticos dos treinos e dos jogos, as polêmicas que agitavam os bastidores dos clubes e a vida privada dos *cracks*.

Para explorar essa nova temática e desencravar do cotidiano esportivo o material para suas notícias, a equipe da página 8 lançava mão de um farto repertório de procedimentos de investigação e obtenção dos fatos jornalísticos. Inspirado no jornalismo sensacionalista, *O Globo* enviava seus repórteres aos treinos dos times, aos vestiários dos jogos, à casa dos atletas e aos bares e cafés que eles frequentavam, para entrevistar jogadores e cartolas, conseguir furos, fazer novas fotografias e surpreender episódios curiosos ou conversas reveladoras. Essa postura invasiva e impertinente era tão importante que as peripécias do repórter em busca da notícia acabaram se transformando em um dos temas prediletos do jornal. Era comum que as matérias trouxessem referências ao trabalho de reportagem, registrando o modo como a notícia tinha sido obtida, as circunstâncias particularmente difíceis ou curiosas que a cercaram e os esforços que foram necessários para consegui-la. O repórter, sempre de "ouvidos atentos", "memória sensível" e "curiosidade voracíssima", tornava-se um verdadeiro personagem do mundo esportivo.

Por fim, as transformações chegaram também ao modo como a notícia era redigida, à forma como os fatos e depoimentos obtidos pelo repórter eram expostos ao público. Já foi mencionada a substituição do título geral da seção esportiva pela manchete e o uso de títulos e subtítulos. Houve também uma mudança na linguagem, que abandonou o tom oratório da crônica esportiva tradicional e se tornou mais simples e coloquial, acompanhando a nova temática. Além disso, como vimos, a estrutura dos textos sofreu uma transformação importante, relacionada à fragmentação do noticiário em matérias autônomas. Em lugar do formato tradicional, que emoldurava o relato com comentários de análise e avaliação, eram publicados textos mais curtos, em que cada um dos temas era abordado de uma forma específica. A narrativa, o diálogo e o depoimento passaram a ser mais utilizados, disputando com o comentário o controle sobre os sentidos e valores dos fatos e produzindo textos estruturalmente mais abertos à incorporação de diferentes perspectivas interpretativas.

Com essa nova abordagem, a equipe dirigida por Mário Filho produzia um jornalismo esportivo radicalmente diferente do usual, libertando-se dos limites impostos pelas regras e valores que regulavam a vida esportiva oficial. Como exemplo dessa transformação e do potencial de conflito que ela carregava, vale a pena citar um texto publicado em 23 de junho de 1931, como apresentação da coluna "No vestiário depois do jogo", em que a reportagem d'*O Globo* revelava, quase sempre em tom humorístico, a intimidade dos bastidores esportivos:

> O vestiário dos jogadores, imediatamente depois da peleja, sempre oferece aspectos de um pitoresco único. (...) É no vestiário que os jogadores se mostram mais sinceros, de uma franqueza perfeita. Revelam todos os sentimentos que os agitam, sem reticências. Têm, no momento, a voluptuosidade da confissão. Não há intimidades de alma que não [se] sacrifiquem à curiosidade voracíssima do cronista. Isso porque o calor da peleja ainda os inflama, a febre os estonteia, emudecendo, anulando os sentimentos coibitivos, apagando, momentaneamente, o pavor das verdades indiscretas.

Glosando o título de um livro de Jesús Martín-Barbero, *Dos meios às mediações*, pode-se dizer que essa transformação deve ser vista por duas perspectivas diferentes e complementares. A primeira seria a perspectiva (teórica) dos "meios", em que interessam os processos de produção, o modo de funcionamento semiótico e as funções potenciais dos bens culturais veiculados pela comunicação de massa. A segunda seria a perspectiva (histórica) das "mediações", ou seja, do modo como esses produtos culturais se relacionam a um determinado contexto político e social, oferecendo-se ao uso de atores sociais concretos e interagindo com suas demandas materiais e simbólicas.

Da perspectiva dos meios, vimos que a nova abordagem jornalística desenvolvida pela equipe de Mário Filho abandonou uma série de recursos de representação cuja finalidade era manter sob controle as possibilidades de interpretação do esporte. Valendo-se da escolha dos temas e formas textuais, dos métodos de obtenção da notícia, das escalas de valores que orientavam os juízos e até da diagramação, a imprensa esportiva tradicional construía e reiterava um modo único de viver e compreender o futebol. Na nova seção esportiva d'*O Globo*, todos esses recursos foram reelaborados, de forma a ampliar as possibilidades de interpretação do esporte e abrir as páginas dos jornais ao que escapava àquela perspectiva homogeneizante. Pode-se afirmar, então, que, na página 8 d'*O Globo*, rompe-se o caráter monológico e unívoco da imprensa esportiva tradicional e se constrói um discurso jornalístico mais aberto ao diálogo e ao contato com a diferença, mais permeável às formas de fruir e interpretar o futebol que vinham se desenvolvendo clandestinamente desde o início de sua popularização.

Resta-nos, então, refletir, da perspectiva das mediações, sobre o que representou essa transformação na história da disputa pelo controle simbólico do futebol no Brasil. A obra de Jesús Martín-Barbero, que se concentra justamente no modo como a comunicação de massas se prestou a um combate pela hegemonia sobre as representações culturais, propõe algumas ideias que podem ser bem úteis a essa operação. Depois de fazer um apanhado das teorias que vêm balizando o debate sobre os meios massivos e dos precedentes históricos da mediação de massa na modernidade europeia, Martín-Barbero se dedica à discussão sobre o processo de formação da cultura de massas na América Latina. Em um primeiro momento, como consequência do desenvolvimento capitalista e da urbanização, entram em cena as turbulentas e heterogêneas massas urbanas. Alijadas de suas formas tradicionais de expressão e sociabilidade, elas ameaçam a hegemonia política e cultural que as elites haviam construído, no início do século XX, a partir de práticas e valores importados da Europa. Nesse contexto, os meios massivos surgem como uma forma de pedagogia e controle social, oferecendo às massas uma linguagem em conformidade com as exigências da modernização. Para ser eficaz, no entanto, essa linguagem tinha que se submeter a um processo de "mediação", conectando-se às demandas simbólicas, formas de expressão e matrizes culturais das multidões desenraizadas.

    Partindo desse pano de fundo histórico, Martín-Barbero analisa um amplo conjunto de produções culturais veiculadas pelos meios massivos na América Latina, buscando interpretá-las pelo ângulo dos usos, leituras e apropriações e mapear suas relações com a história política e social da região. Nessa análise, ele aponta uma série de elementos que cumpririam a função de conectar os produtos culturais à memória e à experiência dos pobres: o melodrama, os heróis-bandidos e outros personagens arquetípicos, o jornalismo sensacionalista e as iconografias narrativas, o humor, o grotesco, o pastiche, a catarse etc. Para o autor, esses elementos funcionam como mecanismos de interpelação e reconhecimento, por meio dos quais os menos favorecidos se veem minimamente projetados nos meios massivos. Enraizados nas matrizes culturais populares, eles contaminam a comunicação de massas com uma heterogeneidade e um potencial de conflito que perturbam a hegemonia dos discursos modernizantes forjados pelas elites.

Não é difícil perceber o quanto essa análise do panorama cultural da América Latina é pertinente ao caso específico do futebol e da imprensa esportiva no Brasil. Ao longo das três primeiras décadas do século XX, as elites brasileiras se esforçaram para fazer do esporte um instrumento de pedagogia, homogeneização e controle social. A popularização do futebol, no entanto, foi resultado de um processo de apropriação, em que os diferentes grupos sociais desenvolveram seus próprios modos de fruí-lo e interpretá-lo. Se desde o decênio de 1910 o futebol já havia se contaminado pelas contradições das massas urbanas, a imprensa esportiva havia permanecido como um discurso homogeneizante, propagandeando as funções pedagógicas do esporte e levantando barreiras para manter na marginalidade essa contaminação.

Daí a importância do estilo editorial inovador desenvolvido pela equipe de Mário Filho durante o segundo semestre de 1931. Com sua abertura estrutural ao diálogo e ao contato com a diferença, a página 8 d'*O Globo* rompeu deliberadamente essas barreiras e trouxe à tona aquele mundo subterrâneo que a imprensa tradicional ocultava e reprimia. O mundo das paixões clubísticas e regionais que inflamavam as multidões, dos *cracks* suburbanos, com suas histórias de vida e seus desejos de prosperidade e reconhecimento, da irreverência com que jogadores e torcedores se manifestavam na intimidade dos vestiários e no calor das gerais. Levados às páginas dos jornais, esses dados dos bastidores esportivos funcionavam como mecanismos de interpelação e reconhecimento, incitando, articulando e legitimando os valores e sentidos que os menos favorecidos projetavam no futebol. Por isso, era natural que esse tipo de jornalismo despertasse a ira dos que queriam manter a vida esportiva distante dos barbarismos da massa.

Numa entrevista ao *Jornal de Letras*, em maio de 1966, o próprio Mário Filho faz, a propósito de suas lembranças daquela época, algumas observações que sintetizam bem esse papel[1]. Para facilitar seu acesso às notícias, o jornalista fez do Café Nice, que era vizinho à redação do jornal, um ponto de encontro de jogadores, lutadores de boxe e sambistas. Lá, ele se entregava a prazerosas conversas, que não só lhe rendiam boas entrevistas e furos de reportagem, como também possibilitavam seu livre acesso à linguagem e ao universo clandestino desses personagens. No bate-papo descontraído do Café Nice, aquele jornalista bonachão, conversador, admirador do samba e amigo dos jogadores teria forjado a linguagem simples e coloquial que marcou seu trabalho.

Contrastando com o ideal da objetividade jornalística, entretanto, a mediação operada pelos responsáveis pela página 8 d'*O Globo* não era neutra. A suposta objetividade daqueles jornalistas era apenas teatral, mal disfarçando as opiniões e simpatias que se escondiam na seleção dos temas e personagens, nas perguntas aos entrevistados e nos títulos e manchetes. Nas entrevistas, o jornal ressaltava sua fidelidade; nos diálogos, imitava o ritmo da fala, com frases curtas e reticentes, e reproduzia o jargão dos bastidores; mesmo nos textos narrativos e comentarísticos, o vocabulário e a sintaxe se aproximavam da linguagem dos torcedores e jogadores. Mas, em qualquer desses espaços, há passagens

---

1. Cf. citação no ensaio "Cidade esportiva / cidade das letras" (p. 26), em que Mário Filho fala de suas aventuras no Café Nice.

em que é possível ouvir a dicção dos livros e crônicas que o próprio Mário Filho assinou mais tarde, e até dos textos que seu irmão Nelson Rodrigues escreveria. A diferença, surgida no mundo esportivo com a popularização do futebol, não era levada ao jornal em estado bruto, mas sim traduzida, e, portanto, traída pelo discurso jornalístico, que acabaria por capturá-la e domesticá-la por meio de novos estereótipos. Levando em conta o conjunto do trabalho de Mário Filho, já é possível notar, naquelas edições da página 8 d'*O Globo*, os primeiros sinais dessa recodificação dos signos esportivos. Um exemplo bastante evidente é a precoce obsessão desse espaço editorial por *cracks* negros e mulatos como os iniciantes Leônidas da Silva e Domingos da Guia, que não pode deixar de ser vista hoje como uma antecipação da leitura racial do processo de assimilação do futebol no Brasil que o jornalista realizaria no livro *O negro no futebol brasileiro*, publicado em 1947. Cabe lembrar também que ainda não havia surgido, até aquele momento, a ideia de um estilo brasileiro de futebol, cujas origens remontariam a manifestações culturais afro-brasileiras como o samba e a capoeira, conectando o esporte à memória das lutas populares. Comentava-se com entusiasmo a "mobilidade desconcertante" de Leônidas, falava-se do espanto dos torcedores com um drible de Domingos, mas ninguém havia ainda formulado o grande mito. Curiosamente, no entanto, a página 8 d'*O Globo* divulgou com grande destaque, em outubro de 1931, um confronto entre lutadores de jiu-jítsu e capoeira, técnicas de combate que na época era vista apenas como um "caso de polícia". Lidos após tantos anos, os textos em que essas lutas foram anunciadas soam exatamente como as incontáveis exaltações ao estilo futebolístico brasileiro que hoje são encontradas nos livros, revistas e jornais do Brasil e de todo o mundo:

>Resta-nos, ainda, como nota também brasileiríssima, a "capoeira". O "jiu-jítsu" foi feito (...) de experiências, comparações, metódico aproveitamento e aperfeiçoamento dos melhores

golpes de todas as outras lutas. Cada golpe seu representa esforços contínuos, pesquisas pacientes, provas e contra-provas. A capoeira, não. (...) Os seus golpes repontaram inesperadamente (...) numa briga de rua. A capoeira se defende segundo as necessidades do momento, as exigências do conflito e o valor do adversário. Tem recursos para tudo, (...) movimentos imprevistos e estonteadores, negaças que desorientam, *trucs* que desarmam. Tudo isso vem da malícia do malandro, do instinto que não mente e, sobretudo, da necessidade de não apanhar. (...) Contra o científico, técnico "jiu-jítsu", a malícia diabólica do malandro! (*O Globo*, 20 out. 1931)

referências

BAKHTIN, Mikhail. *Problemas da poética de Dostoiévski*. Rio de Janeiro: Forense Universitária, 1997.

CASTRO, Ruy. *O anjo pornográfico*: a vida de Nelson Rodrigues. São Paulo: Companhia das Letras, 1992.

MARTÍN-BARBERO, Jesús. *Dos meios às mediações*: comunicação, cultura e hegemonia. Rio de Janeiro: Editora UFRJ, 1997.

RODRIGUES FILHO, Mário Leite. *O negro no futebol brasileiro*. 3 ed. Petrópolis: Firmo, 1994.

4
o país do futebol nas páginas da imprensa esportiva

Como todos os espetáculos esportivos modernos, o futebol funciona no Brasil como um complexo campo simbólico, cujos significados são permanentemente redefinidos por uma intensa batalha discursiva entre diferentes sujeitos e grupos sociais. Investida da autoridade da escrita e capaz de possibilitar o compartilhamento do sentido, a imprensa esportiva é o principal palco dessa disputa. Por isso, podemos identificar na história do futebol brasileiro diversos momentos em que os discursos veiculados no âmbito jornalístico travaram violentos combates pela hegemonia sobre a interpretação do esporte. Em alguns deles, talvez os mais importantes, os estudiosos são unânimes em registrar a presença de Mário Filho como um dos protagonistas na construção dos sentidos que o futebol adquiriu na cultura brasileira.

As avaliações do papel que ele desempenhou, no entanto, são bastante controversas. Para seus colegas do jornalismo, Mário Filho foi o maior nome da imprensa esportiva do país, contribuindo de modo decisivo para seu desenvolvimento e popularização e até mesmo para a disseminação do esporte entre as classes menos favorecidas. Já para a maioria dos estudiosos ligados à academia, ele foi um colaborador do poder político e econômico, no esforço para fazer do futebol um instrumento de controle e enquadramento das massas a um projeto autoritário de modernização social. Submeter o trabalho de Mário Filho a um exame mais cuidadoso, tentando estabelecer e avaliar o sentido político de sua atuação, é o objetivo deste ensaio.

Para atingir esse objetivo, é necessário saber como era a imprensa esportiva brasileira antes que o jornalista começasse sua carreira. Nos estudos sobre as primeiras décadas da história do futebol brasileiro e nos textos sobre a trajetória e a obra de Mário Filho, o assunto tem sido abordado de um modo extremamente rápido e superficial. Fala-se quase sempre no pouco interesse jornalístico despertado pelo esporte, na linguagem empolada e repleta de anglicismos, na iconografia pobre e marcada pelas fotos dos jogadores em terno e gravata etc. É evidente, portanto, a necessidade de um esforço para conhecer melhor o jornalismo esportivo das primeiras décadas do século XX, o que só pode ser feito pelo recurso direto às fontes primárias. Esquecido nas prateleiras da Biblioteca Nacional, o álbum de recortes do goleiro Marcos de Mendonça, jogador símbolo do futebol brasileiro daquele período, reúne uma enorme quantidade de fragmentos de jornais e revistas da década de 1910, por meio dos quais essa tarefa pode ser realizada.

O primeiro contato com a coleção é suficiente para mostrar que nessa época já existia uma produção jornalística sobre o futebol muito expressiva, ocupando espaços de grandes proporções em praticamente todos os principais jornais, revistas de variedades e periódicos especializados em esportes do país. Cai por terra, desse modo, a suposição de que o crescimento quantitativo da imprensa esportiva brasileira se deve em grande medida ao trabalho de Mário Filho. Mas, no que se refere ao tipo de abordagem jornalística praticada nesses espaços, é possível identificar nessa produção uma série de características que ajudam a redimensionar a importância do jornalista e avaliar seu papel na história da disputa pela hegemonia sobre os significados do futebol em nossa cultura.

Na análise do material coletado por Marcos de Mendonça, observa-se que a imprensa esportiva da década de 1910 era dominada por um modelo jornalístico que mobilizava todos os seus recursos para a elaboração e a defesa de uma interpretação elitista do futebol como símbolo de refinamento, civilização e modernidade. A seção de *sports* dos grandes jornais era sempre constituída por um só texto, em que as notícias eram precedidas por um comentário que hierarquizava e julgava os fatos, submetendo-os a um enquadramento único de significação. Nos elogios à distinta plateia que comparecia aos *grounds*, nas notícias sobre os festins que sucediam os jogos e na avaliação da atuação dos times e jogadores, tudo girava em torno de ideias como a lealdade e a cordialidade entre os adversários, o alto grau de desenvolvimento social dos *sportsmen* e os efeitos civilizatórios do esporte. Até mesmo na iconografia, um pouco mais pobre nos jornais mas farta e sofisticada nas revistas, essa perspectiva era reiterada, em fotos das elegantes moçoilas e altas personalidades que prestigiavam o esporte, dos banquetes e dos jogadores em trajes de gala e da tradicional pose militar dos times perfilados. Tomando como critério básico de valor o conceito de *fair play*, o discurso jornalístico tentava fazer do futebol um instrumento de manutenção das barreiras materiais e simbólicas que separavam a vida das diferentes classes sociais.

A despeito da vontade dos cronistas, no entanto, o esporte estava passando por um intenso processo de popularização, evidenciado pelo número cada vez maior de torcedores, jogadores e clubes que vinham das camadas populares e dos episódios turbulentos que eles protagonizavam. Aproximando-se do ideário médico que imperava nas políticas públicas da época, a imprensa dedicava a esses novos personagens um tratamento que oscilava entre a defesa da função pedagógica e "regeneradora" dos *sports* e as campanhas a favor da exclusão daquelas "chagas" que comprometiam a saúde do corpo social. Mas, de forma sorrateira e implacável, o modo como esses grupos vinham se apropriando do esporte já começava a contaminar as elites e invadir as páginas dos jornais. Progressivamente, a vitória e a derrota iam se tornando mais importantes do que a lealdade e a cordialidade, motivando reações cada vez mais radicais de bairrismo e clubismo. Enquanto dentro de campo os refinados *sportsmen* se entregavam selvagemente aos "sururus", na imprensa os cronistas já não hesitavam em exibir suas pouco civilizadas paixões esportivas e alimentar violentas e intermináveis polêmicas. Ao mesmo tempo, as revistas de variedades e periódicos especializados experimentavam timidamente outras formas de abordagem jornalística do esporte, como as biografias dos jogadores mais famosos, as quadrinhas e charges humorísticas e as anedotas e comentários francamente partidários.

Em meados da década de 1920, o processo de popularização do futebol continuava a pleno vapor, mas a imprensa esportiva ainda conservava as mesmas características. Ainda muito jovem, Mário Filho começou sua carreira, trabalhando em *A Manhã* e *Crítica*, dois matutinos sensacionalistas fundados por seu pai. Incentivado pelo estilo agressivo desses jornais e contando com os amplos recursos gráficos oferecidos pelo diagramador Andrés Guevara, ele começou a desenvolver suas primeiras ideias inovadoras. Mas essas experiências duraram pouco tempo, pois a redação de *Crítica* foi empastelada durante a Revolução de 1930. Em maio de 1931, após um período no ostracismo, Mário Filho foi contratado por Roberto Marinho para trabalhar na seção esportiva de *O Globo*, então comandada pelo conservador Netto Machado. Assumindo progressivamente o controle editorial sobre esse espaço, o jovem jornalista escrevia um dos capítulos mais importantes de toda a história simbólica do futebol no Brasil.

Trabalhando com alguns de seus antigos colaboradores em *Crítica* (entre eles, seu irmão Nelson Rodrigues e o ilustrador Antônio Nássara, aluno de Guevara) e aproveitando recursos que apareciam esporadicamente nas revistas da década de 1910, Mário Filho forjou, em O Globo, um modelo radicalmente novo de tratamento jornalístico dos esportes. A seção já não era mais composta como um só texto, passando a utilizar uma diagramação fragmentada, em que as notícias eram dispostas em blocos gráficos independentes. No alto da página, o título único da seção foi substituído pela manchete, quase sempre bombástica, que destacava um dos assuntos do dia. Os fatos e personagens passaram a ser objeto de abordagens textuais diversificadas, a linguagem ficou mais leve e coloquial e novos métodos de obtenção da notícia, como a entrevista e o flagrante, passaram a ser sistematicamente empregados. Com essas armas, a seção de esportes d'O Globo começou a explorar os bastidores esportivos, interessando-se por assuntos que antes eram considerados secundários ou mesmo inadequados às páginas dos jornais, como as reações intempestivas de torcedores e jogadores diante da vitória e da derrota, a vida pessoal dos *cracks* (especialmente os de origem humilde) e os episódios pitorescos que aconteciam nos treinos e vestiários.

Comparado ao jornalismo esportivo tradicional, esse novo estilo editorial representava, sobretudo, uma inédita abertura da imprensa a um mundo subterrâneo, que até então só aparecia nos jornais como objeto de severas críticas e condenações. Atuando como um mediador, o jornalista conferia visibilidade e legitimidade àqueles novos sujeitos, grupos sociais e modos de fruir e interpretar o esporte que pouco a pouco dominavam a cena esportiva brasileira. A perturbação produzida por esse novo tipo de jornalismo esportivo na hegemonia das elites sobre a interpretação do futebol teve consequências extremamente importantes. A mais concreta foi, certamente, a deflagração do movimento que levou ao fim do regime amador, que funcionava como um obstáculo para os atletas mais pobres. A partir de meados de 1931, O Globo publicou uma série de entrevistas com atletas, técnicos e cartolas, levando a público as injustiças e humilhações a que esses jogadores eram submetidos pelo amadorismo e desencadeando uma acirrada polêmica, que se espalhou por toda a imprensa e culminou na criação da primeira liga profissional de futebol do país, no Rio, em janeiro de 1933. É necessário assinalar, no entanto, que esses novos personagens e modos de fruir e interpretar o futebol não eram transpostos aos jornais de uma forma neutra, que os revelasse em toda a sua alteridade. Ao contrário, as marcas das subjetividades que operavam essa mediação se faziam sempre presentes, escondendo-se na seleção dos temas e personagens, nas perguntas propostas aos entrevistados e na escolha dos títulos e manchetes, em que transpareciam as simpatias e preferências de Mário Filho e seus colaboradores. Assim, mais do que levar aos jornais a heterogeneidade que havia se instaurado no mundo esportivo, a página de esportes d'*O Globo* já começava a construir os novos estereótipos em que essas diferenças seriam, de certa forma, capturadas. Promovendo a fama de *cracks* negros e mulatos como Domingos da Guia e Leônidas da Silva, estabelecendo as primeiras relações entre o modo de jogar desses atletas, o samba e a capoeira e expondo os preconceitos raciais que existiam nos grandes clubes, aqueles jornalistas começavam a criar as condições para o surgimento dos grandes mitos do futebol que povoariam o imaginário brasileiro ao logo do restante do século XX.

    Iniciada com o abalo provocado pelo trabalho de Mário Filho no balanço das forças que disputavam a hegemonia sobre a interpretação do futebol, a década de 1930 assistiu à transformação definitiva do esporte em símbolo popular de uma nova imagem da nação brasileira. Entre outros fatos que fizeram parte desse processo, podem ser mencionadas a vitória dos "mulatinhos rosados" do Bangu no primeiro campeonato profissional do Rio, a metamorfose do Flamengo (que surgiu elitista, como uma dissidência do Fluminense) em um "time de massa", os esforços do Estado Novo para disciplinar as atividades esportivas e, sobretudo, a campanha brasileira na Copa do Mundo de 1938, na França. Embora a seleção tenha sido eliminada nas semifinais pela Itália, seu retorno ao Brasil foi comemorado com enormes festividades carnavalescas, que fizeram com que esse acontecimento passasse a ser visto como o grande marco da transformação do futebol em um esporte tipicamente nacional.

No início dos anos de 1940, Mário Filho começou a escrever, n'*O Globo*, uma coluna intitulada "Da primeira fila", cujos textos deram origem a quatro livros muito importantes, que reconstituem o processo de assimilação do futebol pela cultura brasileira. *Copa Rio Branco – 32*, *Histórias do Flamengo*, *O negro no futebol brasileiro* e *O romance do foot-ball* são os nomes dessas obras, entre as quais a terceira foi a que obteve maior repercussão. Construído a partir de inúmeras entrevistas com atletas, técnicos, cartolas e torcedores, *O negro no futebol brasileiro* é um abrangente relato da trajetória do "esporte bretão" no país durante a primeira metade do século XX, enfatizando o percurso dos jogadores negros e mulatos e a invenção do estilo de jogo que acabou se tornando uma síntese da identidade cultural brasileira.

Por ter ajudado a definir e cristalizar os significados do futebol em nossa cultura, esse livro tem sido reconhecido, nos estudos sobre a história do esporte no país, como a obra mais importante de toda a bibliografia sobre o assunto. Para a maior parte dos autores que se dedicaram a analisá-lo, entretanto, ele foi a peça-chave de um novo processo de instrumentalização política do esporte, com vistas à domesticação dos conflitos e à harmonização das diferenças da sociedade brasileira. Valendo-se de uma estrutura textual tipicamente ficcional, em que todos os fatos teriam sido distorcidos e moldados a uma perspectiva interpretativa única, Mário Filho teria transformado o passado esportivo brasileiro em uma narrativa de ascensão social do negro, contribuindo para fazer do futebol um campo de conciliação nacional e difusão da ideologia da democracia racial.

Embora tenha algum fundamento, essa análise peca pela simplificação, pois não considera as matrizes coletivas e populares que serviram de fonte ao jornalista e suas repercussões na estrutura textual da obra. Coletando uma infinidade de micronarrativas do anedotário esportivo e se esforçando para inseri-las em seu livro, Mário Filho escreveu um texto heteróclito, em que os episódios se ajustam de modo bastante flexível à hipótese interpretativa central. Assumindo, portanto, características textuais típicas do discurso memorialístico, *O negro no futebol brasileiro* mantém uma tensão entre o desejo de recuperar a complexidade e a multiplicidade do passado e a intenção de submetê-lo a uma interpretação, de conferir a ele uma unidade e uma coerência. Desse modo, o livro incorpora muitas das contradições, diferenças e ambiguidades que se projetaram no imaginário esportivo brasileiro a partir da disseminação do futebol entre as classes populares.

Esses dois momentos da carreira de Mário Filho certamente não foram as únicas passagens importantes de sua bem sucedida trajetória como jornalista, escritor e produtor de eventos esportivos. Entre suas muitas realizações, devem ser lembradas a oficialização do desfile de escolas de samba no Rio de Janeiro, a campanha pela construção do estádio do Maracanã, a longa permanência como proprietário e diretor do *Jornal dos Sports* e a criação de diversas competições esportivas, como os Jogos da Primavera e a Taça Roberto Gomes Pedrosa, embrião do atual Campeonato Brasileiro. Mas o início de sua passagem pelo jornal *O Globo* e os livros e crônicas que ele escreveu nos anos de 1940 foram, sem sombra de dúvida, duas de suas contribuições mais significativas para a cultura esportiva brasileira. Por isso, a análise desses dois momentos de sua carreira pode servir como parâmetro para uma nova avaliação de seu papel na história simbólica do futebol no Brasil.

No primeiro momento, Mário Filho apareceu na imprensa carioca, comandando espaços editoriais que rompiam a hegemonia de um modelo elitista de tratamento jornalístico dos esportes e se abriam ao diálogo com a heterogeneidade que havia invadido a vida esportiva brasileira. Se é um equívoco considerar que sua atuação foi decisiva na popularização do futebol e no desenvolvimento quantitativo da imprensa esportiva, é inegável seu pioneirismo na constituição de um novo modelo de jornalismo esportivo, que liberava e dinamizava o potencial polissêmico do esporte e sua capacidade de galvanizar identidades e antagonismos sociais. Já no segundo momento, o jornalista empreendeu um grande esforço de recuperação do passado, tentando reunir as diferenças e resolver as contradições da história social do futebol brasileiro por meio de uma narrativa que toma o negro como metáfora dos laços que unem a comunidade nacional. O caráter memorialístico de sua empreitada, no entanto, encarregou-se de conservar nessa narrativa um pouco das contradições e ambiguidades que haviam sido projetadas no campo esportivo ao longo das décadas anteriores.

É necessário reconhecer, então, que Mário Filho desempenhou, nesses dois momentos, papéis políticos bem diferentes, atuando primeiro de modo performático e disruptivo, como um catalisador de antagonismos e diferenças, e, depois, de modo conjuntivo e pedagógico, como um artífice dos laços simbólicos que sustentaram a nação em um determinado momento de sua história. A relação entre esses dois movimentos, no entanto, não apenas é de oposição, mas também de complementaridade e coerência. Em ambos há uma tensão entre o esforço para captar a heterogeneidade e a conflitividade da cena esportiva brasileira e o desejo de construir uma solução de compromisso. De certo modo, o primeiro momento prepara o segundo. Há, inicialmente, o reconhecimento de uma contradição histórica, que posteriormente será assimilada a um projeto totalizante de reorganização e alargamento dos contornos simbólicos da sociedade. Por isso, a imagem da nação que surge da obra do jornalista se confunde com a própria história simbólica do futebol no Brasil e deve ser percebida como provisória, como resultado de um intrincado processo de negociação e disputa discursiva.

A placa com o nome de Mário Filho, afixada na portaria principal do Maracanã poucas semanas após sua morte, em 1966, pode ser vista como um emblema do legado que ele deixou para a cultura esportiva brasileira. Construído para sediar a Copa do Mundo de 1950, coroando o processo pelo qual o Brasil havia se tornado o "país do futebol", o estádio foi o grande palco da chamada "era de ouro" do esporte nacional. Nele, brilhou uma nova geração de craques negros e mestiços, como Pelé, Garrincha e Didi, que conquistou o tricampeonato mundial, purgando o grande trauma coletivo provocado pela derrota para o Uruguai em 1950 e despertando um orgulho nacional sem precedentes em nossa história. Mas o Estádio Mário Filho foi também o palco de algumas das maiores rivalidades do futebol brasileiro e, ainda hoje, é o terreno sagrado onde todos os jogadores e torcedores sonham estar, para sentir as vibrações de nosso passado esportivo e afirmar o valor de suas identidades individuais e grupais. Diluído no imaginário coletivo, esquecido e lembrado pela placa na porta do estádio, o legado do jornalista continua a ser atualizado, recriado e reinterpretado pelas novas gerações, que continuam projetando no esporte seus desejos, sofrimentos e sentimentos de pertencimento, repetindo em diferença a ambivalência presente no trabalho de Mário Filho.

referências

Álbum de recortes de Marcos Mendonça, Biblioteca Nacional, Seção de Manuscritos, Futebol Brasileiro: recortes de jornais de Marcos de Mendonça, I-18, 16,1 e I-18,17,1.
ARRIGUCCI Jr., Davi. *Enigma e comentário*. São Paulo: Companhia das Letras, 1987.
BHABHA, Homi K. *O local da cultura*. Belo Horizonte: Editora UFMG, 1998.
CALDAS, Waldenyr. *O pontapé inicial*: memória do futebol brasileiro. São Paulo: Ibasa, 1990.

CASTRO, Ruy. *O anjo pornográfico*: a vida de Nelson Rodrigues. São Paulo: Companhia das Letras, 1992.

DAMATTA, Roberto. *Explorações* – ensaios de sociologia interpretativa. Rio de Janeiro: Rocco, 1986.

HELAL, Ronaldo *et al. A invenção do país do futebol*. Rio de Janeiro: Mauad, 2001.

LOPES, José Sergio Leite. A vitória do futebol que incorporou a pelada. *Revista da USP – Dossiê Futebol*. São Paulo, n. 22, jun.1994.

MARTÍN-BARBERO, Jesús. *Dos meios às mediações*: comunicação, cultura e hegemonia. Rio de Janeiro: Editora UFRJ, 1997.

PEREIRA, Leonardo Affonso de Miranda. *Footballmania*: uma história social do futebol no Rio de Janeiro – 1902-1938. Rio de Janeiro: Nova Fronteira, 2000.

RODRIGUES FILHO, Mário Leite. *O negro no futebol brasileiro*. 3 ed. Petrópolis: Firmo, 1994.

SANTOS, Joel Rufino dos. *História política do futebol brasileiro*. São Paulo: Brasiliense, 1981.

SILVA, Marcelino Rodrigues da. *Mil e uma noites de futebol*: o Brasil moderno de Mário Filho. Belo Horizonte: Faculdade de Letras da UFMG, 2003. Tese (Doutorado em Letras – Estudos Literários).

_____. *O mundo do futebol nas crônicas de Nelson Rodrigues*. Belo Horizonte: Faculdade de Letras da UFMG, 1997. Dissertação (Mestrado em Letras – Estudos Literários).

5
o futebol como drama em Nelson Rodrigues

Muito mais do que um esporte, o futebol sempre foi, para Nelson Rodrigues (1994, p. 29), um espetáculo, um "show delicioso" capaz de envolver o público em uma densa aura de tensões e de despertar nele as reações mais apaixonadas. Em uma crônica de 1955, em que faz uma "apologia do campo pequeno", Nelson demonstra sua preocupação com o aspecto de espetáculo do futebol. O campo pequeno, no caso, o estádio do Fluminense no bairro das Laranjeiras (RJ) é, para ele, o espaço ideal para o espetáculo do futebol. Isso porque "a distância [dos grandes estádios] desumaniza os fatos, retira das criaturas todo o seu conteúdo poético e dramático". Já no campo pequeno, "todos os caminhos estão abertos para a emoção direta e integral". E no jogo a que assistimos em um campo pequeno "tudo adquire uma dimensão insuspeitada e terrível" (1994, p. 9-10). O fundamento dessa apologia está na "nitidez", na "visibilidade" que os jogos em campos pequenos adquirem, pela proximidade entre jogadores e espectadores. É, portanto, como espetáculo, como algo que é para ser visto e que é capaz de emocionar o espectador, que Nelson Rodrigues entende o futebol.

Para um autor que era, sobretudo, um dramaturgo (embora tenha vivido o cotidiano das redações de jornal durante toda a sua vida), a ideia de espetáculo haveria de sugerir a relação entre o futebol e o teatro. Com efeito, toda a concepção de futebol desenvolvida por Nelson em suas crônicas está repleta de elementos do teatro. O futebol lhe atraía pelo que tem de trágico, de dramático. Em uma crônica de 1963, em que comenta a lendária vitória do Santos sobre o Milan, pelo mundial interclubes, Nelson (1993, p. 104) sintetiza sua concepção do esporte: "O que procuramos no futebol é o drama, é a tragédia, é o horror, é a compaixão. E o lindo, o sublime na vitória do Santos é que, atrás dela, há o homem brasileiro com o seu peito largo, lustroso, homérico".

O trecho acima é uma clara alusão à mais consagrada fonte da história da dramaturgia, a *Poética*, de Aristóteles, em que se diz que a tragédia tem por fim suscitar o "terror" e a "piedade", levando à "purificação dessas emoções" por meio da catarse (Aristóteles, 1992, p. 110). Na *Poética*, Aristóteles explica que a palavra "drama" tem no verbo *drân*, que na língua dos dórios do Peloponeso significava o "fazer", uma de suas prováveis raízes etimológicas. Assim, as composições dramáticas receberiam esse nome "pelo fato de se imitarem agentes [drôntas]". Se, para Aristóteles, poesia é *mímesis* (que significa imitação ou, segundo traduções mais recentes, representação), os dramas se distinguiriam de outras formas poéticas, como a narrativa e a epopeia (que seria uma forma mista, entre o drama e a narrativa), pelo modo como imitam (ou representam):

> Com os mesmos meios pode um poeta imitar os mesmos objetos, quer na forma narrativa (assumindo a personalidade de outros, como faz Homero, ou na própria pessoa, sem mudar nunca), quer mediante todas as pessoas imitadas, operando e agindo elas mesmas [na forma dramática]. (Aristóteles, 1992, p. 106)

Tomando como modelo o teatro, Nelson Rodrigues vê o futebol como se ele fosse uma encenação em que se representa o destino trágico ou heroico do homem. As ações dos jogadores e dos demais atores da cena futebolística valeriam pelas ações de outros agentes. A vitória dos jogadores do Santos valeria pela vitória do próprio homem brasileiro.

Assim, por meio da comparação com o teatro, a concepção de futebol de Nelson Rodrigues incorpora de forma explícita a representação como um de seus elementos centrais. O mundo do futebol, recriado por Nelson em suas crônicas, funciona segundo a lógica do drama, e seus elementos se ajustam em função de seu caráter de representação.

Por isso, a relação com o conceito clássico do drama, estabelecida pelo próprio cronista, permite-nos sistematizar uma série de elementos dessa recriação do mundo futebolístico, que Nelson faz em suas crônicas. Algumas das categorias estabelecidas por Aristóteles para a descrição do drama, particularmente do gênero trágico, podem ser utilizadas para a análise das crônicas de futebol de Nelson Rodrigues, no intuito de revelar os mecanismos usados pelo cronista para explorar essa dimensão de representação do futebol.

A maneira como Nelson toma livremente os acontecimentos do mundo futebolístico para recriá-los segundo uma lógica própria nos permite dizer que, em suas crônicas, esses acontecimentos funcionam como um esquema, um argumento, uma sequência de ações a partir da qual ele constrói o seu drama. Assim, pela lógica da comparação com o teatro, a estrutura formal do jogo e a maneira como se realiza em cada competição (a história dos jogos e dos campeonatos) fazem, no drama do futebol, as vezes do "mito". Em Aristóteles, o "mito" é, justamente, a "trama dos fatos", a "imitação das ações", a "composição dos atos" que movimentam o drama (porque era dos antigos mitos orais que os poetas gregos retiravam os argumentos de suas tragédias). E a tragédia, sendo uma imitação de ações, é também uma imitação de agentes, os quais, por suas palavras e ações, revelam qualidades que definem o seu "carácter" (Aristóteles, 1992, p. 111). Porém, se para Aristóteles o "mito" é, entre as "partes" da tragédia, a mais importante, e os personagens e seus "caracteres" devem existir somente em função das ações que desempenham – "na tragédia, não agem os personagens para imitar caracteres, mas assumem caracteres para efetuar certas ações" (Aristóteles, 1992, p. 111) –, nas crônicas de Nelson Rodrigues a lógica se inverte. A trama, função que é desempenhada pelo desenvolvimento das ações em uma determinada partida, só interessa na medida em que é capaz de revelar o homem que há por trás de todo jogador. "Se o jogo fosse só a bola, está certo, mas há o ser humano por trás da bola", é o que diz Nelson, na mesma crônica de 1963 (1993, p. 104). E em outra crônica, esta de 1964, sobre o famoso tapa dado por Nilton Santos em Armando Marques: "Ora, mil vezes mais grave, mais solene, mais hierático do que o atleta é o ser humano" (1993, p. 116). Nos termos da descrição aristotélica da tragédia, diríamos que, para Nelson, interessa mais o "carácter" (que diz respeito às qualidades do agente) do que o "mito". Daí sua admiração pelo estilo dos jogadores truculentos, temperamentais e rudes como Almir, Amarildo ou Obdúlio Varela. As qualidades reveladas pelos atletas em um jogo de futebol funcionam como signos das qualidades do próprio homem: "um jogador não pode ser, nunca, a antipessoa" (1993, p. 116). Truculência, rudeza e comportamento temperamental, atitudes consideradas pela maioria dos cronistas (os "idiotas da objetividade") como "anti-esportivas", funcionam como signos de "caracteres" como bravura e coragem. Qualidades que, para Nelson, são necessárias, essenciais ao homem. Assim, em diversas crônicas, ele se desdobra em elogios aos jogadores de estilo mais aguerrido, às vezes mesmo violento, capazes de "oferecer a cara ao bico adversário" (1994, p. 180). É o código de valores heroico em pleno funcionamento, porque Nelson nunca perde de vista o parentesco entre o jogo e a guerra. "Durante noventa minutos, são onze bárbaros contra onze bárbaros" (1993, p. 133). É essa predileção pelos jogadores de estilo mais viril que está por trás de uma de suas mais extravagantes afirmações: "Eis a verdade: – o que dá charme, apelo, dramatismo aos clássicos e às peladas é o *foul*. A poesia do futebol está no *foul*. E os jogos que fascinam o povo são os mais truculentos" (1993, p. 133). Como uma ação, o *foul* é, sem dúvida, um elemento do "mito", mas sua importância vem justamente da capacidade de revelar, no agente, "caracteres" como bravura e coragem.

O mesmo se pode dizer das diversas vezes em que Nelson se manifesta (contra os "entendidos", que se punham em defesa do "coletivismo" no futebol) a favor do estilo eminentemente individualista dos jogadores brasileiros. Em uma crônica de 1966, por exemplo, Nelson polemiza com o técnico Admildo Chirol, que em uma entrevista havia anunciado o fim "do homem-chave, do homem-estrela, do craque quase divino":

> Toda a experiência humana parece estar contra Chirol. Ninguém admite uma fé sem Cristo, ou Buda, ou Alá, ou Maomé. Ou uma devoção sem o santo respectivo. Ou um exército sem napoleões. No esporte, também. Numa competição modesta de cuspe à distância, o torcedor exige o mistério das grandes individualidades. No futebol, a própria bola parece reconhecer Pelé ou Garrincha e só falta lamber-lhes os pés como uma cadelinha amestrada. Ai do teatro que não tem uma Sarah Bernhardt ou uma Duse.

E, mais à frente: "No dia em que desaparecerem os pelés, os garrinchas, as estrelas, enfim, será a morte do futebol brasileiro. E, além disso, no dia em que desaparecerem as dessemelhanças individuais – será a morte do próprio homem" (1994, p. 129-130).

É como no caso do gosto pelo estilo dos jogadores viris, a ênfase no "carácter", nas qualidades que fazem o agente. E a divergência em relação à recomendação de Aristóteles para a construção da tragédia (a ênfase no "mito") talvez não reflita uma diferença muito grande entre as duas concepções de drama. Porque essa ênfase no "carácter" tem, nas crônicas de Nelson, uma função específica. Ela funciona como uma forma de pôr em relevo o aspecto representativo de que se investe o agente, destacando nele certas qualidades que poderão remeter a determinados sentidos. E, em Aristóteles, como se falava de teatro, e não de futebol, não havia dúvidas sobre a presença da representação.

É essa mesma lógica, a da pintura enfática do "carácter" com o objetivo de revelar sua dimensão representativa, que rege boa parte das crônicas originalmente publicadas na coluna intitulada "O personagem da semana", da qual foram retirados muitos dos textos reunidos nos volumes À sombra das chuteiras imortais e A pátria em chuteiras. Trata-se, nessa coluna, segundo as palavras do próprio Nelson, de escolher entre as personagens do drama "a figura que possa traduzir o símbolo pessoal e humano da batalha" (1994, p. 47). O "personagem da semana" é sempre, dentre os atores da cena futebolística, aquele cujas qualidades possuem um maior potencial representativo e, por isso, melhor se prestam à recriação dramática. O corajoso, o nobre, o pusilânime, o vil etc. Enfim, personagens que encarnam certos "tipos" e que por isso poderão encontrar alguma correspondência na vida extrafutebolística.

    Mas Nelson não perde de vista a importância do "mito", da "trama dos fatos" que move o drama do futebol: o desenvolvimento do jogo, a marcha do placar. Em Aristóteles, o "mito" é, como dissemos, o elemento primordial da tragédia, "pois a tragédia não é imitação de homens, mas de ações e de vida, de felicidade [e infelicidade]" (Aristóteles, 1992, p. 111). Pois é justamente da sequência das ações, do "transe da felicidade à infelicidade ou da infelicidade à felicidade" (Aristóteles, 1992, p. 114), que vem a sua capacidade de lograr o "efeito trágico", suscitando no público "o terror e a piedade" e levando à "purificação dessas emoções" por meio do fenômeno catártico.

    No futebol, a "trama dos fatos" é sempre uma moeda de dois lados, ou, como diria Aristóteles, uma "tragédia de dupla intriga", "que oferece opostas soluções para os bons e para os maus" (Aristóteles, 1992, p. 120). Pois, no futebol, há sempre vencedores e vencidos. Para uns, o transe em direção à felicidade, e, para outros, o contrário. A crônica assumidamente parcial de Nelson Rodrigues, adotando na maioria das vezes o ponto de vista de um dos lados do jogo, está sempre a falar da vitória e da derrota e do modo como elas foram construídas. Em certos jogos, é a simples marcha do placar que oferece o elemento dramático, capaz de suscitar as paixões e provocar sua expiação. Como no jogo entre Brasil e Espanha, pela Copa do Mundo de 1962, vencido de "virada" (2x1) pelos brasileiros:

> O bonito, o sublime, o gostoso de Brasil x Espanha foi a angústia. Nós sabemos que o martírio é que dá a um jogo, seja ele um clássico ou uma pelada, um charme desesperador. Ora, a batalha com os espanhóis teve todos os matadouros emocionais. Eis uma partida que pôs em cada coração uma fluorescente coroa de espinhos. Fomos, até o primeiro gol [do Brasil], 75 milhões de cristos. (Rodrigues, 1994, p. 73)

A iminência da derrota, após o primeiro gol dos espanhóis, foi o elemento que conferiu à partida a sua dramaticidade, o seu charme, a sua beleza. Por isso, a vitória se tornou melhor, mais emocionante, mais envolvente. "O Brasil venceu. Somos milhões de reis." Teríamos, aqui, um "mito simples", em que o "efeito trágico" (o despertar das paixões no público pela identificação com a dor dos personagens) é provocado exclusivamente pelo plano principal da ação, sem a necessidade de episódios acessórios.

Mas, em outros jogos, não é a marcha do placar que interessa, mas justamente o que o placar não mostra, certos detalhes que poderiam passar despercebidos e sobre os quais o cronista lança o seu olhar. Há uma crônica em que Nelson afirma: "Eu sempre digo que uma peleja não é o seu placar. Muitas vezes, o que importa é o que o placar não diz, o que o placar não confessa." (Rodrigues, 1994, p. 30). Às vezes, é um episódio quase imperceptível que ganha importância. Como a "cusparada metafísica" dada por Dida (jogador do Flamengo nos anos de 1950 e 1960) sobre a bola, momentos antes da cobrança de um pênalti, em uma partida contra o modesto Canto do Rio, em 1957, que teria evitado que o pênalti fosse convertido em gol, revelando a presença do sobrenatural no futebol (Rodrigues, 1993, p. 31-32). Às vezes, um episódio mais complexo, como a bofetada dada por "um jogador qualquer" no juiz, que acabara de repreendê-lo por uma jogada violenta, em uma partida do Fluminense, também em 1957. Esse lance foi, para Nelson, "o episódio inesperado, o incidente mágico, que veio conferir ao *match* de quinta classe uma dimensão nova e eletrizante", despertando no público o "horror" e envolvendo-o solidariamente na covardia do juiz, que após o tapa "correu como um cavalinho de carrossel" (Rodrigues, 1993, p. 13-14).

Temos, nesses dois exemplos, a presença de mais duas categorias aristotélicas para a descrição das "partes da tragédia": o "reconhecimento" e a "peripécia". "Reconhecimento" e "peripécia" são considerados por Aristóteles como "elementos qualitativos" que diferenciam o "mito complexo" e como "os principais meios por que a tragédia move os ânimos". O "reconhecimento" é definido como "a passagem do ignorar ao conhecer", e a "peripécia" como "a mutação dos sucessos no contrário" (Aristóteles, 1992, p. 112-118). No primeiro exemplo, encontramos o "reconhecimento" porque o episódio da "cusparada metafísica" serve para revelar a presença do sobrenatural no futebol, e no segundo a "peripécia" porque a situação em que o juiz deveria fazer valer sua autoridade sobre o jogador desencadeou justamente o efeito contrário.

Quanto ao episódio da "cusparada metafísica", é interessante notar que através dele Nelson afronta outra das recomendações de Aristóteles para a construção do drama trágico: o respeito à verossimilhança. No capítulo XV da *Poética*, Aristóteles diz: "Tanto na representação dos caracteres como no entrecho das ações, importa procurar sempre a verossimilhança" (Aristóteles, 1992, p. 124)[2]. Ao sugerir que a verdadeira causa da perda do pênalti pelo jogador do Canto do Rio tenha sido a cusparada de Dida, Nelson introduz no drama do futebol um elemento que escapa às

---

2. Em outro momento, no entanto, Aristóteles reconhece lugar ao "maravilhoso" na tragédia, porque "verossimilmente muitos casos se dão e ainda que contrários à verossimilhança" (Aristóteles, 1992, p. 130).

leis da verossimilhança. As interferências do "sobrenatural", do "imponderável", são mais uma das obsessões do cronista. As crônicas sobre a "leiteria metafísica" (uma entidade "extraterrena" que velaria pela sorte do Fluminense) e a série de textos em que aparece o "Sobrenatural de Almeida" (um dos personagens fictícios que dividem com os personagens da vida real o espaço das crônicas de Nelson) são os exemplos mais evidentes dessa obsessão. Novamente, aí, é o movimento de revelar a dimensão representativa do futebol que importa ao cronista. Essas intervenções do sobrenatural nada mais são do que um dos elementos da representação: o signo das forças impessoais do destino, do azar e da sorte, que a todo momento interferem na vida dos homens e dos times.

> A vida dos homens e dos times depende, às vezes, de episódios quase imperceptíveis. (...) Mas eu vos direi que, antes de Canto do Rio x Flamengo, já dizia aquele personagem shakespeariano que há mais coisas no céu e na terra do que supõe a nossa vã filosofia. (1993, p. 31-32)

> As pessoas estreita e crassamente objetivas colocavam o problema das nossas frustrações em termos técnicos, táticos, físicos e nada mais. Era um engano funesto. Ninguém acreditava que há qualquer coisa de laticínio[3] nos gramados, nos espetaculares êxitos terrenos (1993, p. 72).

O terceiro "elemento qualitativo do mito complexo", que é a "catástrofe", definida por Aristóteles como "uma ação perniciosa e dolorosa, como o são as mortes em cena, as dores veementes, os ferimentos e mais casos semelhantes" (Aristóteles, 1992, p. 119), também é amplamente explorado por Nelson Rodrigues em sua leitura do futebol. São muito frequentes as crônicas em que ele se detém em momentos tipicamente catastróficos das partidas que comenta. Como, por exemplo, uma crônica em que ele escolhe Zagallo, que havia se contundido nos minutos iniciais de uma partida entre

---

3. O "laticínio" é uma referência à "leiteria metafísica" e um jogo de palavras com "vaticínio".

Botafogo e Flamengo (Zagallo tinha acabado de se transferir do Flamengo para o Botafogo), como o seu "personagem da semana":

> Alguém objetará que Zagalo saiu de campo. Ao que eu respondo: por isso mesmo. Nos grandes clássicos, cresce de importância o jogador que é levado quase de maca. (...) Fora ceifado e não voltaria mais. Excluído do jogo, Zagalo passou a ser o grande personagem da noite. Do seu peito pendia o manto do herói trágico. Fosse qualquer outro e não teria importância. Vejam bem: – ele não podia faltar no seu primeiro jogo contra o Flamengo. E a fatalidade o enxotou de campo no momento em que ele começava a fazer talvez a sua maior partida. Eu escrevi, mais acima, que o jogo teve sangue, suor e lágrimas. Exato. Mas cumpre especificar: – as lágrimas foram de Zagalo. (1994, p. 48-49)

De qualquer modo, Nelson procura sempre destacar, dentre os acontecimentos das partidas que comenta, aqueles que são capazes de infundir-lhes dramatismo, de revelar-lhes uma dimensão nova, que escape aos aspectos meramente esportivos. Daí sua obsessão pelo detalhe que poderia passar despercebido, pelo episódio irrelevante do ponto de vista esportivo, pela sutil interferência do sobrenatural etc. O procedimento de Nelson se assemelha ao ato de colocar sobre determinado detalhe do andamento de um jogo uma lente de aumento, que expõe ao máximo esse detalhe e extrai dele o máximo de efeito.

No livro *Mitologias*, Roland Barthes faz uma interessante análise do *catch*, aquela modalidade cômica de luta livre, despida da seriedade da competição esportiva e produzida apenas para o entretenimento. Nessa análise, o semiólogo aponta, na economia formal do *catch*, dois elementos eminentemente teatrais – a ênfase e o exagero – que funcionam como maneiras de potencializar a capacidade de significação inscrita na estrutura do jogo e dela extrair seu sentido e seu efeito sobre o público.

Tomando o jogo de futebol como uma forma de drama, e procurando nele os elementos dramáticos, Nelson Rodrigues realiza, em suas crônicas, um movimento semelhante. Assim como no *catch* a situação agonística funciona como um enredo, nas crônicas de Nelson Rodrigues os acontecimentos do mundo futebolístico fazem as vezes do "mito", da "trama dos fatos". A ênfase no "carácter", nas qualidades do agente, corresponde à caracterização exagerada, caricatural, dos lutadores do *catch*. A obsessão pelo detalhe revelador, pelo acontecimento excepcional, pelo evento catastrófico (ou, segundo a terminologia aristotélica, o uso dos "elementos qualitativos do mito complexo"), que, em Nelson Rodrigues, é uma forma de colocar em relevo certos momentos de maior apelo dramático, desempenha a mesma função que os movimentos enfáticos dos lutadores do *catch*. Como no *catch*, Nelson Rodrigues se utiliza desses recursos para extrair dos acontecimentos esportivos o máximo de sua carga simbólica, de seu potencial representativo. Com a diferença de que, no *catch*, esses procedimentos teatrais se encontram inscritos no próprio espetáculo (aliás, são eles que descaracterizam o *catch* como esporte). Já nas crônicas de Nelson, tais recursos se encontram inscritos não no próprio jogo, mas em sua interpretação, no discurso sobre o jogo. Recriando os acontecimentos futebolísticos segundo a lógica do drama, Nelson Rodrigues se afasta dos "idiotas da objetividade" e leva às últimas consequências o potencial simbólico do esporte.

referências

ARISTÓTELES. *Poética*. Trad. Eudoro de Sousa. 3 ed. Lisboa: Imprensa Nacional – Casa da Moeda, 1992.
BARTHES, Roland. O mundo do catch. In: _____. *Mitologias*. 9 ed. Rio de Janeiro: Bertrand Brasil, 1993.

RODRIGUES, Nelson. À sombra das chuteiras imortais. São Paulo: Companhia das Letras, 1993.
_____. A pátria em chuteiras. São Paulo: Companhia das Letras, 1994.

PARTE 4

outros campos

1
futebol, metonímia da vida

Pode até ser segunda divisão, mas o livro de Clara Arreguy é, sem dúvida, campeão[1]! Escrevendo de um jeito leve e despretensioso sobre um assunto que muitos ainda acham de menor importância, a autora consegue sair do feijão com arroz e fazer do futebol uma ponte para pensar sobre outras coisas. Essa, aliás, costuma ser uma qualidade de quase todo bom texto sobre o esporte: fazer dele uma "metáfora da vida", como diz o antropólogo Roberto DaMatta. Ou um teatro em que se representa o destino humano, um lugar onde o que procuramos "é o drama, é a tragédia, é o horror, é a compaixão", como dizia Nelson Rodrigues, citando a velha máxima de Aristóteles sobre a tragédia.

Mas, nesse caso, talvez o melhor fosse falar em metonímia, porque Clara Arreguy mergulha com categoria nos dias que antecedem a decisão fictícia do Campeonato Brasileiro da segunda divisão, entre Santa Fé e Arapiara, envolvendo o leitor no clima tenso da final, no universo dos boleiros e nos dilemas pessoais e esportivos dos jogadores, treinadores, torcedores e jornalistas. E é daí que ela tira o feitiço de seu livro, como também é daí que todos nós que gostamos do futebol tiramos os elementos que nos permitem projetar nele as nossas frustrações e os nossos desejos. Afinal, as histórias do futebol são sempre, de alguma forma, parecidas com as histórias da vida: é sempre lutar, vencer ou perder, na vida

---

[1] Este texto foi publicado como posfácio do romance *Segunda Divisão*, de Clara Arreguy (Lamparina, 2005).

como no jogo. A relação não é só de analogia, mas também de contiguidade.

Acompanhando, durante quase todo o livro, as ações e os pensamentos dos personagens envolvidos naquele jogo, a autora vai construindo aos poucos o seu argumento central, que fica explícito na digressão que ela faz no capítulo 30, quase no final do romance e imediatamente antes do início da partida. A estrutura narrativa, aliás, parece-me ser a sua principal jogada, o ponto forte do seu esquema tático. O final da história – o jogo e o que aconteceu com aqueles personagens depois dele – vem apenas como a cobertura do bolo. O que interessa é, principalmente, o modo como todos aqueles dramas e destinos humanos desembocam e se concentram no momento em que o juiz apita e a partida começa. Em minha memória, vem imediatamente a lembrança de um trecho do grande clássico de nossa bibliografia esportiva, o livro *O negro no futebol brasileiro*, em que Mário Filho narra os momentos que precederam o fatídico jogo entre Brasil e Uruguai, em 16 de julho de 1950: foi só naquele "instante de suprema humildade" que o torcedor brasileiro se lembrou que "um jogo é um jogo é um jogo", que "tudo pode acontecer num jogo".

Para conseguir esse efeito de acúmulo e concentração, Clara usa, com maestria, as manhas da arte de narrar. Tecnicamente, poderíamos dizer que a história é contada por diversas vozes que se misturam e se diluem umas nas outras. Há uma voz mais ou menos neutra de narrador, que conta os fatos de uma perspectiva exterior. Mas essa voz vai, alternadamente, focando em diferentes personagens e sendo invadida pela linguagem, pelos pensamentos e pelas emoções desses personagens. Assim, a autora mistura, às vezes em um mesmo parágrafo, a narrativa em terceira pessoa e a narrativa em primeira pessoa; o discurso direto, o discurso indireto e o discurso indireto livre. O tom, a dicção e o estilo acompanham com coerência as variações de perspectiva, sem quebrar o ritmo da leitura nem perturbar o modo como o leitor é envolvido na trama. Em certos momentos, por exemplo, a narração acompanha os pensamentos de um jogador, incorporando por isso a linguagem do boleiro, as expressões, as gírias e os lugares-comuns. Em outros momentos, o texto se afasta da perspectiva dos personagens e, como no capítulo 30, permite-se o uso de palavras e expressões mais complicadas e de uma abordagem mais sofisticada do assunto. A solução técnica da narração não é apenas um malabarismo, um drible desperdiçado. Ao contrário, ela acentua uma característica que me parece fundamental para que o futebol seja esse espetáculo quase metafísico que nós amamos tanto: a abertura interpretativa – cuja fonte talvez esteja na pura corporeidade desprovida de razão que é o frágil equilíbrio da relação do pé com a bola. Os acontecimentos do universo esportivo adquirem sentido justamente porque se misturam às vidas dos jogadores e torcedores, que acabam projetando neles suas tensões, anseios e sentimentos e interpretando-os sempre de uma forma singular. As perspectivas múltiplas e cambiantes da narração trazem isso para dentro do texto, fazendo da solução formal escolhida por Clara Arreguy mais uma das suas jogadas de craque. Vale lembrar, aqui, outra das obras-primas de Mário Filho, esta infelizmente bem menos conhecida: *Copa Rio Branco – 32*, livro no qual uma técnica semelhante é utilizada, com um efeito bastante parecido.

 Depois de devorar os 29 primeiros capítulos, o leitor chega tenso ao momento do jogo. O desfecho, como disse, é adiado pelo capítulo 30, que abandona a narração, prolonga o suspense e faz uma reflexão sobre as lições e emoções que o esporte nos propicia. Chega-se então à conclusão de que "os atletas refletem, como um espelho, as batalhas que o povo empreende – pela sobrevivência, pela ascensão, pelo aperfeiçoamento, pela superação". Assim, eles "simbolizam frente ao imaginário da plateia os próprios recursos de cada um que vê e torce: limitações, tantas; virtudes, algumas; diferencial, muito poucos". O esporte é "roda-gigante, gangorra, zanga-burrinho", "um parque de diversões da vida real" que "se completa na transferência que fazemos para nossos gladiadores". Termina o entreato, sobe o pano e apita o árbitro: "a sorte está lançada".

O capítulo 31, que conta o jogo, começa com mais um drible da narração: a perspectiva se desloca para o olhar de um torcedor, que assiste aquele momento como se fosse em câmera lenta, com uma cerveja na mão, imaginando as promessas que deveria fazer para que seu time fosse campeão. É como se fosse impossível descrever o que acontecia, o modo tenso como o jogo se desenrolava e era vivido pelos personagens. Mas o leitor não precisa se desesperar, pois logo aquela voz neutra de narrador retoma o fio, contando o jogo como se fosse um comentarista ou jornalista esportivo. Apenas alguns pequenos flashes de outras vozes a interrompem, remetendo o leitor às emoções e pensamentos dos personagens, especialmente o torcedor de cerveja na mão, que volta à cena no intervalo. Finalmente, no capítulo 32, resume-se de maneira ágil e breve o que aconteceu com aqueles personagens após a partida: sucesso e fracasso, alegria e tristeza, glória e decadência se alternam quase freneticamente, ao sabor de um destino sempre imprevisível.

Os dois capítulos finais, portanto, resumem com velocidade o modo como se resolveram os dilemas e esperanças que haviam se concentrado, com tanta força e tensão dramática, naquela final de segunda divisão (ou, se preferir, naquele final do *Segunda Divisão*). De certo modo, há neles uma curiosa mistura de clímax e anticlímax. Mas esse efeito, que parece ter sido cuidadosamente planejado pela autora, encaixa-se perfeitamente na estrutura da narrativa e nos sentidos que o livro suscita. Pois o jogo propriamente dito, do ponto de vista tático, técnico ou puramente factual, certamente não era o centro das atenções. Afinal, todos aqueles destinos que convergiram para o momento em que o juiz deu o apito inicial não poderiam mesmo ser completamente resolvidos em uma única partida, em um único lance de dados. O jogo, então, funciona como um funil, como o estreitamento de um rio ou de uma avenida movimentada. Durante a partida, tudo aquilo é muito confuso e turbulento, e só pode ser contado da perspectiva parcial de um torcedor apaixonado ou da perspectiva neutra de um narrador-jornalista. E, depois dela, a vida transborda e espirra como em um jorro, correndo de um modo rápido e impossível de ser capturado em algumas poucas frases.

Enfim, o romance *Segunda Divisão* é uma leitura muito prazerosa, tanto para o simples boleiro como para o exigente intelectual. É divertida e ao mesmo tempo dramática, é leve e ao mesmo tempo inteligente. Em um país em que o futebol é o pão de cada dia da imaginação de tantas pessoas, é ótimo que surjam textos ficcionais que o explorem de modo tão estimulante. Aliás, que segunda divisão que nada! Imaginemos que nesse nosso mundo, meio ficcional e meio real, o livro de Clara Arreguy acaba de ganhar o campeonato e conquistar uma vaga, junto ao Santa Fé, na primeira divisão de nossa literatura futebolística. Não tem coré-coré: é bola dentro.

2
nas margens do futebol, a literatura (e vice-versa)

Quando se pensa nas relações entre futebol e literatura, as atenções geralmente se dirigem à utilização do esporte como tema de obras literárias. O assunto, evidentemente, é de grande interesse, pois une dois campos importantes na vida cultural moderna e contemporânea, especialmente quando se fala na história brasileira do último século. Desse encontro surgiram, por exemplo, alguns textos memoráveis de autores como Oswald de Andrade, João Cabral de Melo Neto e Carlos Drummond de Andrade, ícones de primeira grandeza no campo literário. Mas a verdade é que, se pensarmos no cânone literário legitimado pela crítica e pela academia, o futebol não recebeu a atenção que merecia, considerando a amplitude de sua presença na sociedade brasileira. A grande maioria dos autores consagrados na literatura se dedicou apenas eventualmente ao esporte, e são de fato muito raras as obras ficcionais de maior fôlego dedicadas ao tema, como o romance *Flô, o goleiro melhor do mundo*, de Thomaz Mazzoni, e o livro de contos *Maracanã, adeus*, de Edilberto Coutinho[2].

Essa escassez poderia sugerir que futebol e literatura não estabelecem relações relevantes na cultura brasileira, o que seria realmente estarrecedor e talvez pudesse ser explicado pelo caráter elitista que a atividade literária, ao contrário

---

2. Não considero, aqui, a produção mais recente, que registra alguns bons textos poéticos e ficcionais sobre o futebol.

do esporte, possui no país. A resposta para esse enigma, no entanto, é mais facilmente encontrada quando nos deslocamos do centro da tradição literária e procuramos essas relações na multiplicidade de discursos que a sociedade produz a partir do futebol. Os hinos e livros sobre a história dos clubes, os cantos das torcidas, a multiplicidade de gêneros jornalísticos, o cinema e até mesmo alguns trabalhos acadêmicos podem ser considerados como discursos híbridos, nos quais a literatura – como modo de utilização da linguagem que explora deliberadamente suas potencialidades, conferindo-lhe uma dimensão de autonomia e ficcionalidade – encontra-se eventualmente implicada. Sem falar na possibilidade de tomar o próprio jogo como linguagem ou discurso, aproximando-o das artes e interpretando-o a partir de categorias afins ao campo literário, como fizeram autores como o cineasta Pier Paolo Pasolini, o antropólogo Roberto DaMatta e o ensaísta e professor de literatura José Miguel Wisnik. Temos, portanto, na ideia do esporte como discurso e nos discursos que a sociedade produz sobre ele, aspectos do fenômeno futebolístico que se aproximam do campo dos estudos da linguagem e da literatura. Neste trabalho, tentarei explorar brevemente essas duas possibilidades e certas relações que se pode estabelecer entre elas, recuperando hipóteses que desenvolvi em minha trajetória de pesquisas sobre o futebol, realizada no campo dos estudos literários, e colocando-as em diálogo com alguns títulos da bibliografia atual sobre o tema.

o futebol como discurso

Em um artigo intitulado "A falação esportiva", Umberto Eco reflete sobre o esporte enquanto prática, no qual dialogam um elemento de desperdício e outro de disciplina e controle, e suas manifestações no mundo contemporâneo, quando ele se torna, sobretudo, um grande espetáculo midiático. Em certo momento dessa reflexão, Eco propõe, por meio da noção de "esporte ao quadrado", a ideia do espetáculo esportivo como um discurso dirigido ao espectador. Essa passagem ocorre "quando o esporte, de jogo que era jogado em primeira pessoa, se torna uma espécie de discurso sobre o jogo, ou seja, o jogo enquanto espetáculo para os outros, e depois o jogo enquanto jogado por outros e visto por mim" (Eco, 1984, p. 222). A ideia do jogo como linguagem ou discurso, que é convergente com os fundamentos de disciplinas que ocuparam o centro do debate intelectual no século XX, como a Antropologia, a Linguística e a Semiologia, está, de certo modo, subentendida em grande parte dos estudos acadêmicos sobre os esportes, entre eles os que se interessam pelo futebol e sua presença na história cultural brasileira.

Isso pode ser visto já nos primeiros trabalhos que, a partir do final da década de 1970, começaram a fazer do futebol um assunto de interesse acadêmico. Um bom exemplo pode ser dado pelo importante ensaio "Futebol: ópio do povo ou drama de justiça social?", em que Roberto DaMatta[3] se vale do conceito de "drama social" (inspirado em Max Gluckman e Victor Turner) para pensar sobre as relações entre o esporte e a sociedade brasileira. "Um dos pressupostos básicos da ideia de drama social", explica DaMatta, "é que uma sociedade sempre se reproduz a si mesma em quaisquer domínios sociais que institui em seu meio". Desse modo, continua o antropólogo, o futebol "seria um modo específico – entre outros – pelo qual a nossa sociedade fala, apresenta-se, revela-se, exibe-se, deixando-se descobrir" (DaMatta, 1986, p. 105). Embora isso não seja explicitado por DaMatta, é o conceito clássico de drama, estabelecido por Platão e Aristóteles nos primórdios da Teoria da Literatura, que serve como operador para a leitura

---

3. As citações a seguir são do livro *Explorações – ensaios de sociologia interpretativa*, uma coletânea de ensaios de Roberto DaMatta, publicada em 1986. Uma versão um pouco diferente do artigo foi publicada em 1982, no livro *Universo do futebol: esporte e sociedade brasileira*, com o título "Esporte na sociedade: um ensaio sobre o futebol brasileiro". Esse livro, que reúne ensaios de DaMatta, Luiz Felipe Baêta Neves, Simoni Lahud Guedes e Arno Vogel, pode ser considerado (juntamente com outros textos, alguns dos quais citados mais à frente) um dos marcos na constituição de um campo de estudos sobre o futebol no Brasil.

do esporte como representação dos "dilemas sociais". No mesmo ensaio, o autor afirma também que o jogo de futebol pode ser visto "como uma metáfora da própria vida", valendo-se outra vez de uma categoria bastante familiar ao campo literário para pensar sobre o esporte (DaMatta, 1986, p. 109). Perspectiva semelhante pode ser encontrada em muitos outros textos sobre o futebol no Brasil. Entre os trabalhos pioneiros, podem ser lembrados os ensaios "O futebol no Brasil", de Anatol Rosenfeld, e "Sobre algumas mensagens ideológicas do futebol", de Luiz Felipe Baêta Neves. O primeiro – publicado originalmente em alemão, ainda em 1956 – considera o esporte uma forma de "expressão lúdico-simbólica" ou "representação organizada", por meio da qual a sociedade brasileira expia e sublima impulsos primitivos e tensões da vida social, convergindo, portanto, com o conceito de drama na ideia do esporte como "catarse de massas" (Rosenfeld, 1993, p. 105-106). Já o segundo investiga as "possibilidades de apropriação ideológica" do futebol e as "mensagens" que ele veicula no contexto brasileiro (Neves, 1979, p. 1). Respondendo mais tarde a esses precursores, podemos mencionar o artigo "A vitória do futebol que incorporou a pelada", de José Sergio Leite Lopes, para quem o esporte oferece à sociedade brasileira "uma linguagem comum, compreendida por todas as classes", que cumpriu historicamente tanto a função de "linguagem de mobilização" quanto de "linguagem de negociação" (Lopes, 1994, p. 78). Outro exemplo é o livro *Footballmania*, de Leonardo Affonso de Miranda Pereira, que parte de uma concepção de cultura "como um meio de efetivação de disputas e embates entre diferentes práticas e tradições" (Pereira, 2000, p. 18) para investigar o "jogo dos sentidos" pelo qual o futebol foi apropriado e interpretado pelos diferentes grupos sociais que viviam no Rio de Janeiro nas primeiras décadas do século XX.

    Em todas essas formulações, como em muitas outras, a utilização de categorias afins aos estudos da linguagem e da literatura assinala o reconhecimento de que a prática esportiva, quando transformada em espetáculo, torna-se uma espécie de campo simbólico, assumindo, do ponto de vista do público, uma série de relações com outros domínios da vida. A alternativa entre vitória e derrota, a marcha do placar e dos campeonatos, a bola rolando sobre o campo gramado a céu aberto, os erros e acertos do juiz, o comportamento e o estilo de jogo dos atletas, os clubes e seus emblemas e tradições; enfim, os personagens, acontecimentos e instituições que compõem o mundo fechado do jogo se tornam significantes, remetendo a coisas que estão fora do jogo.

Contudo, em grande parte dos trabalhos sobre o futebol, vinculados a disciplinas como a História, a Antropologia e a Sociologia, esse aspecto do espetáculo esportivo não ocupa o centro da reflexão, passando-se de modo mais ou menos ligeiro pelas implicações teóricas de noções como linguagem, discurso, mensagem e representação. Já existe, entretanto, um número significativo de trabalhos que faz desse salto que leva do jogo ao sentido sua questão fundamental, falando dos jogos e dos esportes em geral e do futebol e sua presença no Brasil, em particular.

Em alguns desses trabalhos, reafirma-se a ideia do espetáculo esportivo como representação, vista em DaMatta e outros autores, buscando-se, por vezes, associar a pesquisa histórica a uma reflexão teórica sobre o fenômeno futebolístico. Essa intenção abrangente está presente, por exemplo, no livro *A dança dos deuses*, de Hilário Franco Júnior, que ultrapassa o contexto brasileiro moderno e contemporâneo, abarcando também a Europa e os diversos jogos semelhantes ao futebol que existiram em diferentes épocas e civilizações. Nesse livro, o autor defende explicitamente a ideia do futebol como "representação imaginária", aproximando-o por isso "do cinema, do teatro, da literatura e das artes em geral" (Franco Júnior, 2007, p. 394). Após uma abordagem do esporte como "micro-história do mundo contemporâneo", nos contextos europeu e brasileiro, o autor se dedica a um laborioso exercício de diálogo interdisciplinar, baseado na premissa do futebol como uma "metáfora de cada um dos planos essenciais do viver humano", explorando detalhadamente os diversos aspectos (sociológico, psicológico, linguístico etc.) desse potencial imagético do esporte (Franco Júnior, 2007, p. 166).

Há, no entanto, exceções a essa perspectiva, como o interessante trabalho do teórico da literatura alemão Hans Ulrich Gumbrecht, que, em diversas oportunidades, vem pondo em xeque a ideia do futebol como representação e contrapondo-a a uma visão do esporte como fenômeno estético-formal de "produção de presença", sem a implicação de um nível semântico imanente. No artigo "Comunidades imaginadas", por exemplo, Gumbrecht questiona a relação entre os estilos de futebol e as identidades nacionais, explicando suas diferenças pela lógica interna do jogo, que sanciona e faz reproduzir os modos de jogar que obtiverem maior sucesso esportivo. Assim, uma coisa é reconhecer a especificidade de um estilo brasileiro de jogo, outra é "saber se as virtudes do futebol brasileiro (...) têm realmente algo a ver com a componente africana dessa cultura, como Gilberto Freyre sugeriu na alvorada histórica da glória futebolística nacional" (Gumbrecht, 2006, p. 5). Mas esse questionamento da dimensão semântica do futebol convive, no pensamento do autor, com descrições precisas da dinâmica e das especificidades formais do futebol, nas quais insiste o paralelo com a arte e a linguagem. Como em sua definição da "bela jogada" como "fascinação estética", "epifania" e "manifestação de uma coreografia e de uma forma corporizadas, que se apaga no mesmo instante em que começa a se desvendar" (Gumbrecht, 2006, p. 4).

Partindo de um conjunto bastante amplo de referências – entre elas o próprio Gumbrecht e um curioso artigo em que Pasolini esboça uma teoria do futebol como linguagem, distinguindo entre estilos de jogo mais próximos da prosa e da poesia –, José Miguel Wisnik, em seu livro *Veneno remédio*, é um dos que mais avançam na reflexão sobre esse aspecto discursivo do esporte. Reconhecendo que "a esmagadora maioria dos livros" sobre o futebol fala principalmente de seu entorno ("aquilo que cerca, mobiliza, reage, produz, envolve, explora o mundo do jogo"), o autor se propõe a "tratar desse buraco negro que é o próprio campo do jogo, perguntando sobre o que acontece nele", para daí "perseguir as ligações entre o jogo e os processos que o cercam" (Wisnik, 2008, p. 18). A "tese de fundo" do livro de Wisnik é a de que, "pela singularidade da sua formulação" (especialmente o fato de ser jogado com os pés, o que lhe dá uma grande dose de incerteza e variação), o futebol "abre-se, mais do que os demais esportes, a uma margem narrativa que admite o épico, o dramático, o trágico, o lírico, o cômico, o paródico" (Wisnik, 2008, p. 19). Assim, o autor encontra uma posição intermediária entre a "produção de presença" e a representação, considerando o futebol como um "sistema simbólico" que coloca em questão "a estrutura dialética e diferencial do sujeito" e oferece um esquema "genérico o bastante para não representar nenhum conteúdo previamente determinado", "deixando-se investir por conotações ora mais difusas ora mais direcionadas, em que se engancham modos de relação entre indivíduos e grupos" (Wisnik, 2008, p. 46-47). Os diversos sentidos assumidos pelo esporte, nos diferentes contextos e para os diferentes sujeitos que dele se apropriam, seriam então uma "questão de interpretação", mais do que uma realidade interna ao próprio jogo (Wisnik, 2008, p. 27).

Em sua argumentação, Wisnik desdobra essa tese e identifica as características específicas da linguagem do futebol, responsáveis pelo lugar privilegiado que ele ocupa em nossa cultura: "seus componentes de indeterminação, sua abertura estrutural à interpretação, à contingência e ao acaso, sua margem de acontecimento incontabilizável, sua combinação de finalismo com gratuidade, suas 'barrigas' sem acontecimento e suas curvas orgásticas, tudo isso apontando para uma narratividade diversificada que pode se traduzir em gêneros e estilos" (Wisnik, 2008, p. 114). Desenvolvendo a distinção de Pasolini, entre estilos futebolísticos em prosa e poesia, o autor amplia sua descrição, afirmando que "o jogo de futebol é a arena de um 'diálogo' polêmico e plural, corporal, não verbal, onde valem prosa e poesia, leveza e força, argumento e parábola, silogismo e elipse" (Wisnik, 2008, p. 120).

Este breve apanhado de algumas reflexões sobre a ideia do futebol como linguagem ou discurso não é, evidentemente, suficiente para qualquer aprofundamento na questão. Tem unicamente a finalidade de apontar para sua efetiva presença em diferentes abordagens do fenômeno futebolístico e indicar rapidamente alguns caminhos pelos quais ela pode ser explorada. A reiterada presença de categorias afins ao campo dos estudos da linguagem e da literatura não é, obviamente, casual, evidenciando a pertinência dessa ideia, quer consideremos ou não como válidas as diferentes teses sobre ela. O debate sobre a dimensão simbólica do futebol, portanto, não pode prescindir das contribuições oferecidas por esse campo do conhecimento, sob o risco da naturalização e da aceitação não problematizada das categorias teóricas e das eventuais análises e interpretações que nelas se fundamentem.

os discursos sobre o futebol

Voltemos ao artigo "A falação esportiva", de Umberto Eco, que serviu de mote no início deste trabalho. Depois de falar a respeito do espetáculo esportivo como discurso dirigido ao espectador, o teórico italiano acrescenta outra camada à sua reflexão sobre o universo dos esportes: o "esporte ao quadrado (...) engendra um esporte ao cubo, que é o discurso sobre o esporte enquanto assistido: esse discurso é em primeira instância o da imprensa esportiva". Essa passagem, por sua vez, desencadeia um mecanismo sem travas, engendrando o "discurso sobre a imprensa esportiva", e daí por diante, conduzindo então ao "esporte elevado à enésima potência". "O esporte atual", conclui Eco, "é essencialmente um discurso sobre a imprensa esportiva: para além dos três diafragmas está o esporte praticado, que no limite poderia não existir", pois "a falação sobre a falação da imprensa esportiva representa um jogo com todas as suas regras" (Eco, 1984, p. 223-224). Na avaliação desse fenômeno, o autor oscila entre a velha ideia do discurso sobre o esporte como "sucedâneo do discurso político", complementando a função circense do próprio jogo, e a hipótese de que ele cumpriria uma função fática, "porque mantém em exercício a possibilidade de comunicação, para fins de outras e mais substanciais comunicações" (Eco, 1984, p. 224-225).

Se pensarmos na produção acadêmica sobre a cultura e a história do futebol no Brasil, devemos concordar com Wisnik que é nesse campo – o dos discursos sobre o esporte, mais do que a prática esportiva propriamente dita – que se move a maior parte dos estudos. Mas, no interior desse conjunto, devemos distinguir entre os trabalhos que utilizam esses discursos como fonte, documentação e referência para reflexões que dizem respeito a outros temas (as relações do futebol com a política e com o desenvolvimento das cidades, as instituições e estruturas legais que regulam sua prática, as identidades clubísticas e suas ligações com os grupos sociais, o comportamento das torcidas organizadas etc.), e os que fazem do próprio funcionamento desse universo discursivo seu objeto central de reflexão. Entre esses últimos, poderíamos mencionar os trabalhos sobre a linguagem futebolística e sua utilização metafórica em outros campos, o esporte como tema de obras literárias, cinematográficas e de outras artes, o radialismo e a imprensa esportiva etc. Mesmo nesses casos, contudo, nem sempre a condição de interpretação do jogo desses discursos é devidamente posta em questão, talvez em consequência daquela lacuna apontada anteriormente, relativa à escassez de trabalhos que se debrucem sobre a ideia do próprio jogo como linguagem ou discurso.

Tentando contribuir com essa discussão, concluí em 1997 a dissertação de Mestrado em Teoria da Literatura *O mundo do futebol nas crônicas de Nelson Rodrigues*, na qual os textos desse autor serviam como exemplo para uma discussão teórica sobre os processos por meio dos quais a sociedade investe no futebol significações que extrapolam o campo esportivo. A ideia central, de certo modo aproximada à de Wisnik, era a de que o jogo, como prática, tem uma sistematicidade formal semelhante à da linguagem, mas só adquire significação na medida em que é interpretado e posto em relação com o que está fora dele. Nesse processo, a transformação do futebol em um espetáculo capaz de mobilizar a atenção de um público de enormes proporções e motivar a produção de uma verdadeira infinidade de discursos cumpriria a função de lançar os signos esportivos numa gigantesca teia interpretativa, que desloca incessantemente essas significações, conectando-as a outros campos da vida humana. Por sua variedade polifônica e sua presença massiva nos meios de comunicação, os discursos do jornalismo esportivo cobririam uma parte importante dessa teia, abrigando dentro dele gêneros como a crônica, a charge e a anedota humorística, mais livres da chamada "objetividade jornalística" e, consequentemente, mais propensos a efetuar esses deslocamentos de sentido. Com seu desprezo pelos "idiotas da objetividade", sua verve tragicômica e sua retórica às avessas, as crônicas de Nelson Rodrigues exemplificavam de modo eloquente essa hipótese.

Tratava-se, portanto, de compreender as significações do futebol como uma produção, que recria e transforma os signos do jogo, atualizando-os permanentemente segundo as necessidades e possibilidades simbólicas de cada intérprete e cada contexto interpretativo. Na sua simplicidade de um trabalho de iniciante, essa hipótese nada tinha de extraordinário, organizando e articulando, em relação ao futebol, ideias e concepções já bastante consolidadas sobre o funcionamento dos processos de significação, na linguagem verbal e em outros sistemas, e sobre suas realizações particulares e contextualizadas, a que chamamos discurso. Sua novidade consistia, talvez, na proposição teórica de uma função para a literatura no processo pelo qual o futebol adquire suas significações em um determinado contexto.

Por isso, ainda que não se dediquem prioritariamente à discussão teórica sobre a relação entre o jogo e o discurso sobre ele, diversos outros trabalhos se aproximam desse raciocínio. No universo dos estudos que fazem do discurso sobre o futebol seu objeto privilegiado de atenção, temos, entre outros, o pouco conhecido *Futebol e palavra*, de Ivan Cavalcanti Proença (1981), e *O futebol em Nelson Rodrigues*, de José Carlos Marques (2003), livros em que a crônica é pensada na sua condição de reinvenção literária do universo esportivo. E mesmo nos trabalhos dedicados a outros problemas e vinculados a outras disciplinas, é preciso reconhecer que a discussão tem avançado, aproximando-se por diferentes flancos dessa questão. É o caso, por exemplo, dos estudos sobre o processo de popularização do futebol no Brasil, especialmente no campo da historiografia, em que o papel do jornalismo na construção de uma mitologia esportiva da identidade cultural vem sendo bastante discutido.

No seu pioneiro *História política do futebol brasileiro*, Joel Rufino dos Santos (1981) já defende a hipótese de que nas primeiras décadas do século XX a imprensa teria contribuído para que o futebol funcionasse como substituto para as atividades sindicais e maltas de capoeiras que perturbavam a ordem das grandes cidades no início do século XX. Seguindo por trilha aproximada, Plínio José Labriola (1999) sustenta, no artigo "Construindo a nação: futebol nos anos 30 e 40", que jornalistas como Thomaz Mazzoni e Mário Filho teriam contribuído com o projeto populista de Getúlio Vargas, ajudando a projetar no esporte os ideais nacionalistas de integração regional e racial. Em todo o bem documentado *Footballmania*, de Leonardo Affonso de Miranda Pereira (2000), os jornais e revistas das primeiras décadas do século XX são vistos como instâncias de interpretação, por meio das quais os sujeitos e grupos sociais exerciam e disputavam a hegemonia sobre as significações do futebol. Falando sobre as atividades jornalísticas e políticas de Mário Filho, especialmente sua participação na campanha pelo profissionalismo na década de

1930, José Sergio Leite Lopes, no artigo "A vitória do futebol que incorporou a pelada", vê o jornalista como "um reformador menos das regras explícitas do futebol que do sentido do jogo", o que faria da "invenção do jornalismo esportivo" e da "invenção do futebol profissional", "dois aspectos de uma mesma invenção" (Lopes, 1994, p. 77, 82).

Se a atuação de Mário Filho como jornalista e agitador do mundo esportivo já ocupa um lugar de destaque nas discussões sobre a história do futebol no Brasil, chamando a atenção para os discursos que interpretam o jogo, a temperatura do debate e a proximidade com essa questão atingem seu ponto máximo nos trabalhos que enfocam o livro *O negro no futebol brasileiro*, o mais importante dentre os diversos que o autor escreveu durante seus mais de quarenta anos de militância no esporte.[4] Utilizado desde os trabalhos pioneiros do final da década de 1970 até os dias de hoje como referência obrigatória para se falar no passado do futebol brasileiro, o livro tem sido apontado como a principal matriz historiográfica sobre o tema e o responsável pela cristalização da versão que projeta nesse passado uma narrativa de construção da identidade nacional. Justamente por isso, seu caráter interpretativo e seu estatuto genérico, indecidível entre a história e a literatura, vêm sendo frequentemente postos em questão, bem como sua validade e sua especificidade como fonte de pesquisa histórica.

O debate é interessante porque coloca em questão a presença do literário como perturbação de uma suposta fidelidade do relato em relação ao acontecimento, como se pode ver no artigo "História e invenção de tradições no campo do futebol", de Antonio Jorge Soares, que foi publicado pela revista *Estudos Históricos* em 1999 e provocou intensa

---

4. O livro, como se sabe, possui duas versões, uma de 1947 e outra de 1964, à qual foram acrescentados dois capítulos que atualizaram o relato com os acontecimentos que vieram após a publicação da primeira edição, especialmente os resultados das Copas do Mundo e suas consequências na posição do negro no esporte e na sociedade brasileira.

polêmica, criticando, por falta de rigor metodológico, o uso que tem sido feito desse livro pelos historiadores do futebol no país. Para Soares, *O negro no futebol brasileiro* é uma "crônica romanceada do futebol" e "um romance que é um épico do negro no futebol brasileiro" (Soares, 1999, p. 121), encaixando todos os episódios numa moldura narrativa mitológica, semelhante à dos contos maravilhosos estudados pelo russo Vladimir Propp, que distorce o passado, transformando-o numa saga de ascensão social do negro. Essa moldura narrativa estaria sendo repetida de modo acrítico pelos historiadores, sem o cotejamento com outras fontes e sem o questionamento de sua validade como interpretação da história do futebol brasileiro.

Como se poderia supor, o texto de Antonio Jorge Soares provocou respostas de alguns dos autores criticados por ele, como Ronaldo Helal e Cesar Gordon Jr., que publicaram, no mesmo número da revista, o artigo "Sociologia, história e romance na construção da identidade nacional através do futebol", e Mauricio Murad, que publicou no número seguinte o artigo "Considerações possíveis de uma resposta necessária". Nessas réplicas, no entanto, a atenção se concentra na importância da questão racial na história do futebol brasileiro e na existência de comprovações documentais sobre o assunto, assim como na concepção de história e de sua relação com o documento endossada por Soares, deixando em segundo plano a discussão sobre as características do livro de Mário Filho. De qualquer modo, ambos os textos se mostram conscientes das questões implicadas pelo estatuto fronteiriço da obra: enquanto Ronaldo Helal e Cesar Gordon Jr se esforçam para reconhecer suas especificidades como fonte secundária e observam que os "causos" narrados por Mário Filho têm uma "força própria", que "transcende a tentativa de encaixá-los numa totalidade" (Helal & Gordon Jr., 1999, p. 150), Mauricio Murad questiona a "tonalidade pejorativa" que a utilização da categoria *romance* possui no texto de Soares e procura corrigir o enquadramento genérico proposto por ele, criticando o uso pouco criterioso dos conceitos da Teoria da Literatura e afirmando que "o mais correto, (...) na linha do artigo, seria qualificá-lo como crônica" (Murad, 1999, p. 437).

Atraído pela importância do trabalho de Mário Filho, dediquei a ele minha pesquisa de Doutorado em Literatura Comparada, concluída em 2003 e publicada em 2006 com o título *Mil e uma noites de futebol: o Brasil moderno de Mário Filho*. Partindo das ideias defendidas no Mestrado, busquei compreender e avaliar o papel de Mário Filho na construção do imaginário esportivo brasileiro, analisando mais detidamente alguns momentos de sua produção jornalística e o livro *O negro no futebol brasileiro*. Nessa análise, tentei demonstrar que, ao lado da moldura narrativa constituída pela saga de ascensão do negro, o livro possui também uma abertura para episódios, discursos e pontos de vista que não se encaixam confortavelmente nessa moldura. Na tessitura da prosa coloquial e cronística de Mário Filho, estariam permanentemente em jogo, ao mesmo tempo, o desejo de reunir o maior número de episódios e personagens recolhidos em sua pesquisa e seu contato cotidiano com o mundo esportivo e o objetivo de dar a esse conjunto múltiplo e heterogêneo de elementos um sentido e uma unidade interpretativa. A convivência conflituosa e nunca resolvida entre essas duas tendências daria ao livro as características do memorialismo, gênero de fronteira entre o histórico e o literário, no qual a recuperação do passado toca perigosamente as margens do ficcional.

ponto de encontro

Não foi por acaso que, tanto no Mestrado quanto no Doutorado, optei por trabalhar com textos híbridos e fronteiriços, como a crônica e o memorialismo, em que o literário e o ficcional se encontram em tensão com a opinião, a notícia e a historiografia. Nos dois momentos, identifiquei esses textos como lugares privilegiados de produção e deslocamento dos sentidos atribuídos aos signos esportivos e tentei mostrar a importância de sua dimensão literária para o exercício dessas funções. Nas crônicas de Nelson Rodrigues, o futebol se transforma em um teatro, no qual o que ele procura "é o drama, é a tragédia, é o horror, é a compaixão", como dizia o próprio cronista, citando quase literalmente a definição de Aristóteles para o gênero dramático. O que lhe interessava não era a bola, mas "o ser humano por trás da bola" (Rodrigues, 1993, p. 104). Por isso, cabia ao cronista "pentear ou desgrenhar o acontecimento, e, de qualquer forma, negar a sua imagem autêntica e alvar" (Rodrigues, 1994, p. 12). Se os fatos lhe contradissessem, "pior para os fatos".

Sobre o livro de Mário Filho, sua arte parece remeter a Homero, como Nelson gostava de dizer, e ao desejo insaciável de recuperação do passado em Marcel Proust e Pedro Nava. Ou talvez ao arquétipo do narrador tradicional, conforme a clássica descrição de Walter Benjamin (1994), com sua função de conectar a vida de cada um à teia da narração e da memória, para lidar, ainda que de modo precário, com a multiplicidade e a opacidade do vivido. Narração e interpretação se diluem uma na outra, mantendo um equilíbrio instável entre unidade e diversidade, capaz de capturar o leitor por diferentes entradas e estabelecer, por intermédio dele, diferentes linhas de fuga.

Ao lado desses dois autores, muitos outros escritores-jornalistas participaram dessa obra coletiva de grandes proporções que é a memória e a tradição do futebol brasileiro. Junto a eles, outros tantos radialistas, chargistas, humoristas, artistas plásticos, cineastas etc., que de alguma forma contribuíram para os deslocamentos de sentido que moldaram essa tradição e a mantiveram em permanente e mutável conexão com a vida. Desde o humor das revistas de variedades e das acirradas polêmicas jornalísticas das primeiras décadas do século XX (como a que opôs Coelho Neto e Lima Barreto, em 1919), passando por nomes como José Lins do Rego, Sandro Moreyra, João Saldanha, Stanislaw Ponte Preta, Paulo Mendes Campos e inúmeros outros, muitos dos quais conhecidos apenas local e regionalmente, até chegar à multiplicidade contemporânea, em que o literário se dissemina pelo jornalismo de TV, pela publicidade e pela internet.

São textos desse tipo que dão ao futebol suas interpretações mais radicais e, por isso, mais produtivas. Poderíamos, até mesmo, identificar ao literário esse vetor de deslocamento dos sentidos do futebol, aproximando dele todos os momentos em que o discurso reconhece o jogo como discurso e coloca-o na trama sem limites da narrativa, da memória e da ficção. Perguntar novamente se esses sentidos são elementos internos ao jogo ou apenas questão de interpretação nos ajuda a lembrar que, em qualquer linguagem e qualquer discurso, o sentido é sempre uma produção histórica, um resultado parcial e provisório da semiose contínua e do diálogo polifônico que a cultura não cessa de levar adiante. É essa propriedade da linguagem que a literatura leva ao extremo, conferindo ao jogo dos signos a autonomia ficcional e nos ajudando a colocar em perspectiva os outros fins e utilizações da linguagem. É nesse terreno movediço, sem dúvida, que se pode dizer que o futebol é uma "metáfora da vida". Para um objeto desse tipo, é necessária uma abordagem livre das barreiras disciplinares, na qual penso que os estudos literários têm um papel importante a cumprir.

referências

BENJAMIN, Walter. O narrador. Considerações sobre a obra de Nikolai Leskov. In: _____. *Magia e técnica, arte e política*. 7 ed. São Paulo: Brasiliense, 1994.

DAMATTA, Roberto. Futebol: ópio do povo ou drama de justiça social?. In: _____. *Explorações* – ensaios de sociologia interpretativa. Rio de Janeiro: Rocco, 1986.

DAMATTA, Roberto et al. *Universo do futebol*: esporte e sociedade brasileira. Rio de Janeiro: Pinakotheke, 1982.

ECO, Umberto. A falação esportiva. In: _____. *Viagem na irrealidade cotidiana*. 9 ed. Rio de Janeiro: Nova Fronteira, 1984.

FRANCO JÚNIOR, Hilário. A dança dos deuses: futebol, cultura, sociedade. São Paulo: Companhia das Letras, 2007.

GUMBRECHT, Hans Ulrich. Comunidades imaginadas. Folha de S. Paulo, Caderno Mais!. São Paulo, 4 jun. 2006.

HELAL, Ronaldo; GORDON JR., Cesar. Sociologia, história e romance na construção da identidade nacional através do futebol. Estudos Históricos. Rio de Janeiro, n. 23, 1999.

LABRIOLA, Plínio José. Construindo a nação: futebol nos anos 30 e 40. In: COSTA, Márcia Regina da et al. Futebol: espetáculo do século. São Paulo: Musa, 1999.

LOPES, José Sergio Leite. A vitória do futebol que incorporou a pelada. Revista da USP – Dossiê Futebol. São Paulo, n. 22, jun. 1994.

MARQUES, José Carlos. O futebol em Nelson Rodrigues: o óbvio ululante, o Sobrenatural de Almeida e outros temas. São Paulo: EDUC; FAPESP, 2003.

MURAD, Mauricio. Considerações possíveis de uma resposta necessária. Estudos Históricos. Rio de Janeiro, n. 24, 1999.

NEVES, Luiz Felipe Baêta. Sobre algumas mensagens ideológicas do futebol. In: _____. O paradoxo do curinga e o jogo do poder e saber. Rio de Janeiro: Edições Achiamé, 1979.

PEDROSA, Milton (Org.). Gol de letra – o futebol na literatura brasileira. Rio de Janeiro: Gol, 1967.

PEREIRA, Leonardo Affonso de Miranda. Footballmania: uma história social do futebol no Rio de Janeiro – 1902-1938. Rio de Janeiro: Nova Fronteira, 2000.

PROENÇA, Ivan Cavalcanti. Futebol e palavra. Rio de Janeiro: José Olympio, 1981.

RODRIGUES FILHO, Mário Leite. O negro no futebol brasileiro. 3 ed. Petrópolis: Firmo, 1994.

RODRIGUES, Nelson. A pátria em chuteiras. São Paulo: Companhia das Letras, 1994.

_____. À sombra das chuteiras imortais. São Paulo: Companhia das Letras, 1993.

ROSENFELD, Anatol. O futebol no Brasil. In: _____. *Negro, macumba e futebol*. São Paulo: Perspectiva, 1993.

SANTOS, Joel Rufino dos. *História política do futebol brasileiro*. São Paulo: Brasiliense, 1981.

SILVA, Marcelino Rodrigues da. *Mil e uma noites de futebol*: o Brasil moderno de Mário Filho. Belo Horizonte: Editora UFMG, 2006.

_____. *O mundo do futebol nas crônicas de Nelson Rodrigues*. Belo Horizonte: Faculdade de Letras da UFMG, 1997. Dissertação (Mestrado em Letras – Estudos Literários).

SOARES, Antonio Jorge. História e invenção de tradições no campo do futebol. *Estudos Históricos*. Rio de Janeiro, n. 23, 1999.

WISNIK, José Miguel. *Veneno remédio*: o futebol e o Brasil. São Paulo: Companhia das Letras, 2008.

3
batendo bola, tecendo a vida

Na história da reflexão sobre os significados do futebol no Brasil, já passamos da época em que o esporte era considerado um "ópio do povo", uma atividade maquiavelicamente imposta às massas para desviar sua atenção dos problemas políticos. Hoje, são muitos os trabalhos que se mostram atentos àquela que me parece ser a característica semiótica mais importante do espetáculo esportivo, que é sua capacidade de mobilizar identidades coletivas e funcionar como representação dos conflitos e diferenças sociais. Mas quando se trata da história e das tradições do futebol brasileiro, permanecem ainda certos equívocos que, em certa medida, são tributários de uma visão excessivamente generalizante do imaginário esportivo. Fala-se quase sempre na construção da identidade nacional e do sentimento de pertencimento à nação, na superação das barreiras raciais e na integração dos afrodescendentes, nos esforços de conciliação regional etc. Graças à predominância dessa perspectiva unicamente nacional, a memória do futebol brasileiro continua a ser vista como um aparato ideológico do poder, como um instrumento de harmonização e dissimulação dos antagonismos e tensões da sociedade.

Um bom exemplo dessa tendência são as análises e avaliações que têm sido feitas do trabalho de recuperação do passado esportivo brasileiro empreendido por Mário Rodrigues

Filho, nos livros sobre o futebol que ele escreveu na década de 1940. Em alguns textos acadêmicos publicados recentemente, o jornalista que ajudou a popularizar a imprensa esportiva no país é visto como um dos principais artífices da "invenção" de uma mitologia nacionalista do futebol, que faz das tradições esportivas palco de um processo de homogeneização cultural e abrandamento dos conflitos sociais. Sua obra mais importante, o livro O negro no futebol brasileiro, é frequentemente reconhecida como um "romance" de caráter pedagógico, que cristaliza essa mitologia e fornece as bases para todas as interpretações de nossa história esportiva que desde então foram elaboradas, tanto no âmbito acadêmico quanto nas artes, no jornalismo, na publicidade e em outros campos.

Em minhas pesquisas sobre o imaginário futebolístico brasileiro, o questionamento dessa leitura, a meu ver redutora e simplista, dos discursos que foram construídos em torno do esporte no Brasil tem sido, certamente, o principal objetivo. Considerando formulações teóricas em que as relações entre cultura e política são observadas de uma perspectiva menos vertical, tenho me dedicado a identificar e analisar os modos pelos quais o universo esportivo brasileiro foi atravessado pelos conflitos e diferenças de nossa sociedade. E, nesse esforço, minhas experiências pessoais como amante do futebol, bem como as experiências que constituíram a vida esportiva de minha família e minha cidade, têm sido fundamentais, ajudando-me a colocar em perspectiva a mitologia nacional do esporte e perceber as múltiplas reinterpretações a que ela foi submetida ao ser apropriada em contextos locais e regionais.

Particularmente relevantes, nesse sentido, foram as histórias que meu pai costumava me contar, quando ainda era vivo, sobre seu passado como torcedor. De alguma forma, elas me ajudaram a ver que o fenômeno esportivo dificilmente poderia ser enclausurado em grandes generalizações, em raciocínios que partissem apenas do ponto de vista nacional. Peço licença, portanto, para recordar brevemente uma pequena parte dessas histórias e evocar as origens da paixão de meu pai pelo Clube Atlético Mineiro, que o acompanhou durante a maior parte de sua vida e que me foi transmitida quando eu ainda era uma criança.

Nascido em Belo Horizonte em 1923, o mulato Hélio Rodrigues da Silva, filho de uma família humilde, cresceu nos bairros do Barro Preto e do Calafate, onde se concentrava a maior parte da colônia italiana da cidade. Por ter sido criado em íntimo contato com essa comunidade, na infância e início da adolescência ele foi um entusiasmado torcedor do Palestra Itália. Mas seu lugar marginal na comunidade de palestrinos esteve sempre marcado pelo incômodo apelido de "Macarrão Preto", que os italianos usavam para ironizar sua mal resolvida paixão clubística. Uma série de acontecimentos no decorrer das décadas de 1930 e 1940, entretanto, faria seu coração de torcedor balançar e acabar pendendo para outro clube.

Após a implantação do profissionalismo, em 1933, o Atlético, que havia surgido como um time de estudantes, começou a contratar jogadores das classes populares, alguns deles negros e mulatos, para fazer frente ao seu principal rival naquela época, o Villa Nova, clube operário que conquistou os três primeiros campeonatos profissionais de Minas Gerais. Em 1936, o Atlético venceu o campeonato estadual e, no início de 1937, foi motivo de grande orgulho regional, conquistando o famoso título de "Campeão dos Campeões", em um torneio entre os melhores clubes de Minas, Rio de Janeiro, São Paulo e Espírito Santo. Em 1938, o Brasil foi derrotado pela Itália nas semifinais da Copa do Mundo da França e o entusiasmo dos italianos aqui radicados provocou grande irritação nos torcedores brasileiros. O clima de revanchismo chegou ao auge em 1942, com a entrada do Brasil na Segunda Guerra Mundial, depois que navios brasileiros foram atacados por tropas do Eixo. Em diferentes cidades do país, casas de italianos foram incendiadas e, em Belo Horizonte, o Palestra se sentiu pressionado e mudou de nome para Cruzeiro, adotando as estrelas do céu tropical como símbolo. Magoados com os italianos, Hélio e outros antigos palestrinos resolveram: não torceriam mais para os "carcamanos" e iriam engrossar as hostes do Atlético, cuja mística de "clube de massa" já estava se formando. Ali, começava uma tradição familiar que chegou a mim nos anos setenta, quando frequentei o Mineirão levado por meu pai e fui seduzido pelo brilhantismo artístico de um time sensacional formado por craques como Reinaldo, Cerezo e Paulo Isidoro; time, aliás, que não se cansava de derrotar seu novo rival, o antigo Palestra Itália.

Seguindo a trilha já traçada pelos estudos sobre a história e o imaginário futebolístico brasileiro, poderíamos dizer que as memórias esportivas de meu pai são uma atualização daquela mitologia do esporte construída durante a primeira metade do século XX e cristalizada nos livros de Mário Filho. Na infância palestrina, quando o futebol ainda preservava um pouco do charme das décadas anteriores, podemos ver os traços da fase amadorística, quando os *sports* faziam parte de todo um conjunto de práticas e valores culturais importados da Europa para alimentar os anseios de modernização das elites brasileiras. Nas rixas com os italianos e no despertar de seu amor pelo Atlético, mostram-se os dilemas e tensões que se projetaram no futebol, como efeito de sua disseminação pelas diversas classes e grupos sociais que se aglutinavam nas grandes cidades brasileiras. E no surgimento das tradições populares do Atlético, revela-se uma nova imagem da nação, agora com uma face racial e culturalmente híbrida, forjada por meio do futebol e encarnada na seleção nacional e em outros "clubes de massa" como o Flamengo e o Corinthians.

Mas, nas histórias dos "bons tempos" do futebol que meu pai me contava, essa mitologia de integração e harmonização social é submetida a deslocamentos e posta em xeque, em função de sua inserção em um contexto local e de sua assimilação por novos sujeitos e grupos sociais. Por meio dos revanchismos regionais e da eterna rivalidade entre Atlético e Cruzeiro, somos lembrados de que a comunidade nacional é atravessada por antagonismos, ressentimentos e feridas que nunca cessarão de sangrar. Se, de um lado, as instituições, personagens e acontecimentos esportivos têm o caráter de representação dos laços que unem a nação, de outro, os bairrismos, clubismos e rivalidades se encarregam de demarcar as fronteiras internas que a dividem. Por isso, a autoimagem coletiva que surge desse teatro tem seus contornos simbólicos sempre provisórios, em permanente reelaboração. Como bem definiu Homi Bhabha (1998), a nação moderna é uma narrativa sem desfecho, cujo alcance metafórico é estabelecido por uma interminável disputa entre discursos pedagógicos, que constroem e afirmam as semelhanças, e performáticos, que insistem em trazer à tona as diferenças e os conflitos.

Na fala saudosista de meu pai e nos textos em que Mário Filho recupera o passado esportivo brasileiro, a narrativa é a modalidade discursiva predominante. O livro *O negro no futebol brasileiro* foi composto por meio da compilação de uma verdadeira infinidade de "causos" do anedotário esportivo, recolhidos pelo jornalista em inúmeras entrevistas com atletas, técnicos, jornalistas, torcedores e cartolas. Esses episódios, de tom dramático, pitoresco ou humorístico, foram inseridos em uma moldura narrativa que enfatiza a trajetória dos jogadores negros, sem, contudo, reduzirem-se a ela, preservando um pouco dos sentidos contraditórios que decorrem de suas origens diversas e, muitas vezes, antagônicas. De certa forma, a matriz coletiva e popular que serviu de fonte ao autor se refletiu na composição da obra, produzindo uma estrutura textual heteróclita, em que diferentes vozes e pontos de vista perturbam a estabilidade e a hegemonia de uma perspectiva interpretativa única. Por isso, ao invés de "romance", talvez lhe coubesse melhor a rubrica "memória", através da qual essa característica textual ficaria melhor evidenciada.

Já em minhas conversas com meu pai, os "causos" do futebol de antigamente funcionavam como verdadeiras *madeleines*, permitindo que ele narrasse também as histórias de sua própria vida, de sua família e de sua cidade. Contando seu passado de torcedor, ele organizava e conferia sentido à sua existência, valendo-se do esporte para articular e expressar os desejos, ressentimentos e afinidades por meio dos quais ele se relacionou com o mundo ao seu redor. Como ensina Maurice Halbwachs (1990), o discurso da memória é sempre coletivo, múltiplo e contraditório, pois mesmo as lembranças mais íntimas estão ancoradas nas lembranças dos grupos a que o indivíduo pertence ou pertenceu durante sua vida.

É, portanto, por meio dessa multiplicidade de narrativas – nacionais, regionais, locais, familiares, grupais e individuais – que as tradições futebolísticas brasileiras têm sido construídas e permanentemente reelaboradas. Para compreender o alcance desse fato, talvez seja útil recorrer às reflexões de Walter Benjamin em seu famoso ensaio sobre a posição do narrador na modernidade. Reconhecendo na narrativa um alto grau de polissemia e abertura interpretativa, o filósofo-historiador aponta para suas ligações com a memória coletiva e com o difícil processo de reinvenção cotidiana das formas populares de sociabilidade e comunicação, diante da vertigem de transformações do mundo contemporâneo. Mergulhadas no fluxo da vida e do tempo, as histórias do futebol se misturam às histórias das pessoas e comunidades, respondendo à antiga necessidade de narrar para viver, de intercambiar experiências e lidar, de um modo necessariamente precário e fugidio, com a multiplicidade e a opacidade do vivido. Em cada história existe sempre um pedaço de outra, e todas as histórias se cruzam numa rede sem fim: a trama da narração e da memória, a teia das infinitas interpretações que divergem e convergem ao sabor dos acontecimentos e das posições enunciativas.

referências

BENJAMIN, Walter. O narrador; considerações sobre a obra de Nikolai Leskov. In: _____. *Magia e técnica, arte e política*. 7 ed. São Paulo: Brasiliense, 1994.

BHABHA, Homi K. Disseminação; o tempo, a narrativa e as margens da nação moderna. In: _____. *O local da cultura*. Belo Horizonte: Editora UFMG, 1998.

HALBWACHS, Maurice. *A memória coletiva*. São Paulo: Vértice, 1990.

RODRIGUES FILHO, Mário Leite. *O negro no futebol brasileiro*. 3 ed. Petrópolis: Firmo, 1994.

SILVA, Marcelino Rodrigues da. *Mil e uma noites de futebol*: o Brasil moderno de Mário Filho. Belo Horizonte: Faculdade de Letras da UFMG, 2003. Tese (Doutorado em Letras – Estudos Literários).

4
desafinando a metáfora da nação

1

A 19ª Copa do Mundo, disputada no ano passado (2010) na África do Sul, motivou a realização de uma série de eventos acadêmicos e culturais voltados para o futebol. Entre tais eventos, tivemos a oportunidade de acompanhar diversas mostras de cinema, exibindo uma boa quantidade de filmes que tematizam o universo esportivo. Desde clássicos da filmografia sobre o futebol, como o brasileiro *Garrincha, alegria do povo*, de Joaquim Pedro de Andrade (1962), e o estadunidense *Fuga para a vitória*, de John Huston (1982), até obras pouco conhecidas, que revelam apropriações por vezes surpreendentes do esporte, como o chinês *Kung Fu Futebol Clube*, de Stephen Chow (2001), e o alemão-iraniano *Pelada com véu*, de David Assmann e Ayat Najafi (2008). A quantidade e a diversidade dos filmes exibidos nesses eventos parecem indicar que o cinema vem gradualmente aumentando seu interesse pelo tema e se tornando um dos lugares onde o futebol deixa de ser apenas um esporte para se tornar uma linguagem ou campo simbólico, no qual as pessoas projetam seus sofrimentos, dilemas e aspirações. Refletir sobre essa produção, portanto, é refletir também sobre a dimensão simbólica do esporte e suas relações com a cultura e a sociedade.

Na bibliografia acadêmica sobre o futebol, as discussões sobre esse aspecto do fenômeno esportivo ocupam uma posição de grande destaque. Noções como linguagem, discurso, drama e representação têm sido evocadas, na tentativa de avançar na compreensão dos processos por meio dos quais o esporte adquire suas múltiplas significações culturais. Entre esses conceitos, tomados de empréstimo ao campo dos estudos linguísticos e literários, aparece, frequentemente, a ideia do esporte como metáfora de outros aspectos da vida humana. Ela está presente, por exemplo, no clássico ensaio do antropólogo Roberto DaMatta – "Futebol: ópio do povo ou drama de justiça social?" –, no qual se diz que o futebol pode ser tomado como "uma metáfora da própria vida", por meio da qual "nossa sociedade fala, apresenta-se, revela-se, exibe-se, deixando-se descobrir" (DaMatta, 1986, p. 105, 109). Outro exemplo é o abrangente *A dança dos deuses*, livro do historiador Hilário Franco Júnior, que se constrói sobre o pressuposto de que o futebol funciona como uma "metáfora de cada um dos planos essenciais do viver humano nas condições históricas e existenciais das últimas décadas" (Franco Júnior, 2007, p. 166) e explora detalhadamente os diversos aspectos (sociológico, psicológico, linguístico etc.) desse potencial metafórico do esporte.

Considerando-se os problemas teóricos e as implicações históricas da noção de representação, particularmente suas ligações com a chamada "metafísica do sentido", apontadas pelos pensadores pós-estruturalistas, já não é mais pertinente falar em significações imanentes ao futebol. É necessário reconhecer que os diversos sentidos assumidos pelos personagens, instituições e acontecimentos esportivos são – tal como mostra José Miguel Wisnik, em *Veneno remédio* – uma "questão de interpretação", um suplemento ao jogo articulado a partir de circunstâncias históricas e culturais específicas. Dialogando com a ideia do esporte como fenômeno estético-formal de "produção de presença", sem uma dimensão semântica implícita, formulada pelo teórico alemão Hans Ulrich Gumbrecht (2006), o ensaísta brasileiro vê o futebol como um "sistema simbólico" aberto, um esquema "genérico o bastante para não representar nenhum conteúdo previamente determinado", "deixando-se investir por conotações ora mais difusas ora mais direcionadas, em que se engancham modos de relação entre indivíduos e grupos" (Wisnik, 2008, p. 46-47). Exatamente por isso, a ideia do futebol como metáfora revela-se bastante produtiva para o pesquisador contemporâneo, sintonizado com as reflexões atuais sobre a linguagem, o discurso e o sentido. Diante dos limites e armadilhas da representação, a metáfora – com sua dispersão de sentido e sua abertura interpretativa, propiciadas pela base analógica que a sustenta – pode ser um conceito operatório de grande utilidade na tentativa de captar de modo menos simplista os mecanismos pelos quais se produz a multiplicidade semântica do futebol, potencializada pelos inúmeros contextos históricos e socioculturais em que ele se difundiu ao longo do último século.

    O que se pretende neste ensaio é partir da noção de metáfora para uma breve incursão no terreno das relações entre futebol e cinema, buscando evidenciar algumas das diferentes possibilidades de apropriação do esporte pela linguagem cinematográfica e por outras artes. Para isso, serão tomados dois filmes da última década, em que o futebol ocupa uma posição importante, estabelecendo relações metafóricas com outros elementos da narrativa fílmica. Esses filmes são: *O milagre de Berna*, dirigido pelo alemão Sönke Wortmann e lançado em 2003, e *O ano em que meus pais saíram de férias*, do brasileiro Cao Hamburger, lançado em 2006. Um filme alemão e outro brasileiro (dois países em que o futebol tem enorme relevância cultural), ambos recuperando momentos importantes do passado esportivo e político dessas duas nações.

2

A obra de Sönke Wortmann conta simultaneamente a história da conquista da Copa do Mundo de 1954 pela Alemanha e a trajetória de reconciliação de uma família alemã da cidade de Essen cujo pai esteve afastado por 11 anos na Rússia, como prisioneiro da Segunda Grande Guerra. As duas histórias se encontram na amizade entre o menino Matthias, o caçula da família, e o craque indisciplinado Helmut Rahn, atacante do Rot-Weiss Essen, convocado a participar da seleção alemã. Na ausência do pai, o atleta ocupa o lugar paterno para Matthias, fazendo dele sua mascote, cuja presença seria fundamental para que o jogador fosse capaz de vencer os jogos mais importantes.

Enquanto o desacreditado escrete germânico dá seus primeiros e vacilantes passos no campeonato mundial, a chegada do pai de Matthias desencadeia uma série de conflitos na família, motivados por seus traumas de guerra e suas tentativas de reassumir seu lugar afetivo e de autoridade junto aos filhos. No entanto, a sorte da seleção e da família muda de rumo, com as manobras do lendário técnico Herberger, que conduz o time com astúcia e acaba colocando Helmut Rahn entre os titulares, e os esforços do pai de Matthias para se reinserir na vida familiar. Após uma dura discussão com sua esposa, o pai abandona a posição arrogante que marcou sua chegada e expõe suas fraquezas, dividindo com a família as experiências traumatizantes da guerra.

O esforço de reconciliação chega ao ápice quando o pai resolve levar Matthias à final do mundial, em Berna, passando por cima de seus ciúmes da relação do filho com Helmut Rahn. Como a viagem, em um carro emprestado, demora mais do que o previsto, pai e filho ouvem o desenrolar da partida pelo rádio, acompanhando os dois primeiros gols da temida Hungria. Aproveitando uma experiência da guerra, o pai sugere ao filho que feche os olhos e se imagine no estádio, como ele fazia no cárcere, para lidar com a falta de comida. Enquanto o menino pratica o exercício, a Alemanha marca dois gols e empata a partida. Os dois chegam ao local do jogo nos últimos minutos, a tempo de Matthias entrar clandestinamente no estádio e se fazer ver por Helmut Rahn, que em seguida marca o gol que selará a conquista da Copa pela seleção alemã. O filme termina com a volta triunfal dos protagonistas à Alemanha, seguida por um letreiro que informa que, após a conquista, a nação encontrou seu caminho rumo à recuperação.

São bastante claras, mesmo nesse breve resumo, as relações metafóricas que o filme estabelece entre o futebol e outras dimensões da vida daqueles personagens. Podemos dizer, por exemplo, que existem nele três diferentes linhas narrativas, que se conectam tanto por contiguidade quanto por analogia: a história da família, a história da conquista esportiva e a história da reconstrução da Alemanha após a Segunda Grande Guerra. A contiguidade está no fio que une a trajetória de Matthias, seu pai, o craque Helmut Rahn e o destino da seleção alemã na Copa do Mundo. Mas, para além dessa conexão metonímica, o filme cria, em diversos momentos, relações de analogia entre essas três histórias.

No início da narrativa, a família luta para sobreviver na ausência do pai, a nação está fraturada pelos traumas da guerra e a seleção desacreditada, diante da potência incontestável do escrete húngaro. Os conflitos, nos três planos, desenrolam-se simultaneamente: o esperado pai chega e instaura a discórdia na família; os ex-prisioneiros de guerra encontram dificuldades para se adaptar no retorno à Alemanha; a seleção alemã, jogando com os reservas, é derrotada por 8 x 3 pela Hungria, na fase inicial do torneio. Mais à frente, a reviravolta e o desfecho triunfal apontam para a reconstituição da unidade e da vitalidade, tanto na família quanto na seleção e na nação. O acontecimento esportivo funciona, portanto, como uma figuração metafórica da trajetória de reconstrução da sociedade e da nação alemãs após a Segunda Grande Guerra.

Assim, o filme realiza de modo exemplar aquilo que o teórico indiano Homi K. Bhabha, no ensaio "Disseminação: o tempo, a narrativa e as margens da nação moderna", definiu como a metáfora nacional, a metáfora do "muitos como um" (Bhabha, 1998, p. 203), por meio da qual se constrói a imagem da nação como um corpo único, uma comunidade unida por afinidades e semelhanças que garantem sua coesão social.

> A nação preenche o vazio deixado pelo desenraizamento de comunidades e parentescos, transformando esta perda na linguagem da metáfora. A metáfora, como sugere a etimologia da palavra, transporta o significado de casa e de sentir-se em casa (...) através daquelas distâncias e diferenças culturais, que transpõem a comunidade imaginada do povo-nação. (Bhabha, 1998, p. 199)

Tomando o futebol como uma metáfora, o longa-metragem de Sönke Wortmann faz dele um uso eminentemente pedagógico, buscando a construção de um conjunto de convergências que apontam para uma significação inequívoca. O acontecimento esportivo se torna um "lugar de memória" (Nora, 1993), um ponto de referência que conecta as lembranças individuais e grupais, fornecendo as bases para a memória nacional, aquela que Maurice Halbwachs (1990) considerou como a forma mais acabada e completa da memória coletiva. Nesse contexto, até mesmo o trauma de guerra – com seu conhecido poder de provocar o silêncio e o isolamento – ganha sentido e se torna uma experiência transmissível, que reforça a ligação familiar, na cena em que Matthias se imagina no estádio, usando o truque ensinado por seu pai, e contribui magicamente para a reação da seleção alemã.

3

Passemos agora ao segundo filme, o brasileiro *O ano em que meus pais saíram de férias*, de Cao Hamburger. A obra conta as experiências vividas pelo menino Mauro em 1970, ano que foi marcado tanto pela conquista do tricampeonato mundial de futebol pelo Brasil quanto pela violência da ditadura militar que se encontrava no poder no país. Dizendo que estavam apenas saindo de férias, quando na verdade fugiam da repressão política, os pais de Mauro o deixam na casa do avô paterno, no bairro do Bom Retiro, em São Paulo. Ao partir, sem dar maiores explicações, o pai promete ao menino que estará de volta na época da Copa, para ver com ele o Brasil ser campeão. Chegando à casa do avô, Mauro descobre que ele havia morrido subitamente, ao receber a notícia de sua chegada, e se vê sozinho numa cidade desconhecida. Shlomo, um velho judeu que era vizinho e amigo do avô de Mauro, assume, relutante, a tarefa de cuidar dele, confiando no compromisso de colaboração da comunidade.

A partir daí, o filme acompanha a vida de Mauro no Bom Retiro: suas dificuldades na relação com Shlomo, o contato com a cultura judaica e a memória da família de seu pai, a solidariedade da comunidade de imigrantes ali radicada, a amizade com Hanna e outros meninos do bairro, o futebol das conversas de bar, das peladas de rua e do solitário jogo de botões etc. Chega, então, a época da Copa e Mauro aguarda ansiosamente a chegada dos pais. As partidas da seleção pontuam a narrativa, acentuando a espera angustiante de Mauro e dando oportunidade para o aprofundamento de suas ligações com aquela comunidade que o acolhera.

Observando essa angústia, Shlomo tenta encontrar os pais de Mauro, entra em contato com militantes políticos da esquerda e acaba detido pela polícia. No dia do jogo final da Copa do Mundo, Shlomo volta para sua casa, trazendo consigo a mãe de Mauro, sem o marido e extremamente debilitada pela tortura. Na última cena, a tela mostra Mauro e a mãe partindo para o exílio, ao som de um monólogo em que o menino sintetiza sua percepção daquele momento dramático:

> E assim foi o ano de 1970: o Brasil virou tricampeão mundial e, mesmo sem querer nem entender direito, eu acabei virando uma coisa chamada exilado. Eu acho que exilado quer dizer ter um pai tão atrasado, mas tão atrasado, que nunca mais volta pra casa.

Trata-se, mais uma vez, portanto, de um filme que articula, de modo metafórico (porque construído a partir de analogias entre as diferentes histórias que nele são contadas), a trajetória de uma seleção rumo ao campeonato mundial, o destino de uma família e os conflitos internos de uma nação. Curiosamente, os dois longas-metragens são centrados na vida de meninos mais ou menos da mesma idade, embora o de Cao Hamburger se diferencie por assumir a perspectiva narrativa da própria criança, cuja voz em off conta suas experiências. Daí a tonalidade mais lírica desse último filme, repleto de ecos, repetições e reverberações que funcionam como rimas, oposto ao tom mais épico da obra de Sönke Wortmann. Esses meninos vivem paralelamente a paixão pelo futebol, os dilemas familiares e os acontecimentos históricos que abalam seus países. Os dois filmes sublinham esse paralelo, por meio de mecanismos que induzem à analogia, como cortes e sobreposições que fazem cruzar os diferentes planos narrativos. Do confronto entre Brasil e Inglaterra, por exemplo, o filme brasileiro corta abruptamente para o jogo entre imigrantes judeus e italianos no Bom Retiro. Alternadas às cenas que explicitam a separação da família de Mauro, torcedores e comentaristas do rádio debatem sobre a suposta impossibilidade de jogarem juntos Pelé e Tostão. Como uma moldura, no início e no final da narrativa, Mauro se lembra do que seu pai dizia sobre os goleiros, posição em que o menino acaba escolhendo jogar: "são jogadores diferentes, porque passam a vida ali, sozinhos, esperando o pior".

A grande diferença entre os dois filmes se encontra no modo como cada um deles resolve essas relações metafóricas que ligam as três linhas narrativas. Em O milagre de Berna, o que observamos foi uma completa convergência entre os destinos da seleção, da família e da nação, que soam em uníssono ao final, com o triunfo e a reconciliação. Já em O ano em que meus pais saíram de férias, vemos algo que pode ser comparado ao que, nos estudos sobre a poesia e a literatura dos dois últimos séculos, é chamado de "metáfora dissonante", para assinalar a dimensão crítica da estética moderna. Em lugar de harmonias e correspondências, a metáfora dissonante busca o choque, o estranhamento e o entrelaçamento dramático de tensões, provocando no receptor, ao invés de assimilação e reconhecimento, uma sensação de incômodo e perda da totalidade (cf. Friedrich, 1978, p. 15-34). Enquanto o Brasil vence a final contra a Itália e a torcida comemora o tricampeonato, Mauro toma consciência de que sua família está para sempre partida e o espectador se lembra daquelas feridas impossíveis de cicatrizar, que foram legadas pela repressão política da ditadura militar. A união dos brasileiros no campo esportivo, figurada pela seleção que vence dentro de campo, serve justamente para acentuar, por contraste, os conflitos internos e a violência que atravessam a comunidade nacional. Fazendo a analogia que rege a relação metafórica "desafinar", esse filme dá à metáfora um caráter crítico, que se aproxima da negatividade da ironia. Do ponto de vista político, podemos dizer que ele não é, como o filme alemão, um discurso pedagógico, e sim um discurso performático, que se opõe à metáfora da nação com um corte metonímico. Belo filme, que se vale do futebol com a paixão que ele inspirou em todo menino-torcedor, mas não conduz ao ufanismo que volta e meia assombra o imaginário esportivo.

referências

BHABHA, Homi K. Disseminação: o tempo, a narrativa e as margens da nação moderna. In: _____. *O local da cultura*. Belo Horizonte: Editora UFMG, 1998.
DAMATTA, Roberto. Futebol: ópio do povo ou drama de justiça social?. In: _____. *Explorações* – ensaios de sociologia interpretativa. Rio de Janeiro: Rocco, 1986
FRANCO JÚNIOR, Hilário. *A dança dos deuses:* futebol, cultura, sociedade. São Paulo: Companhia das Letras, 2007.

FRIEDRICH, Hugo. *Estrutura da lírica moderna:* da metade do século XIX a meados do século XX. São Paulo: Duas Cidades, 1978.

GUMBRECHT, Hans Ulrich. Comunidades imaginadas. *Folha de S. Paulo, Caderno Mais!.* São Paulo, 4 jun. 2006.

HALBWACHS, Maurice. *A memória coletiva.* São Paulo: Vértice, 1990.

NORA, Pierre. Entre memória e história: a problemática dos lugares. *Projeto História.* São Paulo, PUC, n. 10, 1993.

SILVA, Marcelino Rodrigues da. *Mil e uma noites de futebol:* o Brasil moderno de Mário Filho. Belo Horizonte: Editora UFMG, 2006.

WISNIK, José Miguel. *Veneno remédio:* o futebol e o Brasil. São Paulo: Companhia das Letras, 2008.

5
a radicalidade do esporte

1

Em um artigo intitulado "A falação esportiva", Umberto Eco faz algumas observações interessantes, que nos servirão como ponto de partida para uma rápida reflexão sobre o esporte, os significados e funções que ele adquiriu na modernidade e, especialmente, sobre a intensa proliferação de novas práticas e modalidades esportivas que temos assistido na contemporaneidade. Para Eco, o esporte tem sempre um componente de desperdício, relacionado aos impulsos lúdicos que, "como todo animal", o homem possui e que, a princípio, motivam a ação do esportista:

> Em princípio, todo gesto esportivo é um desperdício de energia: se atiro uma pedra pelo simples prazer de atirar – não para um fim utilitário qualquer que seja – desperdicei calorias acumuladas através da ingestão de alimentos, realizada através de um trabalho.
>
> Ora, esse desperdício – fique claro – é profundamente saudável. É o desperdício próprio do jogo. E o homem, como todo animal, tem necessidade física e psíquica de jogar. Há então um desperdício lúdico ao qual não podemos renunciar: exercê-lo significa ser livre e livrar-se da tirania do trabalho indispensável. (Eco, 1984, p. 221)

Ao lado desse componente de desperdício, há também um componente de disciplina, de controle, que se manifesta, sobretudo, na competição e no conjunto de regras que ela faz necessário. Com a competição, o esporte se torna um "desperdício calculado", pois a ação passa a ser motivada pela perspectiva de um ganho, cuja disputa é disciplinada pelas regras:

> Se ao meu lado, atirando uma pedra, junta-se outro para atirá-la mais longe ainda, o jogo toma a forma de "competição": também ela representa um desperdício de energia física e de inteligência que fornece as regras do jogo, mas esse desperdício lúdico redunda num ganho. As corridas melhoram as raças, as competições desenvolvem e controlam a competitividade, transformam a agressividade original em sistema, a força bruta em inteligência. (Eco, 1984, p. 221-222)

A competição, então, funciona como "um mecanismo para neutralizar a ação", pois ela "reduz um excesso de ação", ela "disciplina e neutraliza as forças da práxis". Graças ao cruzamento desses dois componentes, de desperdício e controle, de "aumento e perda da própria humanidade", o esporte é, para Umberto Eco, a manifestação do conflito entre a sociabilidade e aquilo que "na relação de sociabilidade não é humano". Indo ainda mais longe e lembrando as origens gregas das práticas esportivas ocidentais, o autor afirma que o esporte revela "a invenção 'humanista' de uma ideia do Homem mistificadora desde o início" e "a natureza mistificadora do Humanismo Clássico" (Eco, 1984, p. 221-223).

No extremo, essa argumentação conduz à ideia do esporte como *instrumentum regni*, como "sucedâneo do discurso político". Sobretudo quando ele se transforma em espetáculo, no qual o aspecto saudável da prática esportiva cede todo o espaço para o voyeurismo. "São coisas óbvias: os circenses freiam as energias incontroláveis da multidão." Eco, no entanto, não endossa tão ingenuamente essa visão, mostrando que a "falação esportiva" pode exercer a função de discurso fático, destinado a manter em atividade os canais de comunicação que tornam possível a sociabilidade. Mas, para o autor, essa atividade adquiriu dimensões tais, no mundo contemporâneo, que o esporte acabou se tornando um "tumor", uma "aberração máxima do discurso fático" e, no limite, uma "negação de todo discurso" (Eco, 1984, p. 221-224).

2

Deixando provisoriamente de lado essa questão de valor – a necessidade de dizer se o esporte é um bem ou um mal para a sociedade –, o que no momento queremos reter do argumento de Umberto Eco é a percepção de que nas práticas esportivas se cruzam esses dois componentes, de desperdício e de controle, de afirmação e de negação de uma concepção "humanista" do homem e da sociedade. Essa observação pode ser relacionada a certas reflexões que, apenas de passagem, Gilles Deleuze faz sobre os jogos e os esportes em sua obra. Em um dos textos de *A lógica do sentido*, intitulado "Do jogo ideal", o autor realiza, a propósito dos jogos inventados por Lewis Carroll em seus livros sobre Alice, um pequeno exercício teórico sobre o jogo, cujo raciocínio pode ser estendido, sem maiores problemas, aos esportes.

Para Deleuze, nos jogos convencionais "é preciso (...) que um conjunto de regras preexista ao exercício do jogo" e "estas regras determinam hipóteses que dividem o acaso, hipóteses de perda ou de ganho". Embora retenham o acaso "somente em certos pontos", essas hipóteses "organizam o exercício do jogo em uma pluralidade de jogadas real e numericamente distintas", cujas consequências "se situam na alternativa 'vitória ou derrota'". Assim, os jogos repetem "modelos implícitos que não são jogos" – "modelo moral do Bem e do Melhor, modelo econômico das causas e dos efeitos, dos meios e dos fins" –, remetendo, portanto, "a um outro tipo de atividade, o trabalho ou a moral" (Deleuze, 1974, p. 61-62).

Em oposição a esse esquema dos jogos convencionais, Deleuze coloca os jogos propostos por Lewis Carroll e o que ele chama de "jogo ideal": um tipo de jogo em que "não há regras preexistentes" e "cada lance inventa suas regras"; em que "longe de dividir o acaso em um número de jogadas realmente distintas, o conjunto das jogadas afirma todo o acaso e não cessa de ramificá-lo em cada jogada"; em que as jogadas não são "numericamente distintas", mas "qualitativamente distintas", operando uma "distribuição nômade de singularidades". Os jogos de Lewis Carroll – que "parecem não ter nenhuma regra precisa e não comportar vencedor nem vencido" – seriam a realização artística desse "jogo ideal". Um jogo que, exatamente porque "parece não ter nenhuma realidade", porque não pode ser jogado, mas apenas "ser pensado como não-senso", só se torna possível através da arte e do pensamento.

> É pois o jogo reservado ao pensamento e à arte, lá onde não há mais vitórias para aqueles que souberam jogar, isto é, afirmar e ramificar o acaso, ao invés de dividi-lo para dominá-lo, para apostar, para ganhar. Este jogo que não existe a não ser no pensamento, e que não tem outro resultado além da obra de arte, é também aquilo pelo que o pensamento e a arte são reais e perturbam a realidade, a moralidade e a economia do mundo. (Deleuze, 1974, p. 63)

Podemos ver nas observações de Eco e Deleuze algumas claras convergências. Os dois autores atribuem à competição e às regras funções semelhantes. Enquanto para Eco elas são elementos de disciplina e controle, para Deleuze elas tentam fixar o acaso na alternativa "vitória ou derrota". Além disso, o componente de desperdício que Eco vê no esporte pode ser comparado aos elementos que definem o que Deleuze chama de "jogo ideal": elementos de "não-senso", irredutíveis a regras pré-definidas, ao esquema "vitória ou derrota" e aos modelos "do Bem e do Melhor", das "causas e dos efeitos", "dos meios e dos fins". Embora a ideia de animalidade, que Eco relaciona ao componente de desperdício do esporte, pareça não estar presente na argumentação de Deleuze, ambos os autores concordam em que as regras e a competição tentam controlar alguma coisa: os impulsos lúdicos do homem, para Eco, e o acaso como potência criadora, para Deleuze.

3

Partindo desse cruzamento entre as reflexões de Eco e Deleuze, podemos ver na história dos chamados "esportes modernos" (as modalidades esportivas mais tradicionais, cujo advento se deu ao longo do século XIX e da primeira metade do século XX) uma forte predominância do componente de disciplina e controle. Como nos mostra Eric Hobsbawm, em "A produção em massa de tradições: Europa, 1879 a 1914", o esporte desempenhou na modernidade uma função pedagógica. Ele foi um instrumento de modernização e adaptação da sociedade ao novo modo de vida urbano e industrial e às novas estruturas políticas — principalmente a nação — que se constituíam no mundo ocidental no decorrer do século XIX (Hobsbawm, 1984, p. 306-311).

A dinâmica agonística do esporte se prestava bem a essa função, afirmando diferencialmente os laços de coesão social que uniam as comunidades em torno dos atletas, clubes e ligas esportivas e simultaneamente sublimando os conflitos entre essas comunidades através da competição. Clubes e ligas esportivas — estas últimas organizadas em estruturas arborescentes, que repetiam a organização das estruturas políticas — desempenhavam um papel importante nesse processo, ajudando a criar valores, normas de comportamento e sentimentos de afinidade comunitária. Poderíamos, inclusive, estender a essas instituições a mesma função de mecanismos de reprodução da dinâmica de poder disciplinar que Foucault, em *Microfísica do poder*, atribui a instituições como o hospital, o exército, a escola e a fábrica (Foucault, 1981).

No panorama contemporâneo, modalidades e competições extremamente organizadas, instituições tradicionais e enraizadas na sociedade, regras e regulamentos complexos e razoavelmente bem cumpridos e toda uma complexa estrutura arborescente de federações e ligas esportivas são algumas das heranças dessa longa predominância do componente de disciplina e controle na história do esporte na modernidade ocidental. Isso sem falar em todo o gigantesco aparato de comunicação que se constrói em torno dos espetáculos esportivos, por meio do qual seu alcance como instrumento pedagógico é enormemente ampliado.

Mas a história dos esportes modernos registra também o constante surgimento de novas práticas esportivas, muitas das quais permaneceram restritas a pequenos grupos sociais ou simplesmente desapareceram. É verdade também que algumas delas ganharam gradativamente a condição de modalidades amplamente reconhecidas e praticadas. Uma prova disso é o crescimento do número de modalidades admitidas nos Jogos Olímpicos e, posteriormente, nos Jogos Olímpicos de Inverno. As Olimpíadas, aliás, são a manifestação mais evidente da projeção do ideal humanista ocidental no esporte. O "ideal olímpico", encarnado no conceito de *fair play*, demonstra com clareza a função socializadora do esporte. E a abrangência internacional dos Jogos Olímpicos mostra como o esporte funcionou, e ainda funciona, como instrumento de criação de uma sociedade de dimensões globais, cunhada sob a hegemonia do universalismo racionalista europeu.

É necessário reconhecer, no entanto, que nos tempos contemporâneos esse crescimento do número de práticas e modalidades esportivas assumiu proporções inéditas. E o desenvolvimento dos meios de comunicação, que têm no esporte um de seus assuntos prediletos, certamente tem a ver com isso. Novas práticas e modalidades esportivas surgem a toda hora, ganham adeptos e fãs nos mais variados pontos do planeta e caminham em direção a um reconhecimento cada vez maior, cujo ápice é a inclusão nos Jogos Olímpicos.

Várias dessas práticas, que aos poucos vão se tornando modalidades esportivas formalizadas e reconhecidas, surgem apenas como diversão e lazer (ou mesmo como prática informal de exercícios físicos), e não têm, no início, nem regras muito definidas e nem mesmo um caráter de competição muito acentuado. Em alguns casos, a competição e as regras estão completamente ausentes. Além disso, essas práticas estão muitas vezes ligadas a outras esferas culturais que não o esporte ou a educação física. Esferas como o movimento ecológico, nas práticas em que se busca o contato com a natureza, ou os movimentos jovens urbanos, como no caso das tribos de skatistas, patinadores e *street bikers*, em que o importante não é a vitória, mas um "estilo de vida", relacionado a formas alternativas de sociabilidade e mediado também por outras linguagens, como a moda e a música.

Nessas novas práticas esportivas, as regras e a competição surgem, posteriormente, como parte de um processo de assimilação ao modelo esportivo convencional, bem frequentemente ligado à transformação dessas práticas em espetáculos esportivos midiatizáveis. Poderíamos supor, então, que esses novos esportes e que a própria aceleração no surgimento de novas modalidades manifestam uma tendência contemporânea, em que o componente de desperdício e o acaso como força produtiva têm um papel mais importante do que nos esportes tradicionais.

O desperdício e o acaso seriam, em muitos casos, gradativamente reduzidos pela transformação da nova prática em uma modalidade esportiva formalizada. Mas o próprio movimento de proliferação (a ação de criar uma nova prática sempre que a anterior foi assimilada) e certas modalidades, por suas próprias características formais e por suas conexões com outros domínios culturais, continuam produzindo novas singularidades, novas sintaxes e novas formas de movimento e exploração qualitativa da espacialidade.

4

Esse seria o caso, por exemplo, dos chamados "esportes radicais" – um rótulo um pouco vago, que agrupa diversas dessas novas práticas esportivas que têm em comum as ideias de "alternatividade" (de não inclusão no rol e no modelo dos esportes tradicionais) e de "radicalidade". Quanto a essa ideia de "radicalidade", é interessante notar que ela também é um tanto vaga, indicando tanto o perigo e a "adrenalina" que a atividade produz (o que nos leva de volta a Eco e aos impulsos animais contidos no esporte) quanto a sensação de vivenciar uma experiência extrema ou um contato diferente do usual com as forças da natureza, ou mesmo com os espaços e suportes construídos pelo homem. Entre essas práticas esportivas "alternativas" estão os diversos esportes praticados com prancha, como o skate, o windsurfe, o snowboard e o surfe, sendo que este último, por seu pioneirismo e pela importância que adquiriu em sua curta história, é o exemplo mais relevante do que queremos mostrar.

    O surfe se desenvolveu, ao longo da segunda metade do século XX, cultivando uma forte relação com as chamadas "contracultura" e "cultura pop", nas quais ele desempenhou o papel de símbolo de liberdade e harmonia com a natureza. No início, ele não era praticado competitivamente e nem tinha regras definidas. Ele era apenas uma demonstração de destreza, de capacidade de interação entre o homem, a prancha e a onda. E ainda hoje, aos olhos dos fãs e na prática dos inúmeros adeptos amadores que tem no mundo inteiro, é assim que ele é encarado. Basta dar uma olhada nas revistas e programas de TV especializados para perceber que as *trips* de surfistas amadores pelos principais "picos" do mundo (que, pelas características particulares das ondas de cada pico, são capazes de propiciar emoções diferentes aos surfistas) ocupam tanto espaço quanto as competições oficiais.

    Os movimentos do surfista (tubos, batidas, cavadas etc.) valem muito mais por sua "radicalidade" (a "adrenalina" propiciada pela precariedade do equilíbrio do surfista sobre a prancha e a emoção de partilhar de uma força da natureza) do que pela possibilidade de uma acumulação de pontos que permita ao praticante a superação de um adversário. Seu valor, portanto, é mais qualitativo do que quantitativo. Mesmo hoje, quando a modalidade já ganhou regras e métodos de contagem de pontos e até aspira a inclusão nas Olimpíadas, um vídeo "demo" em Pipeline, famosa por suas grandes ondas tubulares, parece despertar tanto a atenção dos fãs quanto uma competição profissional. O que interessa no surfe é a "distribuição de singularidades" produzida por cada pico, por cada onda, e a exploração qualitativa dessas circunstâncias pelo surfista em suas manobras. Daí, talvez, a força que o amadorismo ainda tem nesse esporte. Suas características formais não se prestam bem à competição, à disputa pela vitória.

Assim, parece-nos que no surfe, sobretudo no surfe amador, estão presentes de maneira especialmente intensa o componente de desperdício que Eco vê no esporte e alguns dos elementos por meio dos quais Deleuze define o seu "jogo ideal". Sem a competição, o surfe é pura fruição, pura brincadeira, sem nenhuma finalidade ou organização instrumental do esforço físico. E graças à precariedade da relação entre homem, prancha e onda e à singularidade das circunstâncias em que são praticados, os movimentos do surfista são uma permanente afirmação do acaso, em que cada pico é um pico singular, cada onda é uma onda singular e cada manobra é uma manobra singular.

5

Não por acaso, Deleuze recorre ao surfe e a outras modalidades afins (como o windsurfe e o voo livre, em que a asa delta se relaciona com as correntes de ar de modo semelhante à prancha com as ondas) para introduzir o tema de uma entrevista publicada no livro *Conversações,* sob o título "Os intercessores". Nessa entrevista, Deleuze trata de certos elementos de natureza diversa (um autor, uma obra, uma ideia etc.) que, a partir de todo um repertório de ideias, conceitos e linguagens já pertencente ao seu domínio cultural (a ciência, a arte, a filosofia, a política etc.), mas se utilizando também de referências exógenas, são capazes de operar "mutações qualitativas" nesses domínios, libertando as "potências criadoras" dos "poderes de dominação" e agindo como "inventores", como produtores de novos discursos, novos movimentos e novas sintaxes.

> Os movimentos mudam, no nível dos esportes e dos costumes. Por muito tempo viveu-se baseado numa concepção energética do movimento: há um ponto de apoio, ou então se é fonte de movimento. Correr, lançar um peso etc.: é esforço, resistência, com um ponto de origem, uma alavanca. Todos os novos esportes – surfe, windsurfe, asa delta – são do tipo: inserção numa onda preexistente. Já não é uma origem enquanto ponto de partida, mas uma maneira de colocação em órbita. O fundamental é como se fazer aceitar pelo movimento de uma grande vaga, de uma coluna de ar ascendente, "chegar entre" em vez de ser origem de um esforço. (Deleuze, 1992. p.151)

Embora esportes como o surfe, o windsurfe e o voo livre tenham servido de mote para o raciocínio de Deleuze, é a esportes bem tradicionais, como o tênis e certas modalidades de atletismo, que ele recorre para dar exemplos da ação dos "intercessores" no universo esportivo. Esses exemplos nos mostram que essas "potências criadoras", essas possibilidades de novas sintaxes e novos movimentos, presentes com mais força em esportes como o surfe, o windsurfe e o voo livre, também estão presentes nos esportes mais tradicionais e formalizados.

Muitas vezes, aliás, parecem ser justamente elas o motivo do sucesso de alguns desses esportes. Seria, por exemplo, o caso do futebol, em que a precariedade da relação do pé com a bola faz dos movimentos do jogo um arsenal de variações e possibilidades quase ilimitado, dando margem ao surgimento de inúmeros "inventores". Como os pertencentes à linhagem lúdica dos craques malabaristas do futebol brasileiro e mundial (Leônidas da Silva, Garrincha, Roger Milla etc.), ícones do desperdício e do "futebol arte", e à linhagem dos craques socialmente desajustados (Heleno de Freitas, Edmundo, Maradona etc.), que encarnam a inconversibilidade do homem às regras, à disciplina e ao controle.

Voltando àquela questão que deixamos anteriormente de lado, talvez não existam motivos para que tentemos estabelecer, *a priori*, um valor positivo ou negativo para o esporte, seja em função da afirmação de concepções "humanistas" do homem e da sociedade, seja em função da crítica a essas concepções. O que é necessário perceber é que a linguagem esportiva é, como outros campos da cultura, uma linguagem aberta, um universo agonístico em que as "potências criadoras" e os "poderes de dominação" travam o seu eterno conflito, sem que um deles seja sempre e necessariamente vencedor. A história do esporte está, na verdade, cheia de momentos em que o surgimento de uma modalidade ou o resultado de uma competição, atualizando esse conflito, vêm revelar a possibilidade de uma nova sintaxe, de um novo movimento, que pode ou não se realizar.

referências

DELEUZE, Gilles. Do jogo ideal. In: _____. *A lógica do sentido*. São Paulo: Perspectiva, 1974.

_____. Os intercessores. In: _____. *Conversações*. Rio de Janeiro: Editora 34, 1992.

ECO, Umberto. A falação esportiva. In: _____. *Viagem na irrealidade cotidiana*. 9 ed. Rio de Janeiro: Nova Fronteira, 1984.

FOUCAULT, Michel. *Microfísica do poder*. 2 ed. Rio de Janeiro: Edições Graal, 1981.

HOBSBAWM, Eric. A produção em massa de tradições: Europa, 1879 a 1914. In: HOBSBAWM, Eric & RANGER, Terence. *A invenção das tradições*. Rio de Janeiro: Paz e Terra, 1984.

# pós-escrito
o que foi feito do país do futebol?

Antes e durante a Copa, andei repetindo a pergunta, nas conversas informais e nas discussões acadêmicas sobre o futebol, que se multiplicaram de modo quase estafante para os que se propõem a pensar o esporte e falar sobre ele. A questão, que podia até parecer impertinente a alguns, tinha sido veementemente autorizada pelas manifestações de junho de 2013, que deram à expectativa pela Copa um forte acento crítico. Sem falar nas muitas dúvidas que pairavam sobre o nosso time, nem nos diagnósticos mais abrangentes sobre a decadência do futebol brasileiro, que já não são de hoje. De qualquer maneira, convém formulá-la de maneira mais explícita e articulada.

Já é moeda corrente, entre os estudiosos da história do futebol brasileiro, a percepção de que a importância que esse esporte adquiriu no país está relacionada ao fato de que ele se tornou um mito identitário, uma narrativa de nação por meio da qual a "comunidade imaginada" negocia e dá forma aos significados, valores e conflitos que a definem e atravessam. A melhor síntese dessa interpretação está na ideia de um estilo brasileiro de futebol, objeto mágico herdado de nossas matrizes africanas, que confere aos heróis negros e mulatos sua superioridade dentro das quatro linhas.

A Copa de 2014 foi planejada como a repetição desse mito e, ao mesmo tempo, a redenção da derrota para o

Uruguai em 1950, aquela que Nelson Rodrigues comparou a Canudos e Hiroshima e que virou símbolo do nosso "complexo de vira-latas", do nosso atávico sentimento de inferioridade diante do outro, do estrangeiro, do europeu. Um sentimento que, pelo menos no futebol, parecia ter sido superado pela conquista do tricampeonato mundial, que tinha mostrado ao mundo de quem realmente era o tal "esporte bretão". O paralelo estava traçado: mais uma vez, uma nação queria exibir ao mundo sua grandeza, sua hospitalidade festiva e seu futebol de poesia. Até Nelson Rodrigues foi cooptado para a tarefa, transformado em comercial de televisão e mensagens patrióticas, perdendo toda a ambivalência que se esconde nas hipérboles e malabarismos retóricos que ele inventava para combater os idiotas da objetividade e a unanimidade burra.

Mas a potência do futebol como mito político já dava claras mostras de exaustão. Nas manifestações de junho de 2013, o gigante adormecido havia acordado para dizer que não queria mais ser apenas o "país do futebol", que queria ser também o país da educação, da saúde, dos políticos honestos etc. No terreno estritamente esportivo, depositávamos nossas esperanças em Neymar, um craque à moda antiga, que revelava nossa nostalgia da "Era de Ouro" do esporte nacional e punha a nu, por contraste, a coleção de jogadores medianos que defenderiam nossa tradição. De qualquer modo, tanto no terreno político quanto no terreno esportivo, o jogo ainda tinha que ser jogado e não sabíamos qual seria o resultado, quais seriam as histórias que haveríamos de contar sobre ele.

Quando finalmente a Copa começou, os resultados foram surpreendentes, invertendo quase todas as expectativas. No terreno em que nos julgávamos mais frágeis, as coisas andaram a contento, apesar dos improvisos e artifícios que foram necessários para isso: os aeroportos funcionaram, os engarrafamentos não passaram do nível absurdo a que já nos acostumamos e os turistas foram bem recebidos, ficaram felizes e projetaram uma bela imagem do Brasil no exterior. Até dentro de campo a Copa foi um sucesso, com jogos emocionantes, resultados inesperados e muitos gols, como se a magia do futebol brasileiro tivesse contaminado todos os que pisavam a terra prometida. Todos, menos os próprios jogadores brasileiros, que seguiam na competição aos trancos e barrancos, embora a esperança continuasse acesa à custa do hino nacional cantado à capela, do choro dos jogadores e dos lampejos de Neymar. Quando o craque se contundiu, no jogo contra a Colômbia, uma ave negra cruzou o céu. A surpresa maior, que hoje já é história, ainda estava por vir. Nem tanto a derrota para a Alemanha e o fracasso da seleção brasileira, que já eram esperados pelos mais céticos – ou, talvez, pelos mais sensatos. Mas, evidentemente, pelo placar avassalador (a nossa maior derrota em todos os tempos!) e pela forma como tudo aconteceu, pela trama astuciosa com que o destino se abateu sobre nosso time e nossa nação, como se fosse um capricho fantasioso dos deuses do futebol. Podia ser um deus irado, ofendido pela arrogância dos homens que julgaram possuir um dom divino, ou mesmo um deus moleque e traquinas, pregando uma peça nos pobres coitados dos mortais. Muito mais do que frustração, tristeza ou revolta, a sensação durante o jogo foi de espanto. Num ritmo galopante, passamos da apreensão ao susto, do susto à tragédia e da tragédia à comédia, que se espalhou rapidamente pelo mundo virtual, numa incrível onda de piadas, que demorou alguns dias para passar.

    Poucas horas após o jogo, escrevi um pequeno texto, tentando captar o momento. Comecei me desculpando por estar vibrando, naquela hora que deveria ser de tristeza, empolgado por uma experiência estética que, de longe, superava o meu patriotismo. O futebol, de uma forma que ninguém esperava, havia dado uma mostra estupenda de vigor, de capacidade de oferecer um espetáculo imprevisível, emocionante e dramático. O título do texto, "Agora sim, Nelson Rodrigues!", tentava fazer jus ao cronista-dramaturgo, tão citado e maltratado antes e durante o evento. A derrota foi, sem dúvida, o momento mais rodrigueano de toda a Copa. Algo como uma bofetada, sádica e humilhante, que nos lançou num estado patético digno das vetustas tragédias gregas. Naquele momento, não quis interpretar o que havia acontecido, pois sabia que qualquer tentativa de explicação corria o sério risco de cair em um novo clichê, de aderir a um novo senso comum. Passado o espanto inicial, as avaliações foram se acomodando e ganhando corpo nas análises dos comentaristas, cronistas, articulistas e acadêmicos. Na velha chave do atraso e do subdesenvolvimento, a culpa pela tragédia foi atribuída às estruturas arcaicas que governam o futebol brasileiro e, de resto, toda a nossa sociedade. Alguns também lembraram o atraso tático e o processo de formação de jogadores, hoje comandado por empresários interessados na produção em larga escala de produtos vendáveis no mercado internacional. Pouco a pouco, as vozes foram se agrupando e formando o coro que respondia, em alto e bom som, à pergunta lançada ao oráculo no início do espetáculo: Não! Não somos mais o país do futebol, o objeto mágico nos foi violentamente arrancado. Alguns chegaram mesmo a perguntar se, em algum momento, já tínhamos realmente sido. O ídolo estava no chão, prestes a ser lançado ao fogo.

    Mas a Copa, afinal, é apenas futebol. O tempo do jogo passou e a vida voltou ao normal. O tsunami humorístico que se seguiu à derrota brasileira teve o condão de lavar nossa alma e nos deixar livres de qualquer trauma, de qualquer peso na consciência ou na memória. Não restou nada parecido com o que foi (ou imaginamos ter sido) a derrota de 1950. Chegou a hora, enfim, de renegociarmos a imagem que fazemos de nós mesmos, no futebol e em outros campos. O mito populista do Brasil malandro, do Brasil do samba, do carnaval e do futebol, talvez já não nos represente mais com a mesma eficácia. A oportunidade histórica de reconstruir o passado e fazer brilhar nele uma promessa de futuro está novamente aberta. Atiremos nos relógios! Contemos outra vez a história do futebol brasileiro.

sobre o autor

Marcelino Rodrigues da Silva é doutor em Literatura Comparada e professor da Faculdade de Letras da UFMG. Publicou diversos trabalhos sobre o futebol em Belo Horizonte e no Brasil, entre eles o livro *Mil e uma noites de futebol: o Brasil moderno de Mário Filho* (Editora UFMG, 2006). É pesquisador do Núcleo de Estudos sobre Futebol, Linguagem e Artes (FULIA) e do Centro de Estudos Literários e Culturais – Acervo de Escritores Mineiros (CELC-AEM).

1ª EDIÇÃO [2014]

Esta obra foi composta em Berthold Akzidenz Grotesk sobre papel Offset 90g para a Relicário Edições.